A la luz: Carmela Duarte García (1866-1940), artista yucateca

Luz María Vázquez Díaz

A la luz: Carmela Duarte García (1866-1940), artista yucateca

LUZ MARÍA VÁZQUEZ DÍAZ

Ediciones de la Universidad Autónoma de Yucatán
Mérida, Yucatán, México
2018

COORDINACIÓN GENERAL DE POSGRADO,
INVESTIGACIÓN Y VINCULACIÓN
Casa Editorial
Avenida Juárez núm. 421 entre 24 y 26
Ciudad Industrial, CP 97288
Tel. (999) 9-24-72-60 y (999) 9-23-97-69
Mérida, Yucatán, México

ISBN: 978-607-8527-63-2

N 6559 .D83 .V39 2018

Vazquéz Díaz, Luz María.
A la luz: Carmela Duarte García (1866-1990),
artista yucateca / Luz María Vázquez Díaz.—Mérida,
Yucatán : Ediciones de la Universidad Autónoma de
Yucatán, 2018.

288 páginas : ilustraciones.

1. Duarte García, Carmela--1866- 1990. 2. Mujeres
artistas—Yucatán—Biografías. 3. Pintoras mexicanas
--Yucatán— Biografías. 4. Autoras— Yucatán— Biografías
5. Poetisas mexicanas—Yucatán—Biografías.

ISBN: 978-607-8527-63-2

Editado en Mérida, Yucatán, México.

Para mi madre

Índice

Lista de imágenes

Introducción

En 2012 escuché por primera vez el nombre de Carmela Duarte García, en la clase de *Producción artística de Yucatán: siglos XIX-XXI*, del doctor Jorge Cortés Ancona en la Facultad de Arquitectura de la Universidad Autónoma de Yucatán. En aquella ocasión, se destacó que Carmela Duarte era quizá la única artista plástica que se conocía del siglo XIX junto a Juan Gamboa, Eduardo Urzaiz, Santiago Bolio Quijano, José Dolores Farfán y Bruno Gasque, pero de la cual se desconocía su obra. La única noticia conocida certera sobre ella era la que daba el doctor Eduardo Urzaiz en la *Enciclopedia Yucatanense*, al decir que Carmela Duarte viajó a Europa a estudiar pintura, sin dar más datos.[1]

A partir de esta escasa referencia surgió mi interés por iniciar una investigación sobre esta pintora, con el afán de descubrir a la mujer decimonónica que salió del ámbito local para estudiar en el Viejo Continente y con la convicción de que el estudio de la vida y obra de Carmela Duarte ayudaría a comprender el "deber ser femenino" de finales del siglo XIX.

Sin embargo, conforme la búsqueda de información avanzó, descubrí que Carmela era más que una artista plástica, era también escritora de diversos géneros literarios, material que permanece inédito y en el que plasmó su forma de vida, su pensamiento y sentimientos, entre otros aspectos de su vida cotidiana.

Este libro a manera de biografía histórica reúne todos los indicios y huellas que dejó Carmela Duarte García a fín de reconstruir ciertos aspectos y momentos de su vida para vincularlos al conjunto de relaciones, ideas, creencias y representaciones culturales que dieron orden y sentido al tejido social de la mujer perteneciente a una familia pudiente de finales de siglo XIX y principios del siglo XX. Lo que permite acercarnos al conocimiento de las diversas identidades femeninas, con el estudio de una mujer que se cultivó en las artes en el extranjero y que mostró una sincera y legítima preocupación por su educación, por su familia y por su amor a la patria.

Revivir la vida de Carmela Duarte García viene a enriquecer la historiografía de mujeres yucatecas, pues refleja la vida de la mujer representativa de las élites femeninas ilustradas, ubicada en dos periodos: porfiriato y Revolución Mexicana. Carmela, sin romper violentamente con el "deber ser" femenino de la época, desde su trinchera, logró discurrir, elaborar y promover su visión sobre temas diversos como la relación entre padres e hijos, maestros y alumnos, la formación espiritual, el amor por la patria y crítica social. Por otro lado, Carmela fue de las pocas mujeres que tuvo la oportunidad de educarse en la pintura de una manera profesional, por lo que también viene a representar a este grupo de mujeres artistas del siglo XIX.

Capítulo 1
Los Duarte: una familia decimonónica

Los lazos de parentesco de la familia Duarte tienen como eje principal la figura de don Anselmo Duarte de la Ruela, quien formó dos familias: los Duarte Zavalegui y los Duarte García.

La ascendencia del apellido Duarte se remite al siglo XVIII, con el capitán de guerra del Partido de Tizimín José Pascual Duarte y Mendoza, quien en 1761 prestó sus servicios contra la rebelión de Cisteil. Pascual contrajo nupcias con Antonia Novelo y Echeverría y uno de sus hijos fue Juan José de la Cruz Duarte y Novelo, nacido en 1769.[2] Juan José fue una persona muy apreciada por sus rectas intenciones, era conocido por su talento, patriotismo y esmerada educación. Se desempeñó en la política y la literatura. Como político perteneció al partido rutinero,[3] y en 1813 fue electo miembro de la Diputación Provincial[4] en la ciudad de Mérida.[5] Como literato se dedicó a la dramaturgia y es considerado el precursor de dicho género en Yucatán. En 1807, en el Teatro San Carlos, Juan José estrenó su obra *El Trampolín de la Emboscada.*[6] El 27 de febrero de 1801 se casó con Candelaria de la Ruela y Mendicuti con quien procreó seis hijos de nombre: José María Cecilia, María Guadalupe Apolonia, María Mónica Altagracia, Lorenza María de la Merced, Marcos y Anselmo José Rosario, este último nacido en 1805.[7]

El 24 de septiembre de 1833 Anselmo Duarte de la Ruela contrajo matrimonio con Gregoria Zavalegui y Mugártegui, y se fue a vivir a la villa de Peto donde nacieron sus cinco hijos: Juan José, Anselmo, Demetrio, Juan Crisóstomo y Manuel.[8] En 1847, tras el estallido de la rebelión maya, la familia Duarte Zavalegui abandonó la Villa, dejando atrás muchos de sus bienes.[9] La villa de Peto desempeñó un papel protagónico en la denominada guerra de castas,[10] primero porque Jacinto Pat, uno de los líderes indígenas de la rebelión, convirtió a esta Villa en la sede principal del movimiento. Y segundo, porque el ejército estatal, al mando de Eulogio Rosado, también conocía la importancia de este lugar, como sitio estratégico para convertirlo en centro de operaciones y evitar el avance del bando contrario.[11]

El 30 de noviembre de 1848 el ejército estatal logró recuperar Peto, por lo que Anselmo Duarte de la Ruela pretendió reanudar sus trabajos en esta Villa. Cabe mencionar que durante la ocupación de Peto por los rebeldes, Jacinto Pat, ordenó respetar la vida de los habitantes de este pueblo, así como sus pertenencias. Sin embargo, al ser recuperada por el gobierno, éste le pidió a Anselmo una gratificación para las tropas, por lo que sus bienes, como casas de comercio, muebles y fincas fueron vendidos a beneficio de las fuerzas del gobierno, considerándolos botín de guerra.[12] Ante esto, Anselmo declaró que pediría consejo de guerra contra los jefes y oficiales enviados por el gobierno, y a punto estuvo de ser fusilado por el coronel Eulogio Rosado,[13] al pensar que Anselmo era partidario de Miguel Barbachano.[14]

Sin que esto pasara a mayores, años más tarde en 1857, la residencia de la familia Duarte se encontraba en Tekax y aún en medio del conflicto de la guerra de castas, Anselmo escribió una carta a Pantaleón Barrera, gobernador del estado de Yucatán, en la que narró detalladamente lo sucedido durante las 24 horas que duró la ocupación de la plaza central de Tekax por los indios de oriente. En dicha carta, Anselmo describió que tres casas, la de Crisanto Andrade, José de la Rosa Maldonado y la de él quedaron sin recibir perjuicio, todas las demás fueron saqueadas y las personas que en ellas se hallaban fueron asesinadas. Agregó que cuando el capitán Bacelis llegó al auxilio de Tekax, Anselmo salió a dar ayuda a las personas ofreciendo agua y a las mujeres ropa para cubrirse. En la misma carta relató que apenas se vitorearon las armas del gobierno, las personas escondidas empezaron a salir pidiendo auxilio, y la casa de Anselmo se convirtió en un refugio, con gente tendida en el suelo, entre ellos, los curas Marín y Espejo. Anselmo pedía la ayuda de la providencia para satisfacer las necesidades de estas personas, y terminó su relato diciendo que "todo lo que piden lo da y se reparte, solicitando a sus acreedores le aguarden para posteriormente poder pagarles".[15]

La explicación del porqué la propiedad de Anselmo no fue destruida por los mayas rebeldes, la ofrece, años más tarde Antonio Espinosa, yerno de Anselmo.

> En cierta ocasión, sus caritativos oficios (los de Anselmo hacia los "rebeldes mayas"), fue debido a que una multitud de prisioneros indígenas se encontraban en las cárceles de Tekax casi desnudos y hambrientos, así don Anselmo los atendió y asistió con comida, misma que se preparaba en su casa. Estos prisioneros pudieron fugarse amparados por una disensión política y al poco tiempo de este hecho ocurrió el fatal acontecimiento, en el cual se supone que estuviesen los prisioneros fugados como líderes de aquella expedición y también que ellos hubiesen intervenido para salvar aquella casa de donde habían recibido tan marcados beneficios.[16]

Durante esos momentos de conflicto y tiempos revueltos, Anselmo sufrió la pérdida de su esposa Gregoria. Y en 1846 contrajo matrimonio con Isabel García y Virgilio, con quien procreó nueve hijos: Guadalupe, Leocadio, Martiniano, Edilberto, María Dolores, Mónica, Isabel, Mercedes y Carmela, bautizada el 14 de mayo de 1867 con el nombre de María del Monte Carmelo.[17]

Para la segunda mitad del siglo XIX, Anselmo y su segunda familia decidieron radicar definitivamente en Mérida, cuando esta ciudad había iniciado un proceso de modernización y consolidación en todos los ámbitos, tanto culturales como comerciales; además, se encontraba alejada de los conflictos bélicos. La ciudad se caracterizaba por ser una ciudad habitada en su centro y alrededores de la plaza principal por una población "blanca", mientras que su periferia estaba ocupada mayormente por indios y mestizos. Por ello se criticaba que las clases privilegiadas económicamente adquirieran terrenos en las afueras de la ciudad, comprados a precios muy bajos para construir sus propias casas.[18] La residencia de los Duarte García estuvo ubicada en el Barrio de San Cristóbal en la calle 4ª de Hidalgos, Cuartel Segundo, Manzana quinta.[19] (hoy en día Calle 65 no. 463, colonia Centro).

En la primera mitad del siglo XIX la ciudad de Mérida se extendía sobre dos kilómetros y medio de radio, el norte se comunicaba con Itzimná y se había abierto el callejón del Cabo Piña; asimismo, se había clausurado el cementerio de Santa Lucía. Se inauguró el primer alumbrado público y cada familia ocupaba una casa sola, separada de las otras por muros colindantes, jardines y patios. Se había fundado el primer coliseo, las primeras escuelas, la primera imprenta y el primer periódico: *El Misceláneo.*[20] Para la segunda mitad del siglo XIX, en 1853 se abrió en Mérida la primera casa de empeño,[21] y años más tarde Mérida se mostraba como una ciudad de progreso, bien cuidada, con mercados, colegios, paseos, con un paisaje de grandes jardines de palmeras y plataneros.[22]

En la década de 1870, el gobernador Manuel Cirerol mandó construir el Parque Hidalgo en la plazuela de Jesús, la embelleció con prados y flores; en el jardín de la plaza grande se plantaron laureles y una verja de hierro cerraba la plaza. La plaza principal estaba rodeada del Palacio de Gobierno, el Palacio Episcopal, el Hospital General, la Casa de Beneficencia, el Colegio Seminario, el Palacio Legislativo, el Hotel de Diligencias, La Alameda, tres cuarteles, la Ciudadela de San Benito y un convento de monjas concepcionistas y otro de franciscanos, la Catedral, el rastro público, un corchadero con máquinas para la fabricación de cables, algunas escuelas y una fábrica de pólvora.[23] En el mercado, ubicado en el centro de la ciudad, se vendía todo en el suelo sobre lienzos limpios y blancos y sobre hojas de llantén colocadas sobre las losas de piedra. Las calles estaban cortadas en ángulos rectos, anchas y soleadas. Las casas eran generalmente de un piso, con patios adornados con flores.[24] En cuanto a la sociedad meridana, Alice Le Plongeon la describió como:

> … agradable, darán todo lo que tienen por recibir atentamente a un visitante. Hay pequeños vicios en la ciudad; crímenes violentos tales como el robo y el asesinato son casi inauditos en el país. Los caballeros son muy corteses y por regla general muy instruidos, muy delicados y muy inteligentes. Las señoras viven muy retraídas. Algunas solamente dejan sus casas para asistir a alguna iglesia. Algunas son bellas pero todas graciosas y ninguna fea. Son muy apasionados por la música y tienen natural talento (…) en sus vestidos las señoras siguen las modas europeas.[25]

Es así como lucía la ciudad de Mérida cuando Anselmo y su segunda familia llegaron a radicar al barrio de San Cristóbal, donde crecieron sus hijos, entre ellos Carmela.

El 11 de abril de 1879, a las 12 horas, Anselmo falleció a la edad de 74 años; a causa de una osificación de la aorta.[26] El 13 de abril del mismo año *La Revista de Mérida* anunció su muerte de la siguiente manera:

> Sensible defunción. El viérnes último ha dejado de existir en esta capital el respetable y honrado Sr. D. Anselmo Duarte de la Ruela. Que Dios haya recibido el alma del finado en la mansión de sus escogidos! Enviamos á su muy apreciable familia nuestro sincero pésame.[27]

Las familias Duarte

La primera: Duarte Zavalegui

Los herederos de las haciendas de don Anselmo, fueron los hermanos Duarte Zavalegui, quienes iniciaron la siembra de caña de azúcar en las villas de Peto y Tekax. En esta última, establecieron su residencia y formaron la Sociedad

Agrícola "Duarte Hermanos", empresa dedicada a la producción de caña de azúcar y comercialización de productos derivados de ésta, como miel, azúcar, ron y aguardiente.[28]

En 1847 la industria azucarera sufrió grandes destrozos con la guerra de castas. No obstante, esta industria no se abandonó; al término de la sublevación en 1850, la explotación de la caña se recuperó y proporcionó desarrollo económico a la región sur del estado y a todo Yucatán. El cultivo y explotación de la caña de azúcar era considerado un bien de consumo de primera necesidad en los ámbitos regional y mundial, por lo tanto era una agroindustria cuya demanda iba en aumento.[29] Los Duarte Zavalegui eran hacendados cañeros y se distinguieron por ser productores innovadores que invertían en tecnología y conocimiento para mejorar la productividad de sus haciendas.

Juan José se quedó a cargo de la hacienda Kakalná, la cual elaboraba azúcar, panela y aguardiente, y era considerada una de las grandes haciendas azucareras de Yucatán. En 1886 se instaló en Kakalná el primer tacho al vacío[30] y enseguida otros ingenios azucareros de la zona hicieron lo mismo, en sustitución de los aparatos de vapor al aire libre que en aquel entonces utilizaban. En 1869 Juan José y su hermano Anselmo, dueños de las haciendas de Kakalná y Santa Rita respectivamente, fueron los primeros en introducir los dos primeros motores de vapor para mover las máquinas de los ingenios de azúcar, lo que estimuló el aumento de la producción para elaborar azúcar a gran escala.[31]

Los Duarte trajeron para sus fincas sesenta labradores cubanos, expertos en el cultivo de la caña y poco después en 1891 importaron de la misma isla, bueyes acostumbrados a la labranza, así como gente especializada en el arado de tierras.[32] Como parte de las estrategias utilizadas por la familia Duarte, en la década de 1880, contrató para dirigir los trabajos de los ingenios de Kakalná y Thul, a Rafael de Portas, autor del Tratado sobre el cultivo de la caña y elaboración de azúcar.[33]

La comercialización de los productos de caña de azúcar como la miel, el azúcar y el ron se destinaba principalmente al mercado local y regional. El aguardiente se comercializaba principalmente en la zona poniente del estado para despacharse en los pueblos y haciendas henequeneras. Producto que se vendía a los peones de las haciendas henequeneras y a los campesinos del pueblo, el precio que pagaban era un real (12 centavos) por cada botella de medio litro.[34] En la primera mitad del siglo XIX la producción de aguardiente estaba continuamente sancionada por el gobierno local, a diferencia de la industria del azúcar que desde un principio fue protegida por el estado. Sin embargo, la situación del aguardiente cambió a partir del año 1856, cuando el gobierno derogó el pago de impuestos a su producción.[35] Lo anterior sirvió de estímulo al progreso de la industria azucarera, ya que los productores de caña obtenían buenos ingresos con la destilación. Juan José Duarte comercializaba un aguardiente natural y otro llamado "El habanero añejo DUARTE".[36]

Por otro lado, Anselmo Duarte aparte de sus haciendas, estuvo involucrado en la vida financiera del estado al presidir el Banco Yucateco.[37] En la segunda mitad del siglo XIX escaseó la moneda fraccionaria. En 1881 la situación fue particularmente crítica, el ayuntamiento de Mérida tuvo que invertir hasta 1 000 pesos con el fin de importar y poner en circulación moneda menuda, mientras que las fincas henequeneras y cañeras optaron por circular sus propias emisiones de papel moneda o "vales al portador", los cuales entraban en circulación para las operaciones financieras. Estos vales tenían plena aceptación en todo el comercio y entre el público en general, tanto que cuando se estableció una sucursal del Banco Nacional Mexicano en 1882, el público prefería los vales emitidos por los comerciantes yucatecos, a los billetes de aquella institución. No obstante, la circulación de estos valores fiduciarios locales era ilegal, pero fue hasta 1889 cuando esos vales fueron retirados de circulación y en abril de ese mismo año la jefatura de Hacienda del Estado multó con 25 000 pesos a diferentes hacendados, entre ellos a los hermanos Duarte, Anselmo y Demetrio, por los cheques que tenían en circulación.[38]

Aun así, los hacendados continuaron usando las fichas para el pago de sus jornaleros Se trataban de monedas que ostentaban en el anverso algún diseño relacionado con el campo y el nombre de la hacienda o del propietario, al reverso un guarismo que representaba en reales o centavos el valor de la moneda. Estas monedas eran empleadas por los jornaleros para la compra en tiendas de raya de las mismas fincas. Ante la problemática de los vales fiduciarios y la insistencia de la Secretaría de Hacienda para retirar dichos vales, muchos de los hacendados decidieron establecer su propio banco. Así, en 1884 surgió el proyecto de crear el Banco Yucateco, S.A., por un grupo encabezado por Manuel Peniche, el cual abrió sus puertas en 1890, y para 1898 Anselmo Duarte figuró como presidente.[39]

Finalmente los hermanos Duarte Zavalegui lograron sobresalir como hacendados azucareros y productores, lo que les permitió distinguirse y pertenecer al grupo de las familias pudientes de aquella época en Yucatán. Los Duarte Zavalegui representan al tipo de familias que se caracterizaban por exaltar a la familia, el ahorro y el trabajo. Estimaban el progreso económico como producto de esfuerzo, como sinónimo de prosperidad, y su meta era alcanzar el capital para invertirlo en el comercio, la industria y las finanzas. Tenían el perfil de un burgués que tendía a la comodidad y estabilidad, buscaban la satisfacción de todo deseo o necesidad que proyectara felicidad y libertad. Estaban en armonía con la ideología del Estado liberal que fomentaba dichos valores.[40] Los Duarte Zavalegui apoyaron y protegieron a la segunda familia de su padre, es decir a los Duarte García.

La segunda familia: Duarte García

Carmela perteneció a la segunda familia de Anselmo, es decir, los Duarte García.[41] Para el caso de esta familia no existe información suficiente sobre sus actividades mercantiles o políticas, pero en cambio conocemos el grado de estudios que obtuvieron algunos de ellos. Edilberto obtuvo el título de licenciado en leyes. Isabel estudió para profesora de primaria,[42] y para

1892 abrió un colegio para señoritas en la ciudad de Mérida, llamado "El Sagrado Corazón de Jesús".[43] María del Monte Carmelo nació en 1866[44] y fue la penúltima hija del matrimonio Duarte y García. Carmela, como todos la llamaban, a los 24 años de edad se convirtió en una mujer que persiguió el ideal de estudiar el arte de la pintura en el extranjero, con el entusiasmo y motivación de regresar a instalar un museo en la ciudad de Mérida, Yucatán.

La familia Duarte García siempre estuvo unida a los Duarte Zavalegui. Todos los Duarte se miraban como una familia amorosa, cuidadosa y al pendiente de todos sus miembros.[45] A la muerte de Anselmo, padre de Carmela, doña Isabel García cedió la tutela de Carmela quien era menor de edad, a su medio hermano Demetrio Duarte Zavalegui,[46] él fue quien la cuidó, la protegió, patrocinó y apoyó en sus decisiones y ambiciones artísticas.

Fig. 1 Árbol genealógico de Carmela Duarte García

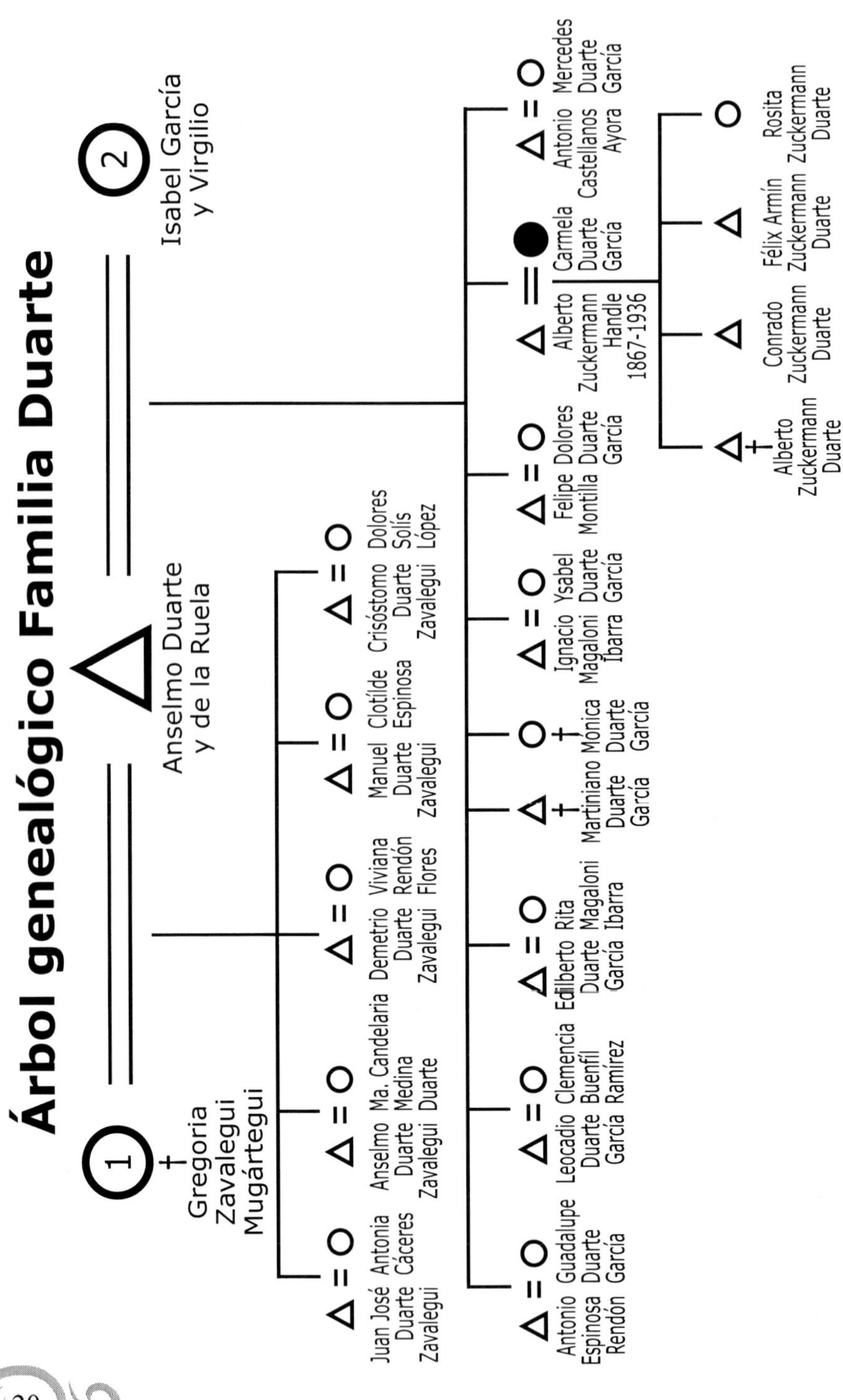

Para el siglo XIX, el matrimonio era una institución entendida como el único medio moral y religioso posible para la reproducción. Por tanto, para la creación de una red familiar que mediante su consolidación permitía el mejoramiento o mantenimiento del estatus, del poder y de la posición económica. Las mujeres de las familias prominentes debían casarse con personajes que cuidaran de las fortunas familiares, sus padres procuraban esto; existía la preferencia por los jóvenes ricos y de buena familia.[47] Las alianzas matrimoniales fueron un medio estratégico de las familias pudientes, ya fuera para acrecentar fortuna o mantener su estatus social; así como el afán por la riqueza, siempre se justificaba, sobre todo, por las bondades que esta traía consigo. No era común para una familia de élite casarse fuera de su grupo, y cuando sucedía muchas veces era con extranjeros o gente de otra región.[48] En la tercera generación de la familia muchas redes familiares se volvieron sobre sí mismas. Los casamientos más comunes eran entre primos. Mucho dependía de las circunstancias locales.[49]

El matrimonio entre primos, al parecer, fue una práctica común dentro de la familia Duarte, esta relación se dio con dos hijos de Demetrio Duarte Zavalegui, el primero de ellos fue su hijo Demetrio Duarte Rendón quien contrajo nupcias con su prima María Espinosa Duarte, hija de Guadalupe Duarte García. Asimismo, Leopoldina Duarte Rendón se casó con su primo Anselmo Duarte Solís, hijo de Crisóstomo Duarte Zavalegui.[50]

Algunos matrimonios de las hermanas Duarte García fueron con personajes pertenecientes a la vida intelectual de Yucatán. El 10 de junio de 1868 Guadalupe —hermana mayor de Carmela— se casó con Antonio Espinosa Rendón en la Catedral de Yucatán.[51] Espinosa Rendón era ingeniero y escritor, y en 1888 formó parte del grupo encargado de elaborar los planos para la creación del Paseo de Montejo; como escritor fue reconocido por sus fascículos sobre la historia de Yucatán.[52] Isabel, hermana de Carmela, se casó con el poeta Ignacio Magaloni Ibarra, quien el 15 de septiembre de 1892 y durante la reinauguración del nuevo palacio de gobierno en la ciudad de Mérida, participó como poeta y fue presentado y reconocido como uno de los nuevos valores de la poesía yucateca.[53] En 1898 Carmela se casó con el húngaro Alberto Zuckermann Handle.

La vida cotidiana de los Duarte

En el ámbito público, las familias yucatecas prominentes participaban activamente en los carnavales, asistían a clubes sociales, cafés y restaurantes. Frecuentaban los teatros y recorrían las calles en los acostumbrados paseos dominicales; sin embargo, lo privado fue reservado para los que se consideraban como miembros auténticos de la élite económica, política y social. La entrada a estos ambientes era mucho más selecta y el número de participantes era restringido, ya que en la intimidad de estos espacios se efectuaban los intercambios comerciales y se implementaban las estrategias de cultivo de amistades vinculadas a cierto tipo de relaciones familiares. Es así que al participar una familia en estas fiestas y celebraciones significaba la aceptación social de la élite.[54]

La familia Duarte García, al instalarse en la ciudad de Mérida, se convirtieron en vecinos de las familias prominentes al situar su residencia en el primer cuadro de la ciudad e integrarse a la sociedad yucateca y formar parte de las familias con abolengo mediante su incorporación a asociaciones religiosas y su participación en actividades sociales como bailes, visitas al teatro, a los cafés o recepciones realizadas en su propia casa. Asimismo, participaron del estilo de vida urbana como fueron los viajes y la adquisición de bienes suntuarios, entre otras cosas. Una de estas actividades tuvo lugar el 26 de enero de 1896 en el baile de carnaval organizado por La Lonja,[55] en el que participó Carmela. En este evento, ella formó parte de uno de los grupos asistentes, con el nombre de "Locura", *La Revista de Mérida* anunció este baile al siguiente día:

> El baile del sábado. Si bonito y animado resultó el baile anterior en "La Lonja" y del que oportunamente dimos cuenta, el último en éxito, le sobrepujó aun. Hubo en él tanto entusiasmo y buen humor, que apenas comenzado, no se pudo abrigar la menor duda acerca de lo que sería; ya antes de la nueve de la noche, el edificio estaba lleno,… Temprano pués, empezaron á entrar las señoras: era un desfile continuado de trajes á cual más vistosos cuyo conjunto era en extremo encantador …Hubo derroche de buen humor, de franca alegría cuyo recuerdo no se ha borrado aun. Todo lo que significa gracia, delicadeza, buen gusto, donaire, se dio allí cita, representado por las señoritas más bellas y más simpáticas de la sociedad culta, festejo que duró hasta las tres de la mañana … entre las señoras y señoritas asistentes divididas en grupos tales como de "Jockey": Pilar Cámara Zaldívar … Grupo "Sol": Mercedes y Concepción Troncoso, Matilde Vales … Grupo "Locura": María y Guadalupe Espinosa Duarte y Carmela Duarte...[56]

Los Duarte eran partícipes de las fiestas realizadas para la alta sociedad yucateca, al mezclarse con la comunidad y distinguir apellidos pertenecientes a las familias pudientes como los Cámara, Troncoso y Vales, entre otros. Al parecer Carmela asistía regularmente a los bailes y reuniones sociales. Así se lee en una carta escrita por su amiga en 1932, en la que rememora sus alegres andanzas, "te quiero mucho y te extraño, recuerdo que desde que te fuiste a estudiar a Roma, dejé de ir a los bailes, pues sólo contigo me gustaba asistir".[57]

En estas reuniones los asistentes consolidaban su pertenencia a este grupo selecto y al mismo tiempo tejían los lazos de sociabilidad que a menudo ejercían una influencia poderosa en la vida pública. En una sociedad en la que el papel social coartaba la participación femenina, estas reuniones eran un espacio significativo de participación abierta y de reclamo de cierta igualdad. En casas particulares también se organizaban reuniones o fastuosos bailes donde se invitaba a través del periódico que circulaba en la ciudad, ejemplo de ello es este anuncio de una fiesta celebrada en la casa de Demetrio Duarte

> Para el martes 7 del presente, otro baile de los organizados por el activo Pinelito,[58] en la misma casa del Dr. Demetrio Duarte donde han tenido lugar los anteriores. Nos aseguran que sería el último de la temporada que dé.[59]

Otra característica de la vida cotidiana de las familias prominentes era realizar viajes al extranjero, los cuales se transformaban en largas travesías en barco y culminaban con estancias en países como España, Alemania, Francia, Inglaterra, Estados Unidos, Italia y Suiza, combinando los placeres y el descanso con los negocios.[60] Y los Duarte compartían estas costumbres. Viajaban fuera del país, ya sea a Europa, a la ciudad de Nueva York o a la ciudad de La Habana. Esta última era considerada una ciudad cosmopolita, era un lugar en donde se reunían gente de diferentes nacionalidades y, por ende, diferentes formas y estilos de vida. Los hijos de estos hacendados, principalmente los hombres, estudiaban en el extranjero, ya fuera en Europa o en los Estados Unidos, lo que les abría un panorama más amplio tanto en su vida cotidiana como en los negocios.[61]

La familia Duarte incluso tuvo una participación activa en las exposiciones universales[62] que se efectuaron en ciudades cosmopolitas, como París en 1889 y Chicago 1893. De esta manera los Duarte mantuvieron contacto y relación con el exterior, conocieron distintas formas de vida. Dicha experiencia influyó tanto en sus negocios como en su vida cotidiana.

Por otro lado, y como parte de la vida cotidiana citadina decimonónica, Anselmo Duarte, padre, presidió las Conferencias de San Vicente de Paúl.[63] Los hombres de la élite urbana pertenecían a organizaciones con fines sociales, religiosos o caritativos; estas asociaciones funcionaban como patrocinadores de festivales religiosos y guardianes de símbolos y sitios sagrados, y otorgaban a los hombres una pública muestra de identidad.[64] Fue una forma adicional para asimilarse dentro de la alta sociedad de la urbe.

Capítulo 2
Carmela Duarte y su formación profesional

Situación de la mujer en el último cuarto del siglo XIX

Carmela creció durante el periodo del porfiriato, en donde el ideal de la mujer se veía inmerso dentro de una sociedad dominada por el sexo masculino, por lo que el modelo femenino se mantuvo bajo sus parámetros. Sin embargo, los deseos e inquietudes de Carmela la llevaron a compaginar sus anhelos con los lineamientos marcados por la sociedad. Este interés se refleja en su afán por conseguir una educación profesional y especializada en el arte de la pintura, es decir, que esta instrucción fuera más allá de las clases ordinarias que se otorgaban en Mérida de manera amateur.

A finales del siglo XIX la situación de las mujeres yucatecas pertenecientes a las familias prominentes iba de acuerdo con el discurso de los intelectuales. Ellos fueron los que contribuyeron a la formación de sus compañeras, como personas educadas, virtuosas, de buen tono, a la moda, sociables y amas de casa eficaces.[65] Una publicación del periódico *La Revista de Mérida* decía "…que sus esposas e hijas servirían como la principal evidencia de la prosperidad, el progreso y la instrucción lograda en la entidad".[66]

Durante el porfiriato, la construcción del ideal femenino estuvo íntimamente ligado a los intereses de la clase dominante: la burguesía. Dicha construcción tomó elementos que se consideraron propios de la mujer, como debilidad, sensibilidad y delicadeza. También lo moral y lo doméstico estaba vinculado a lo femenino además de ser un arma ideológica dentro de un régimen de paz y orden social.[67] Pues la mujer de familia prominente quedaba enclaustrada en la esfera doméstica, donde su conducta debía ser el honor de la familia y mantenerse dentro de los límites morales.[68]

De acuerdo con el ideal femenino, también se consideraban importantes las normas de etiqueta y de urbanidad, ya que demostraban la pertenencia a una sociedad civilizada y moderna. Así, las reglas de urbanidad hacían hincapié en la higiene, la discreción, la cortesía, la manera correcta de conducirse en cada momento del día y en toda situación en el vestir y hasta en las formas de divertirse para evitar escenas bochornosas, de mal gusto o inmorales.[69] El honor femenino consistía en conservar la fama de mujer honrada y virtuosa, "fácil de explicar, difícil de vivir".[70]

A partir del auge en la producción henequenera, el contacto comercial que tuvo Yucatán con el exterior, así como el deseo de imagen progresista que anhelaba el país, influyó en la formación de varias concepciones sobre el "deber ser" femenino y más aún en la práctica, lo que predominó en el comportamiento social de las mujeres, por ejemplo, las damas lucían la última moda de París, asistían al teatro y bailes, lo que invitaba a la frivolidad, o a separarse del hogar.

El carnaval también era una época que las damas aprovechaban para lucir lo mejor posible, por lo que su participación era destacada.[71] Las mujeres meridanas de todas las clases sociales, por razones distintas, se vieron implicadas en esta transformación.

Las damas con sobrada solvencia económica respondieron a la comercialización y al consumismo. Poco a poco el ideal femenino se fue transformando; hubo aceptación de que la mujer asistiera a espectáculos y actuaciones para el relajamiento de la sociedad. No acordes con la moral de la época pero permitidos en aras de la conservación del orden.[72]

En relación con la moda como imagen y como parte esencial en la proyección del progreso, se difundían en Yucatán artículos que ensalzaban la moda europea, imitaban a la mujer moderna, en el vestir según los últimos parámetros de Francia, Estados Unidos, Inglaterra, Italia y España, al acudir y adquirir en los prestigiados comercios todas las telas, zapatos, aditamentos que le permitirían parecérsele a la fémina europea.[73]

No es extraño que la mujer yucateca perteneciente a la burguesía tomara en cuenta los consejos de moda de las revistas y periódicos, pues la moda estaba siempre ligada a valores de progreso.[74] La mujer de élite también tuvo un papel importante en la demostración pública de lo que debía ser el ideal femenino según el régimen moderno, las mujeres, al ser instruidas y al saber socializar en espacios de cultura, se convirtieron en propaganda viviente e íconos a imitar por sus congéneres.[75]

A partir de la república restaurada (1867), la instrucción de las mujeres se encaminó a preparar a la compañera ideal del ciudadano moderno. Se trataba de una educación que no las colocaba en una situación en la que pudiesen ejercer su total libertad como individuos, sino que se les estereotipaba y se les otorgaba un espacio para el cual se consideraba que estaban designadas y de cuyo desempeño dependería el bienestar de la sociedad en conjunto: el hogar.

Las mujeres fueron importantes como complemento de la acción de los hombres en su lucha para hacer realidad sus respectivos proyectos de nación; en ellas se encontraba el apoyo y el reposo que necesitaban, ya fuera como madres, esposas, hijas o novias.[76] La obediencia y la docilidad eran valores importantes porque, al ser poseedora de estos, la mujer no tendría dificultad en mantener la armonía de su honor, lo que se conseguiría primeramente haciéndose al modo de su cónyuge.[77]

En 1870 Rita Cetina Gutiérrez fundó en la ciudad de Mérida una sociedad a favor de la educación de las mujeres. La educación que se proponía buscaba instruir a la mujer para que fuera capaz de compartir la vida con el hombre. El propósito de esta escuela llamada *La Siempreviva* era fomentar en las mujeres yucatecas el amor a la ilustración y a las artes, así como a la caridad. En 1874, el programa de estudios que se impartía a las alumnas combinaba artes, ciencias y labores femeninas. Uno de sus propósitos era dar a las mujeres de cualquier condición social la posibilidad de adquirir conocimientos que le permitieran desarrollar otro tipo de habilidades y no solamente las manuales.[78] Esta clase de educación no abandonó del todo la concepción de la mujer abnegada, sublimada dentro del hogar, pese a la introducción de materias acordes con una nación liberal y progresista, nunca dejaron de impartir clases de labores femeninas.[79]

Durante la época porfiriana, la educación familiar preparaba a la mujer para el matrimonio, por lo que se le exigía sumisión, abnegación, desinterés por el mundo de la política, de las cuestiones sociales, aislamiento absoluto de todo lo que fuera más allá del ámbito doméstico, que a su vez era el reducto desde donde dirigía a un ejército de sirvientas que mantenían inmaculado el sagrado recinto del hogar, un lugar desligado del mundo social, donde se decía que ese mundo de la vida pública y el de los negocios es el mundo de los varones.[80] La educación de las mujeres precisaba de la preparación e instrucción para que pudiera dar ciudadanos útiles y virtuosos a la sociedad.

Justo Sierra Méndez, secretario de Educación del gobierno de Porfirio Díaz, en su discurso de 1901, tipifica el ideal femenino como:

> ...la mujer educada debe estar enteramente dedicada al hogar; será compañera y colaboradora del hombre en la formación de la familia. Eso es lo que queremos... Su vocación es formar almas y sostener el alma de su esposo; por esta razón la educamos. Querida niña, no te vuelvas la feminista de tu entorno... No, tú y yo somos mutuamente complementarios; somos una sola persona llamada a continuar la perpetuación de la patria... mientras los hombres ganan el pan, tú eres la responsable del orden, la tranquilidad y el bienestar del hogar, y sobre todo, tú contribuyes... a la formación de almas; esta es una tarea suprema... Deja que los hombres luchen por cuestiones políticas y escriban las leyes, tú pugnas por la digna lucha de los sentimientos... formar almas es mejor, que escribir leyes.[81]

Los hombres eran quienes tomaban las decisiones, e incluso dictaban la forma del comportamiento de la mujer, condenándolas al sometimiento y subordinación del varón, otro texto donde se puede apreciar esta subordinación es en el rito civil del matrimonio con la epístola de Melchor Ocampo:

> Que el hombre cuyas dotes sexuales son principalmente el valor y la fuerza, debe dar y dará a la mujer protección, alimento y dirección, tratándola siempre como a la parte más delicada, sensible y fina de sí mismo y con la magnanimidad y benevolencia generosa que el fuerte debe al débil, esencialmente cuando este débil se entrega a él y cuando por la sociedad se le ha confiado. Que la mujer cuyas principales dotes son, la abnegación, la belleza y la compasión, la perspicacia y ternura, debe de dar y darán al marido obediencia, agrado asistencia, consuelo y consejo, tratándolo siempre con veneración que se debe dar a la persona que nos apoya y defiende y con la delicadeza de quien no quiere exasperar la parte brusca irritable y dura de sí mismo. Ley del matrimonio civil, 23 de julio de 1859.[82]

Luego entonces, el estudio del arte de la pintura y el dibujo, fue una actividad a la que la mujer de clase alta se fue integrando, considerada como propia de su sexo, por la delicadeza que se requería. Se decía que particularmente los trabajos aptos para las mujeres eran los oficios en los que se buscaba tener desarrollado el sentimiento de lo bello, por lo que era conveniente que se dedicasen a tareas como las de grabado en madera, pintura de porcelanas, cristal, rasos e iluminación de papel para cartas y fotografía.[83]

El arte, concebido como belleza artificial, patrimonio de una civilización avanzada, aristocrática, selectiva e individualizada fue bien acogido dentro de la clase alta, al considerarlo indispensable, porque al estudiar arte se percibiría a la mujer como una dama acorde con la civilización y el buen gusto.[84] Esta disciplina no solo la distinguía de las demás mujeres, sino la invitaba a expresar sus instintos delicados, era el vehículo donde soñaba cosas diferentes de lo que ofrecía la realidad tangible.

En Mérida se daban clases de dibujo a domicilio, un ejemplo de éstas fueron las de José Dolores Farfán, impartidas a las niñas y señoritas que deseaban pintar al óleo, donde el método didáctico era escoger un bonito cromo, para copiar el dibujo por medio de cuadrícula y luego, como quien borda, se imitaban pacientemente los colores, sombras y detalles del modelo, empezando por el ángulo superior hasta terminar por el derecho inferior, una vez terminado el trabajo los papás de las señoritas quedaban encantados.[85]

El estudio y realización de cuadros y óleos se consideraba un oficio fastidioso, tedioso e incluso mal pagado como cualquier otro, pero refinado y apto para el gusto femenino, ya que este trabajo exigía paciencia y delicadeza en la parte operativa, debido a que no requería de fuerza física. Sobre la defensa de la educación artística de la mujer, se decía que esta sería más beneficiosa que perjudicial para la feminidad de una jovencita.[86] Se consideraba que estudiar y practicar el arte ya sea de la pintura o de la música, eran cualidades que refinaban la sensibilidad de una niña y la hacían socialmente atractiva. Muchas mujeres, tal vez una de cada familia, se dedicaba a estos estudios asiduamente.[87]

Carmela Duarte: su pasión por el estudio

Muy probablemente Carmela Duarte recibió sus primeras clases de pintura en casa con profesores particulares. Pero con los años su gusto y talento por la pintura la inclinaron a buscar una instrucción profesional, diferente a las impartidas en Mérida. A partir de ese deseo, Carmela se fijó como objetivo viajar a Europa para iniciarse en el arte de la pintura. Además de su firme deseo por aprender pintura profesionalmente, Carmela Duarte estaba convencida de que el estudio le proporcionaría mejores elementos para llegar a ser buena madre como educadora de sus hijos, al decir

> ...si yo supiera que el estudio de la pintura estorbase el ser buenísima esposa y madre, jamás creo que mi corazón hubiera tomado este amor por ella. Estoy segurísima de que usted pensará como yo, en que la mujer instruida puede hacer aún el orgullo de su familia y que un hijo se avergonzaría de oir preguntar a su mamá si la Rusia es la capital de la Noruega.[88]

Se consideraba que la educación de la mujer tenía un papel importante en la socialización de los hijos, futuros ciudadanos y padres de familia, dentro de una sociedad progresista.[89]

Otro motivo que tuvo Carmela para estudiar en el extranjero era la posibilidad de establecer en Mérida un museo de pintura, como lo mencionó en su diario de viaje escrito en 1890:

> ... ¡oh! si yo pudiera hacer algo por mi patria me consideraría muy dichosa por eso es que aunque en pequeño pretendo servirla, dichosa seré si honro a mi patria siendo una buena artista si llego a establecer un Museo de Pintura ... diré entonces que ya que Dios no me hizo hombre para ser militar y proteger y pelear por mi madre patria, siquiera me dio la dicha de poder honrarla con algo. Por hoy ya no puedo más me contentaré con gritar ¡Viva México![90]

Carmela tenía en mente la idea de abrir un museo de pintura. Gestionar un museo podría parecer algo innovador dentro de los quehaceres de la mujer, sin embargo para Carmela significaba una forma de demostrar su amor por la patria. Este sentimiento patriótico fue un tema decimonónico al que recurrió el Gobierno Federal en todos los estados para dar cohesión al nacionalismo mexicano. Para 1870 en Yucatán dio inicio la impresión de la revista *La Siempreviva*, se trataba de una publicación dirigida al público femenino, escrito por mujeres, que en su número 27 del 19 de junio de 1871 resaltaba el sentimiento del amor a la patria.

Por otro lado, el obispo Crescencio Carrillo y Ancona también habló del amor a la patria en su discurso de inauguración del Museo Yucateco, dijo que este sentimiento era como una convicción ciega, ya que iba unido al sentido de dignidad y de justicia y por lo tanto, de la independencia y la autonomía, así como al conocimiento y al desarrollo del país, por lo que era necesario mantener la unidad nacional mexicana.[91] Es probable que todos estos discursos influyeron en el sentimiento patriótico de Carmela, de ahí su motivación para llevar a cabo el proyecto del museo, mismo que siguió la línea relacionada con el nacionalismo. Esta idea se vincula con la apertura de otros museos en diferentes ciudades del país.

Al iniciar las guerras de independencia de las diferentes colonias españolas en América (1811–1821), así como las guerras de intervención en Europa durante el siglo XIX, surgen los Estado-nación y con ello la necesidad de crear un sentimiento nacionalista. Para el caso concreto de la formación de los Estados Unidos Mexicanos, el país se vio en la condición de unir las Provincias que pertenecieron a la Nueva España en una nación, tomando como fuerza la ayuda de un discurso que defendía la trayectoria del Estado en el tiempo, por lo que fue menester contar con museos que narraran la historia y los logros obtenidos para crear una cohesión social.[92]

En 1825 comenzó la apertura de museos, el presidente Guadalupe Victoria decretó que las colecciones de "antigüedades mexicanas" fueran trasladadas al nuevo Museo Nacional, se trataba de una colección de piezas arqueológicas encontradas básicamente en el centro del país, entre ellas estaba el Calendario Azteca y una representación de la Diosa de la Tierra llamada *Coatlicue*; todo esto a cargo del defensor del patrimonio nacional Lucas Alamán.

A partir de esta fecha y durante las siguientes décadas surgieron otros museos en los estados de Michoacán, Coahuila, Oaxaca y Yucatán.[93] Los museos fueron considerados como benéficos para el progreso moral de la ciudadanía.[94]

El 1 de junio de 1866, bajo el mandato del Imperio de Maximiliano de Habsburgo se dispuso el establecimiento de un Museo de Arqueología y Artes, denominado Museo Yucateco. Pero no fue sino hasta 1869, año en que el gobernador Manuel Cirerol convino con Crescencio Carrillo y Ancona en fundar el Museo Yucateco con la colección privada de dicho prelado que constaba de 194 objetos, manuscritos y libros raros, dieciocho objetos y varias conchas, erizos y estrellas de mar.[95] Dicho Museo se alojó en el local que hoy ocupa la Biblioteca Central de Universidad Autónoma de Yucatán, entonces Instituto Literario del Estado. El 15 de septiembre de 1871 fue nombrado director del Museo Yucateco a Carrillo y Ancona. En el Periódico Oficial del Estado, se anunció la inauguración del museo, a realizarse el día siguiente, 16 de septiembre. De acuerdo al discurso pronunciado por el director del Museo, la colección incluía objetos históricos y científicos, las muestras y los productos de la naturaleza, de las artes, de la agricultura y de toda industria, lo cual, según palabras del obispo, demostraba la paz, el progreso y la ciencia en el país.

El discurso del obispo era un llamado a trabajar unidos por el bien de la patria, de la comunidad por encima de banderas e ideologías, según lo señalaba el periódico *La Razón del Pueblo,* el día 18 de septiembre de 1871.[96]

Carmela creció en medio de este contexto nacionalista y de necesidad de dar cohesión a la nación mexicana. Así desarrolló un sentimiento patriótico, que se observa en todos sus escritos (el diario de viaje, el tratado de moral, sus cartas y sus poemas).

Carmela tenía 24 años de edad cuando solicitó a su familia su apoyo para viajar a Europa y concretar sus estudios profesionales. El debate dentro de la familia Duarte estuvo dividido e incluso fue motivo de discusiones entre ellos;

unos pensaban que sí era conveniente, que era algo bueno para ella,[97] pero otros opinaban que no debía alejarse de su familia y mucho menos vivir sola en otra ciudad.[98]

Contar con la anuencia de la familia era primordial, pues para la mujer, viajar no era fácil. En el siglo XIX el pensamiento sobre los viajes realizados por señoritas sin acompañante se puede observar en las siguientes líneas que escribió Jean Jacques Rousseau a Jean Le Rond d'Alambert: "Toda mujer que se muestra en público, se deshonra ¡Cuánto más la que viaja!".[99] La sospecha pesaba sobre los desplazamientos de las mujeres, y sobre todo, de las mujeres solas. La misma Carmela Duarte fue objeto de recelo al estar sola en Roma. En una ocasión, en que todos los mexicanos, visitantes y avecindados en Roma, se reunieron en la casa de Carlos Lera,[100] este se permitió dar su opinión acerca de la educación de la mujer. Lera decía que la mujer apenas debía saber leer y contar. También criticó a los hermanos Duarte, al permitirle a su hermana, Carmela, quedarse sola en esa ciudad para estudiar pintura. Al escuchar lo anterior, Carmela se enfureció, se sintió indignada y dejó la reunión.[101]

Las opciones que tenían los mexicanos para estudiar pintura en Europa eran las ciudades de París y Roma. La primera era la ciudad cosmopolita y modelo de la cultura e intelectualidad de la época, además de ser consideraba en aquel momento la capital artística del mundo. Esta ciudad se convirtió en el centro de atracción para los artistas, a pesar de que las academias u otros centros de arte oficial continuaban enviando sus alumnos a Roma. París atraía a los nuevos artistas que buscaban crear un arte más al gusto de la nueva clientela burguesa, y acorde con las nuevas formas de vida. Existía en esta ciudad una atmósfera de libertad artística que se respiraba en sus calles. En otras palabras, tenía todos los elementos necesarios para convertirse en el centro de atracción de artistas de todo el mundo.[102] Como ejemplo de lo anterior fue el artista Juan Gamboa Guzmán, pintor yucateco contemporáneo de Carmela, quien tuvo la oportunidad de estudiar en París y permanecer en esa ciudad por un lapso de ocho años aproximadamente.[103]

En cuanto a la ciudad de Roma, esta era la capital del arte oficial. Tenía el papel protagonista en la construcción de una Europa de las artes y era considerada el eje de circulación e intercambio dentro del sistema artístico.[104] El viaje de Carmela para estudiar pintura se había inclinado hacia Roma, por ser la ciudad por excelencia en el arte y en los estudios académicos, con una disciplina rígida y no tan libre como lo era París. Carmela recibió el apoyo del obispo Crescencio Carrillo y Ancona para estudiar en Roma. Dicho apoyo fue fundamental para convencer a los miembros de la familia Duarte y otorgarle el permiso para irse a estudiar al extranjero. Ya instalada Carmela en Roma, el obispo la alentaba para lograr sus estudios. Existen varias cartas de Carrillo a Carmela exhortándola a aprovechar los sacrificios que costaba su permanencia en esa ciudad, para llegar a ser una gran artista, así lo expresa en la carta fechada el 24 de marzo de 1894.

> Con extraordinario gusto he recibido y leído tu gratísima de 30 de enero último, y tienes razón muy sobrada y justa en cuanto me expresas con el natural sentimiento y entusiasmo de tu inteligencia y de tu corazón de mujer delicada y de verdadera artista… sobre todo los sacrificios que cuestan tu permanencia en esa ciudad de las artes, en virtud de esos mismos sacrificios, te pido te sigas empeñando en subir a la cumbre en que brillan por siglos los grandes genios de la sublime poesía del arte de la pintura, de modo que a tus naturales simpatías de mujer amable reúnas las prendas de la corona y gloria de gran artista, esclareciendo la historia de la pintura y la del suelo patrio en que tu cuna se meció… ahora por la pluma te dirijo sobre millares de leguas, deseándote fuerza y salud perenne afición al arte y constancia en el trabajo y en las cristianas virtudes.[105]

Carmela Duarte no sólo recibió del obispo palabras de aliento, sino una ayuda muy concreta. El obispo era amigo de Enrique Angelini, quien residía en Roma, y gracias a esa amistad, Angelini cuidó y veló por Carmela durante su estancia en esa ciudad. Es muy probable que gracias al obispo y su amistad con Angelini, fuera determinante para que la familia de Carmela permitiera irse a estudiar y vivir sola.[106]

El viaje a Roma

El 16 junio de 1890 Carmela, con 24 años de edad, subió a bordo del vapor City of Washington en el puerto de Progreso, acompañada de sus hermanos mayores los Duarte Zavalegui, Demetrio, Juan José y Crisóstomo, los dos primeros con sus esposas, Viviana con sus cuatro hijos y Antonia, respectivamente. El viaje duró cuatro meses, en los que Carmela se ocupó de dejar plasmada su travesía en un diario de viaje. Este trayecto del puerto de Progreso a Francia tuvo varias escalas, la primera de ellas fue La Habana, donde Carmela escribió acerca de la bahía lo siguiente "…ni el pincel pudiera haber dibujado tan preciosa vista".[107] La siguiente escala fue la ciudad de Nueva York; ahí los Duarte permanecieron desde el día 23 de junio hasta 2 de agosto, donde visitaron el Museo de Cera, el Teatro Brooklyn el que según las impresiones de Carmela le pareció todo muy feo, pero aceptó que lo peor fue que no entendió nada. Visitaron el Central Park y Coney Island. El 4 de julio, fecha en la que se conmemora la Independencia de los Estados Unidos, Carmela se encontraba aún en la ciudad de Nueva York, ahí disfrutó de los festejos por esta importante fecha y conmovida escribió:

> Celebran hoy la independencia porque realmente es lo más grande que puede tener el hombre, la independencia. Cuando considero que todavía hay ciudades que no pueden festejar un día como éste, hasta se me oprime el corazón, ¡qué cosa más bella que ser libre, que no tener que obedecer a un despótico rey que las más de las veces oprime el país para satisfacer sus más tontos sentidos! ¡Ah! yo como mexicana y por tanto libre, bendigo a Dios con toda el alma porque nos concedió esta gran gracia. Bendito el cura Hidalgo, benditos todos los que derramaron su sangre por nuestra Independencia.[108]

Carmela continuó por varios días más en esta ciudad recordando a su familia, por lo que escribió cartas a su madre y compró regalos para sus hermanas. En sus cartas decía extrañar a su familia y ensalzaba el amor que tenía por su madre, además se encontraba agradecida con Dios por contar con una madre que era un "ángel de virtud" y de "bondad" agregó; que "el ejemplo es el mejor libro en el que los hijos aprenden de sus padres".[109] El 16 de julio, día en que se celebra a la Virgen del Carmen, Carmela festejó su santo con una visita al Niágara y se expresó del lugar como "lo más sublime que había visto en su vida".[110]

El 2 de agosto de 1890 Carmela y su familia se embarcaron para cruzar el Atlántico rumbo a Francia. Subirse a un barco y atravesar el océano requería de fuertes motivaciones y deseos. A Carmela, el fastidio del viaje en altamar, la llevó al punto de la tristeza al pensar en su mamá y hermanas lejos, haciéndola titubear sobre su falta de valor para quedarse en Roma.[111] La travesía en barco no era precisamente placentera, se pasaba frío por los fuertes vientos que soplaban, el agitado mar levantaba olas y los pasajeros terminaban mareados y con dolor de cabeza. Por otro lado los viajeros, que los había de diferentes países y ocupaciones, trataban de pasarla bien entre ellos, ya sea platicando, cantando, jugando, una de las ocupaciones de Carmela fue contemplar la grandeza del mar.[112]

El domingo 10 de agosto de 1890, los Duarte llegaron a Francia. Carmela junto con su hermano Demetrio y su familia iniciaron un recorrido y visita por Europa. Lo primero que visitaron fue París donde Carmela conoció el Arco del Triunfo, el Bosque de Bolonia y el Hipódromo, el Museo de Cera, la iglesia de Santa Loreto, la Bastilla, el Palacio de Louvre y el Museo de Pinturas, el Museo de artes y oficios y el Jardín de París, la Catedral de Notre Dame, la Torre Eiffel, el Cementerio, Versalles, la tumba de Napoleón, visitó la Gruta de la Virgen de Lourdes. Después se fueron a Bruselas donde visitó una exposición de pinturas y esculturas, el Palacio de Justicia y el Castillo de la Emperatriz Carlota. Luego fueron a Luxemburgo donde pasearon por el Jardín de Aclimatación y conoció el Teatro de la Ópera. El 21 de agosto los Duarte salieron rumbo a Hamburgo y de ahí a Berlín, donde visitaron la iglesia de Santa Eduviges, el Museo de Cera, el mausoleo de Federico Guillermo II, el Palacio de Mármol, la Puerta de Brandemburgo, la Gran Fuente y La Terraza, entre otros lugares.

Las siguientes paradas fueron Dresden y Viena, visitaron la tumba de Maximiliano de Habsburgo, emperador de México. También estuvieron en las ciudades de Munich, Lucerna, Berna, Ginebra, Turín, Milán y Venecia.[113] En el diario de viaje, Carmela afirmó que se encontraba de muy buen humor y gozando del paseo, y daba gracias a Dios y a su querido hermano Demetrio, pues él fue quien costeó los gastos de su viaje, los cuales ella esperaba pagar con cariño.[114]

El martes 4 de noviembre de 1890, Carmela y Demetrio llegaron a Roma, último destino de Carmela, donde quedó instalada y convencida de que su misión era estudiar el arte de la pintura en esta ciudad.[115] Lo primero que hicieron fue visitar la casa de Enrique Angelini quien se desempañaba como cónsul de México en Roma y sus funciones consistían en atender a los ciudadanos mexicanos que llegaban a esta ciudad.[116] Sin embargo, por la amistad tan estrecha entre Angelini y el obispo de Yucatán, Crescencio Carrillo y Ancona, según consta en la diversa correspondencia que entre ellos mantenía,[117] Carmela quedó bajo la tutela de Angelini, quien la cuidó y protegió durante toda su estancia en Roma.[118] Enrique Angelini era un hombre muy conocido entre la sociedad mexicana que visitaba esta ciudad. Además de ser cónsul de México en Roma, desempeñaba el cargo de camarista oficial del papa.

Angelini, como tutor de Carmela consiguió que Cesare Mariani[119] fuera el instructor de Carmela. Mariani era un artista consagrado con gran prestigio en Italia. Era presidente de la *Accademia di San Luca,*[120] autor de varias pinturas al fresco en diferentes iglesias de toda Italia, acreedor de diversos premios y condecoraciones como la de caballero de la Orden de San Gregorio el Grande, otorgado por el papa Pío IX, también fue merecedor del nombramiento de Caballero de la Orden de la Corona por el emperador Pedro II de Brasil, galardonado con la Cruz de la Orden de la Rosa. Mariani fue miembro de la Academia de la Artes en diferentes ciudades de Italia, incluyendo Perugia, Florencia y Milán, y nombrado ministro de Educación Pública de las Artes.[121]

A finales del siglo XIX y principios del XX, los talleres de los artistas y las escuelas privadas sustituyeron a las academias oficiales, así los nuevos artistas ofrecían una nueva forma de establecer contacto con los posibles compradores.[122] Carmela asistió al estudio de pintura donde el maestro Mariani impartía su clase. Una anécdota simpática de Carmela en el estudio, ella la relata así:

> —ya aprendí a ser humilde con lo que me pasó en Roma cuando el actual Rey en ese tiempo príncipe de Nápoles después de que yo sin conocerlo lo dejé en la puerta y le decía a nuestro maestro de pintura profesor Mariani, le busca un joven feito, así, así y él oyó y con risa me tendió la mano diciéndome, ¡tanto honor señorita![123]

Estudio en Roma, de Carmela Duarte García.

Los gastos generados por su permanencia en Roma, incluyendo estudios y estadía, estuvieron subsidiados principalmente por el gobierno mexicano. Durante los primeros meses Anselmo y Demetrio Duarte gestionaron una pensión de 50 pesos mensuales con el entonces gobernador de Yucatán, el coronel Daniel Traconis García.[124] La pensión sólo duró algunos meses, pues al llegar Manuel Dondé a la gubernatura la canceló con el argumento de que "dicha pensión no fue decretada por el Estado", así que el último pago que recibió Carmela fue en el mes julio de 1891.[125]

En abril de 1891, Carmela y Enrique Angelini escribieron una carta al presidente Porfirio Díaz, en la que solicitaron una pensión de estudios por la cantidad de 50 pesos mensuales.[126] En dicha carta Angelini afirmó que su tutorada tenía positiva inclinación hacia la pintura. Por su parte, Cesare Mariani, también escribió una carta en la que afirmó haber encontrado en ella "empeño y disposición natural al estudio de la pintura, alcanzando un rápido progreso".[127] La súplica de Carmela rindió fruto. En marzo de 1892, el gobierno de Díaz le concedió un total de cincuenta pesos mensuales con una extensión de un año; en dicha concesión se dejaba claro que servirían para el fomento de sus estudios de pintura en Roma y que estarían sujetos a la vigilancia del ministro mexicano en esa ciudad, el señor Gonzalo A. Esteva.[128]

En 1893, cuando concluyó el tiempo de la pensión de estudios otorgada por Díaz, Carmela inició nuevamente con los trámites para la renovación de esta, lo que le permitiría un año más su permanencia en Roma. El 1 de julio de 1893, el presidente de la república le revalidó para ese año la pensión por los mismos cincuenta pesos mensuales.[129] Empero, ocurrió un mal entendido, el encargado de negocios en Italia, Carlos A. Lera, le explicó a Carmela que la orden se refería al pago de pensiones atrasadas y no significaba una prórroga de un año como ella lo había entendido. Ante esta situación, el 16 de diciembre de 1893, Carmela le escribió a

Joaquín Baranda, ministro de Gracia y Justicia en México, solicitando su intervención para que le fuera concedida la prórroga del pago de la pensión. Sin embargo, el 29 de diciembre del mismo año, Carmela recibió la noticia de que la Presidencia le cancelaba la pensión otorgada, debido a las malas circunstancias por las que atravesaba el erario del país.[130]

Carmela insistió ante las autoridades para obtener nuevamente esta pensión. El 22 de enero de 1894 escribió al ministro de Gracia y Justicia en México para expresarle su disgusto por la respuesta del presidente; argumentó que la suspensión de pagos la colocaba en una situación crítica, debido a que ella contaba desde el mes de julio de 1893 con ese dinero para la extensión de sus estudios. En la misma carta da cuenta de que el señor Esteva, ministro de México en Italia, no envió su solicitud en tiempo oportuno al gobierno de la república para que fuese considerada su pensión en el ejercicio fiscal de ese año. Carmela planteó que de no obtener dicho subsidio se vería en la necesidad de regresar a Mérida. En su carta, preguntaba al señor Baranda qué haría sin ésta, porque aunque "la idea de volver a su casa le era grata", agregó que "no habría valido en nada y se perderían los sacrificios que hizo al permanecer lejos de su casa". Concluyó su carta diciendo que necesitaba este dinero para pagarle a Enrique Angelini, quien le había costeado los gastos de estudios en Roma, durante el tiempo que se había quedado sin dicha pensión.[131] En esta misma carta, Carmela abiertamente responsabilizó a Gonzalo Esteva, de no conseguir esta petición en tiempo oportuno. Cuatro días más tarde, Carmela escribió nuevamente, sensiblemente arrepentida de sus escritos, pues no quería perjudicar a Esteva. Aseguró que todo se debió al sentimiento de decepción, pero que se encontraba con la firme intención de continuar con sus estudios, y para demostrar sus avances y talentos mencionó haber realizado una copia de la obra pictórica de *La Virgen del Velo*, de Carlos Dolci,[132] ubicada en la Galería Corsini.[133] Argumentó que la copia gozó del interés de unos ingleses, quienes le ofrecían hasta 4 000 liras por el cuadro, pero declinó a venderlo sin saber que ese dinero le haría falta posteriormente.[134]

Al parecer todas estas conversaciones escritas que mantuvo Carmela con el ministro de Gracia y Justicia fueron inútiles. El 22 de febrero de 1894, se giró una orden a Hacienda para que por conducto de la Legación mexicana en Roma le fuera entregada a Carmela la cantidad de 100 pesos para su regreso a México.[135] El 2 de mayo la Legación de México en Italia notificó que se le había remitido a la señorita Duarte el pliego de la nota y la letra por 250 liras italianas, equivalente a la conversión de los 100 pesos a liras, y se adjuntaba a ésta el original de una carta escrita por Carmela para que el ministro de Justicia en México pudiese conocer el "carácter y cultura intelectual" de dicha señorita.[136]

En esta carta Carmela expresaba sus sentimientos de "rabia, ira y decepción" al conocer que se le ofrecía dinero para su regreso y no para continuar los estudios de pintura. Aunque decía que el regresar a su casa era su sueño dorado no era su intención marcharse en esos momentos. Carmela se sentía confundida ante la idea de regresar a su casa junto a su familia; sin embargo anteponía sus deseos de seguir estudiando. Pero Carmela tenía muy claro su objetivo y recalcó enfáticamente que sus aspiraciones eran insistir por una pensión que le ayudara a continuar con sus clases de pintura y que sentía frustración y decepción al saber que los "hartos sacrificios" no sirvieron de nada al verse obligada a regresar a su patria. En esta misma carta Carmela expresó que sabía que le faltaba tiempo de estudio para aprender bien pintura y que como el dinero que le otorgaban era para su regreso, su decisión fue devolverlo, ya que no le servía si era para gastos de viaje y no para estudios. Carmela tenía una personalidad fuerte y decidida. Era una mujer fiel a sus convicciones, empero al conocer la resolución sobre su pensión cancelada, sus sentimientos se tornaron en decepción y desencanto.

> ...Ah! pero mi ilusión al ver un paquetito oficial, pronto se cambió en ira, en rabia y lo digo con toda verdad pues el recibir dinero para otras cosas que no sean estudios de pintura jamás, jamás lo he pedido y eso de dinero para volver a la Patria me sonó tan mal a las orejas que me recordé de lo que he leído de

las infelices desterradas a la Siberia… Hoy papá Angelini me dio ya un regañito porque no le consulté antes de escribir; pero como mi carácter es de fósforo ya mi carta estará en camino. Después de todo este es mi carácter, así digno y así resuelto tantas veces me vale de mucho pues cuando digo sí y me propongo una cosa es difícil torcerme y aún esto le probara a usted mismo cómo mis hermanos conociendo mis sentimientos y mi valor han consentido en que yo me quede en Roma.[137]

Las 250 liras entregadas a Carmela le fueron devueltas a Carlos Lera, quien el 2 de marzo de 1894 escribió una carta y advirtió que en cuanto recibió el pliego y la letra, la señorita Duarte se presentó en la Legación y ofendió sin discernimiento a México, al señor presidente, a su gobierno y al mismo señor Lera, quien dijo que todos sus esfuerzos no bastaron para calmar la exaltación de esta señorita. Lera agregó que este rechazo de Carmela se debía a que no quería renunciar a sus hábitos de independencia que había contraído, con el pretexto de sus estudios de pintura, asimismo, Lera afirmó que el profesor de Carmela aseguraba que ella carecía de aptitudes para la pintura.[138]

El 29 de marzo de 1894, Carmela le escribió a Baranda, para explicarle que no aceptó la ayuda de gastos de viaje por amor a sus estudios. Carmela consideraba que había avanzado en su formación y estimaba que era algo que la llenaba de alegría y satisfacción, por lo que abandonarlos era una lástima. Carmela estaba convencida de su capacidad y valoraba que una pensión sirviera para animar y recompensar a quien la recibía y que jamás se le otorgaba una pensión a una persona privada de talento. Recordó que al momento de recibir la primera pensión se sintió honrada y satisfecha, más aún, cuando el señor presidente la felicitó por sus trabajos, lo que aumentó su ardor por el arte. Carmela se sintió humillada con el envío de dinero para ayudarse con el retorno a su casa, pues consentía la idea de continuar con sus estudios sin defraudar a su familia con su regreso, pensaba que solo lo haría cuando sus hermanos y su madre así lo dispusieran. Esa fue la explicación que ofreció al devolver el dinero que el gobierno le había otorgado para su regreso.[139]

A finales del año 1895, con 29 años de edad, Carmela Duarte regresó a Mérida después de cinco años en Roma. Al comparar esta estancia con otros artistas mexicanos contemporáneos que también estudiaron en Europa, Carmela se había quedado a la mitad de sus estudios.

Su formación artística en Roma

Durante los cinco años que Carmela pasó en Roma tuvo notable progreso como artista.

Sus trabajos inician con ejercicios de formas geométricas fechados en 1890. En 1891 su estudio se enfocó en la realización de trabajos académicos tanto masculinos como femeninos, estas son bocetos de la figura del cuerpo humano, base del dibujo académico impartido en las escuelas de bellas artes.[140] En 1892 Carmela comenzó a pintar obras al óleo. Una carta del obispo Carrillo y Ancona dirigida a Carmela relata que Angelini le había escrito para contarle del día en que este último tomó una cerveza para celebrar que Carmela había comenzado a pintar al óleo.[141]

Al parecer, sus obras iniciaron con retratos y un autorretrato. El autorretrato fue uno de los temas iconográficos más recurrentes a lo largo de la historia. El tema tiene una doble perspectiva, siendo las dos bastantes coherentes. El autorretrato como una limitación tanto espacial como de formación artística, al tener que recurrir a lo más cercano. Y por otro lado, el autorretrato como legitimación de la labor y profesionalización del autor.[142]

En cuanto al retrato es un tema muy utilizado por todas las pintoras de todas las épocas, han sido y son objeto de esta pintura las hermanas y hermanos, padres e hijos, personas cercanas a su entorno, además de los nobles que les encargaban sus retratos.[143]

Fotografía de Carmela Duarte en su estudio en Roma, cva. 1894

Carmela Duarte, *Joven Italiana.* Óleo sobre tela, 44 x 32 cm. 1894. Colección Carmen Zuckermann Quintero

Como un gesto de agradecimiento a la pensión que Carmela recibía del Estado y como prueba de sus adelantos en el arte de la pintura, realizó dos retratos, uno de Porfirio Díaz y otro de su esposa Carmelita,[144] mismos que fueron enviados como obsequio a la familia Díaz-Romero Rubio.[145]

Carmela Duarte. *Retrato de Porfirio Díaz.* Óleo sobre tela, 65x55. s/f. Colección Rosa Adela López Zuckermann

Carmela Duarte, *Carmen Romero Rubio.* Óleo sobre tela, 65 x 55 cm s/f. Colección Rosa Adela López Zuckermann

En el arte de la pintura, las mujeres generalmente plasmaban su vida cotidiana en los hogares. Era común que los cuadros que realizaban representaran ambientes domésticos o miembros de la familia, amigos íntimos, etcétera, lo que ayudaba a la unión familiar, y servían como modelo de familias decentes.[146]

Durante la estancia de Carmela en Roma, envió varias obras a la casa de su madre, entre ellas se encuentran *Aldeano napolitano, La virgen y el niño, El gran Cristóbal Colón y Bodegón*.[147] Los temas iconográficos como los bodegones[148] eran vistos como base de un aprendizaje o práctica para el pintor, pues los objetos destinados al plasmarlos sobre el lienzo era con el objetivo de que se aprendiera a percibir y a copiar las luces y sombras, así como los volúmenes, además de ser fundamental para el aprendizaje de color.[149]

Por otro lado, los temas religiosos eran los más comunes, por ir destinados a la propia mujer, y ensalzaba la virginidad, maternidad y la familia, por supuesto la virtud; era la mujer la destinada a transmitir los cánones establecidos por la Iglesia. Así, las representaciones religiosas se realizaban de forma más íntima y familiar, para llegar a la sensibilidad y a la emoción del espectador.[150] Como ejemplo de la realización y trabajo de la pintora Duarte, existe una carta fechada el 24 de marzo de 1894, del obispo Carrillo expresa su asombro por la delizadeza de la obra de Carmela:

> — debo expresarte, con la franqueza de padre y de amigo tuyo, que fue para mi grata sorpresa encontrar tus cuadros muy más allá deliciosos, bellos y perfectos de lo que yo esperaba.[151]

El conjunto de la obra pictórica de Carmela Duarte está conformada por más de 40 cuadros, de estos cincuenta por ciento son retratos y la otra mitad representan trabajos con otras temáticas como naturaleza muerta, es decir, obras de flores, frutas, animales y objetos. Su obra se encuentra principalmente en poder de familiares y amigos; a excepción de dos retratos de su hijo, el doctor Conrado Zuckermann Duarte,[152] uno en la "Biblioteca Dr. Nicolás León" de la ex-Facultad de Medicina de la Universidad Autónoma de México (Antiguo Palacio de la Inquisición) hoy Museo de la Medicina Mexicana; y el otro se encuentra en el vestíbulo del Hospital de Cancerología, en la Ciudad de México.

Durante el siglo XIX surgieron grandes artistas mujeres en el mundo como nunca antes. A finales de siglo, las artistas tuvieron acceso a una formación artística más seria y formal; sin embargo sus obras han permanecido ocultas y son escasas las mujeres conocidas.[153] Carmela fue de las pocas mujeres que tuvieron la oportunidad de educarse en la pintura de una manera profesional, aunque su obra ha permanecido en el anonimato. Otras pintoras yucatecas contemporáneas de Carmela fueron Carmen López, quien también tuvo la oportunidad de estudiar en Roma,[154] y Matilde Casanova, según las menciona el obispo Crescencio Carrillo en una carta enviada a Alice Dixon Le Plongeon el 22 de junio de 1893,[155] empero, también han quedado ignoradas en el tiempo.

Carmela Duarte, *Joven Conrado Zuckermann Duarte.* Óleo sobre tela, 122 x 91,ca. 1930. Palacio de la Escuela de Medicina.

A finales de 1 [illegible] ela regresó a Mérida e instaló su estudio de pintura. De inmediato [illegible] s primeros encargos artísticos por parte del obispo Crescencio C [illegible] Ancona, quien le solicitó realizara retratos de él mismo, de lo [illegible] no de ellos sería enviado a su ciudad natal, Izamal. Sin embargo, [illegible] murió al poco tiempo, en 1897, sin que Carmela tuviera la opo [illegible] de realizar la entrega de estos cuadros.[156]

En diciembre [illegible] casi un año del regreso de Carmela, se llevó a cabo un atisbo de s [illegible] proyecto, establecer un museo de pintura. Tal vez como inicio d [illegible] yecto Carmela decidió abrir las puertas de su casa para mostrar [illegible] artísticas con una colección de obras de su propia autoría. Esto [illegible] s días ocho, nueve y diez de ese mismo mes, donde los periódico [illegible] *ta de Mérida* y *El Eco del Comercio* anunciaron dicho evento [illegible]

> La Srit [illegible] Duarte García ha tenido la fina galantería de inv [illegible] familias á visitar la Exposición de pinturas, obras [illegible] a, que hará los días de hoy mártes, y los siguie [illegible] es y juéves de esta semana, en la casa N° 463 de la c [illegible] Srita. Duarte, con la modestia propia de su carácte [illegible] o, expresa en la invitación: —Al resolverme á exhi [illegible] ajos que he ejecutado en Italia, donde hice mis es [illegible] timamente en esta ciudad natal, no tengo más ol [illegible] guir una costumbre que observan en Europa los qu [illegible] n su vida al arte, y fomentar en Mérida el gusto [illegible] se de fiesta.— Se presenta, pues, la ocasión, á los a [illegible] á las Bellas Artes, de estudiar los trabajos de pin [illegible] a artista yucateca que dedicó al estudio los mejor [illegible] su juventud, en Roma, donde existen los eleme [illegible] oderosos para el desarrollo de la imaginación y edu [illegible] stica principalmente para las obras de arte.

> Deseamos que la opinión de los visitantes á la Exposición, estimulen á la Srita. Duarte á proseguir con entusiasmo sus estudios, para hacerse digna émula de Apeles, el gran pintor griego que se inmortalizó por sus trabajos de pintura.[157]

En 1897, el gobernador del estado Carlos Peón ofreció a Carmela el trabajo como docente en el Instituto Literario de Niñas, donde impartió las clases de pintura. Este Instituto fue una de las escuelas más importantes de Yucatán durante el porfiriato, que se dedicaba a la enseñanza superior de las jóvenes yucatecas. Sin embargo, la situación económica e infraestructura escolar de este Instituto fueron muy deficientes hasta 1902, pues no contaba con el mobiliario ni el material didáctico suficiente para impartir una buena enseñanza. Durante los dos cuatrienios de 1894 a 1902, los ingresos y gastos del Instituto revelaban que el dinero destinado a esta institución no era suficiente para cubrir sus necesidades. Dados los déficits de 1896 a 1898, de los cuales el correspondiente al año de 1897 era mayor que el de los anteriores. Las consecuencias de las carencias económicas se vieron reflejadas en otros aspectos, como los edificios, mobiliario, útiles escolares y profesoras. Precisamente estas últimas eran quienes resentían con intensidad las penurias de su labor.[158]

Ante esta situación del Instituto, Carmela no se encontraba contenta y a gusto con la clase que impartía, por lo que ambicionaba irse a la ciudad de México y conseguir un puesto honorífico en la Academia de San Carlos.[159] Carmela aprovechó la cercanía con la presidencia de la República y elaboró cartas, esta vez dirigidas a la esposa de Porfirio Díaz. El 16 de junio de 1897 envió una carta a Carmelita Romero Rubio de Díaz para solicitar su apoyo para salir de Yucatán e ingresar en la Academia de San Carlos, en la ciudad de México. En la carta expuso que impartía clases en el Insituto Literario de Niñas, pero que carecían de elementos para dar la materia. Además señalaba que "la gente no sabe distinguir entre un trabajo hecho por un artista a uno de esos infelices que con los ojos bendados creen que todo lo saben y les da esa prepotencia su misma ignorancia".[160]

Abundó que los trabajos de arte en Yucatán eran "verdadera y únicamente comercial", y demostró su descontento y decepción por la falta de comprensión del público yucateco hacia el arte. En el siguiente párrafo se lee el sentimiento de desilusión de Carmela "es absurdo expresar de retratos de familia ¡Santo Dios! Si esperan que el infeliz abuelito muera para luego coger alguna vieja fotografía y venir aquí con sus explicaciones llamando mancha negra a la sombra y melancolía a la luz!".[161] Este era el animó que impulsó a Carmela a buscar un lugar en la Academia de San Carlos, la cual en el siglo XIX gozaba de gran prestigio como institución formativa para los artistas; durante el porfiriato y bajo la dirección de Román Lascurain (1877-1903), quien 26 años dirigió la Academia, en absoluta tranquilidad y orden. Pero a inicios del siglo XX tuvo que enfrentarse a grandes cambios que se gestaban con el movimiento del "modernismo". Por lo que la Academia plasmaba una nueva y revolucionaria idea del arte en su futuro inmediato.[162]

Todos los esfuerzos que Carmela hizo por obtener un trabajo en la Academia no fueron recompensados como ella esperaba. Nunca llegó una oferta para pertenecer al cuerpo académico de San Carlos en la ciudad de México, como tampoco pudo establecer el museo de pintura que tanto anhelaba, y como artista se sentía incomprendida. Esta etapa de formación como mujer y como artista ayudó a Carmela a forjar su futuro como esposa y madre, debido a que sus deseos y motivaciones cambiaron poco tiempo después, al momento en el que conoció y se enamoró de quien sería su futuro esposo, Alberto Zuckermann Handle, quien desde 1898 radicaba en Mérida junto con su hermano Armin, ambos de origen austro-húngaro. Alberto ofrecía sus servicios como maestro de idiomas,[163] e impartía las clases de alemán e italiano.[164]

Carmela Duarte y su matrimonio

El 19 de agosto de 1898 el periódico *The Mexican Herald* publicó los nombres de extranjeros que se encontraban en situación de enfermedad, entre ellos se mencionaba el nombre de Alberto Zuckermann, quien había contraído fiebre amarilla en Yucatán.[165] Al caer enfermo y con tan poco tiempo en México, es de suponer que no entendía bien el español, por lo que se le pidió a Carmela lo ayudara, sirviéndole de intérprete-traductor del italiano al español.[166] Así fue como surgió el entendimiento y posteriormente el amor entre Carmela y Alberto.

La aceptación de esta relación pudo lograrse debido a que existía en México un gran auge a favor de la xenofilia. Durante el porfiriato, entre los años 1870 y 1910 aproximadamente, es cuando se puso mayor énfasis en materia de atraer inmigrantes extranjeros, europeos principalmente. El Estado lanzó un programa para alentar la inmigración de extranjeros como una de sus prioridades. La xenofilia fue un rasgo característico de las clases dominantes, estas respetaban a los extranjeros en todos los órdenes de la vida social y estaban a favor de su inserción al país.[167] Durante el porfiriato y bajo la influencia de la "ciencia positiva"; esta pequeña camarilla de políticos e intelectuales creyeron modelar una sociedad más industriosa, más culta, más moderna, más cosmopolita y en buena medida "más blanca" con el estímulo de la inmigración extranjera.[168]

En los panteones se evidencia el enlace matrimonial de algunos inmigrantes con jóvenes mexicanas o viceversa, es el caso de damas portadoras de apellidos extranjeros. Estos enlaces parecían mostrar que una parte del proyecto de los intelectuales y políticos porfirianos se había cumplido, y al parecer esta filiación se daba principal y fundamentalmente en sectores medios y altos. Hubo extranjeros como los barcelonetas a quienes el matrimonio era un fin un tanto distante, siendo que se casaron en México, pero generalmente lo hicieron en edad avanzada.[169]

Tal vez por esto la familia Duarte no tuvo objeción para aceptar que Carmela tuviera un pretendiente extranjero, y mucho menos que contradijeran su enlace matrimonial, debido a que aproximadamente unos tres meses después de enamoramiento, Alberto pidió la mano de Carmela e iniciaron los preparativos para la boda, tanto civil como religiosa.

En los matrimonios de finales del siglo XIX los padres autoritarios concertaban las bodas de sus hijas, sin tomar en cuenta sus sentimientos y lo que pesaba eran los criterios de sangre, prestigio y dinero. Se vanagloriaba de que la educación que impartían a sus hijas iba de acuerdo con la moral religiosa y su ideal era que ellas llegaran castas al altar y amando a un solo hombre, el futuro padre de sus nietos. Sin embargo, y con la notable transformación por el desarrollo de la sociedad por la industrialización, la incidencia de intervenciones externas a la pareja se fue haciendo menor en la elección conyugal. Poco a poco desapareció el matrimonio arreglado por los padres; esto no significaba que hubieran desaparecido completamente los matrimonios por conveniencia o de interés, sino que la conveniencia y el interés recibían una valoración más estrictamente personal. Esta individualización de la elección no era total pero al menos empezaba a figurar como un motivo esencial en el matrimonio. Si la elección del cónyuge hecho por la hija o el hijo no afectaba el patrimonio y el estatus social de la familia, los padres no tenían inconveniente, pero si afectaban, los padres eran intransigentes.[170] Sin embargo, el matrimonio de Carmela no fue un matrimonio arreglado, fue un matrimonio al azar, debido a las condiciones en las que ella se encontraba, ya sea por su edad, o por sus estudios profesionales en el extranjero.

El azar matrimonial sería más bien el producto de la configuración de las redes sociales que de la libertad individual. El azar estaría no obstante presente cuando se producen casamientos tardíos, es decir con señoritas mayores de edad,[171] como fue el caso de Carmela, quien contrajo matrimonio a los 32 años de edad. La edad en la que Carmela contrajo matrimonio sale totalmente de los parámetros de la época. Se consideraba que la mujer que jamás había tenido marido era una excepción en la sociedad, a pesar de la gran cantidad de solteras que había en el siglo XIX; por lo tanto, la mujer sin marido carecía de interés. Si era menor, dependía del padre, si no se casaba, era una mujer solitaria jurídica y civilmente capaz, pero socialmente marginada.[172] Al parecer para Carmela Duarte esto último no tuvo afectación, estaba consciente que en algún momento llegaría a formar una familia, como lo escribió en la carta enviada al señor Baranda en el año de 1893 a los 27 años de edad. "...y puedo decir que me encanta la opinión de Napoleón de que la más noble mujer es la que hace mejor esposa y madre de familia y si yo supiera que el estudio de la pintura estorbase el ser buenísima esposa y madre, jamás creo que mi corazón hubiera tomado este amor por ella".[173]

El 11 de diciembre de 1898 comparecieron ante el licenciado Delio Moreno Cantón, director general del Registro Civil del estado y oficial de la capital de Yucatán, Carmela Duarte García de 32 años de edad y Alberto Zuckermann Handle de 31 años, en la casa de doña Isabel García a "efecto de verificar" su matrimonio, una vez cumplido el requisito de las publicaciones legales manifestaron la franca expresión de su consentimiento para quedar "pretendidos" ante sus testigos Diego Olivar, José Palomeque e Ignacio Magaloni.[174] Y el día doce del mismo mes, Carmela se casó sin velación en la casa de su madre.[175] En Mérida, los ricos hacendados preferían celebrar las bodas en las casonas de los padres de la contrayente. Los salones de estas eran adornadas con azucenas, gladiolas y con rosas blancas se improvisaba un altar y el párroco o confesor de la novia era el seleccionado para dar la bendición nupcial. Las bodas se efectuaban por las mañanas; inmediatamente después de la ceremonia ofrecían un refrigerio y al mediodía una comida.[176] El día 13 de diciembre de 1898 el periódico *Eco del Comercio* anunció el enlace matrimonial de la siguiente manera:

> El domingo en la noche se unieron con los indisolubles lazos de matrimonio, jurándose amor eterno ante la ley y el altar, la virtuosa y bella señorita Carmela Duarte García, nuestra inteligente artista pintora, perteneciente á una de las más distinguidas familias de esta sociedad, y el joven profesor de idiomas D. Alberto Zuckermann. La boda, en la cual tuvimos la satisfacción de ver a muchas distinguidas damas, señoras y señoritas de nuestra mejor sociedad, y a muchos correctos caballeros yucatecos y extranjeros, paisanos del Sr.

> Zuckermann que es de origen alemán,[177] resultó una hermosa fiesta de familia. Deseamos todo género de felicidad a los que fundan el nuevo hogar.[178]

Después de la boda Carmela junto con su esposo decidieron pasar una temporada en Berlín, Alemania.[179] La compleja convivencia matrimonial se iniciaba con la luna de miel. Esta moda se difundió hacia 1890, las librerías vendían libros sobre el matrimonio donde los autores declaraban que era favorable un viaje lejos de los familiares para que los novios gozaran de un breve periodo de intimidad. La luna de miel se definió como "un viaje a la luna donde todo es dulzura como la miel que producen las abejas".[180]

Durante la estancia en Berlín, Carmela extrañaba su patria y ante las rencillas que todavía existían en el Imperio austrohúngaro por el tema de la muerte de Maximiliano de Habsburgo en México, y al saber que su marido defendía la posición mexicana, abrazó la idea de que su esposo se convirtiese en ciudadano mexicano.[181] Carmela recurrió nuevamente a Porfirio Díaz para solicitar su ayuda y naturalizar como mexicano a Alberto Zuckermann, quien aceptó su nueva patria y pronunció la siguiente frase: "yo quiero hacer una carrera digna y recta", frase que, de acuerdo con palabras de Carmela, fue bien vista por Porfirio Díaz e Ignacio Mariscal.[182] Tal vez esto ayudó para que unos años más tarde Zuckermann obtuviera un cargo diplomático, lo que hizo que la familia Zuckermann Duarte cambiara de residencia según el consulado que le asignaran. En 1908 Alberto Zuckermann obtuvo su primer cargo como cónsul de los Estados Unidos Mexicanos en Texas City.[183] Para 1909 Alberto fue nombrado cónsul de los Estados Unidos Mexicanos en Retalhuleu y sus dependencias (Mazatenango y Sololá) en la República de Guatemala, país donde la familia Zuckermann permaneció cuatro años, hasta 1913, cuando por órdenes del entonces presidente de México, Victoriano Huerta, solicitó el regreso de Alberto a la ciudad de México, acusado de ser maderista.[184] Carmela regresó junto con su marido e hijos a la capital mexicana, donde vivieron alrededor de siete años, hasta febrero de 1922 cuando Alberto fue nuevamente nombrado cónsul de México en Estados Unidos, primero en la ciudad de Portland y luego en San Francisco. En octubre del mismo año se le asignó el cargo de cónsul de México en la ciudad de Hong Kong, hasta 1924, año en el que regresaron de nuevo a México.[185]

El 17 de septiembre de 1899, mientras residía en Berlín Carmela dio a luz a su primer hijo, Alberto Teodoro Leopoldo.[186] Era común que después de la boda, de una luna de miel, de un embarazo y el nacimiento de un bebé profundamente deseado, la mujer se dedicara a la casa y a sus hijos, mientras que el marido a su trabajo.[187] Sin embargo, en 1900 la familia Zuckermann Duarte, y con el pretexto de que la mamá de Carmela estaba enferma, regresaron a Mérida donde se avecindaron en la zona residencial de Chuminópolis.[188] Carmela estaba embarazada de su segundo hijo a quien nombraron Conrado, dos años después ya tenía dos hijos más, Félix y Rosita. Los cuatro fueron bautizados en la catedral de Mérida y registrados como mexicanos.

Durante el porfiriato, la costumbre del matrimonio imponía como principio moral y de urbanidad que entre marido y mujer existiera prudencia, delicadeza y decoro. El esposo debía ser atento, afable y condescendiente con su compañera.[189] En relación con la manera de educar a los hijos, los ricos estimaron valores como el éxito, la popularidad y las influencias y en cambio rechazaron la debilidad, los conflictos, el pesimismo y el fracaso. Los valores que los padres transmitían a sus hijos varones eran la circunspección, la corrección, el amor al trabajo, el éxito, la popularidad y la influencia. En cambio a las niñas se les educaba para tener amor al trabajo en el hogar, ser modestas, piadosas y modelo de hijas en el hogar, se esperaba que lo fueran como esposas y madres.[190]

Estos valores se vieron reflejados en la conducta de los hijos de Carmela. Tal fue el caso de su hijo Conrado, quien se convirtió en un médico de renombre en la ciudad de México;[191] Alberto llegó a formar parte del ejército constitucionalista en 1913, de acuerdo con el sentimiento patriótico de Carmela, ya que ella consideraba que era un deber patrio que siendo hombre debía enlistarse en el servicio militar y velar por la seguridad nacional,[192] ideología que al parecer también compartía su esposo, quien en Budapest llegó a ser coronel del ejército austrohúngaro y posteriormente al contar con la nacionalidad mexicana declaraba que él "… estaría dispuesto a tomar las armas para defender los fueros de nuestra querida patria".[193]

El hijo de Carmela Duarte, Alberto, se enlistó en el Primer Regimiento del Ejército Constitucionalista,[194] contaba con 13 años de edad cuando se inició como soldado, ahí se hizo notar por sus aptitudes; años más tarde llegó a ocupar el cargo de subteniente. En 1916, al subteniente Zuckermann se le pidió que desalojara de un cementerio cercano a Tulyehualco[195] a una partida de zapatistas que se presumía corto en número de hombres. Se efectuó el ataque, dirigido por Zuckermann, quien paso a paso verificó el avance de sus soldados, hasta que al fin, el enemigo abandonó el punto dejando libre la entrada a los militares, Alberto subió la torre de la iglesia e hizo sonar las campanas.

Sin embargo, el 11 de junio de 1916 Zuckermann, fuera del campo de batalla, perdió la vida celoso de sus principios, al defender la causa constitucionalista, encabezada por Venustiano Carranza. Alberto, a pesar de hallarse desarmado trató de reprimir las injurias que contra el constitucionalismo profería un español enemigo de la causa; español que hundió su puñal varias veces en el cuerpo de Alberto.[196] Fueron muchos compañeros los que cayeron en la lucha. Muchachos sanos, buenos, sencillos, bienintencionados, regaron con su sangre el gran campo de batalla que constituyó el perímetro del suelo patrio. Sin saber siquiera del triunfo ni de las entradas triunfales y los anhelos satisfechos.[197] Sin duda alguna, para Carmela la muerte de su hijo fue una experiencia muy dura, difícil y dolorosa que le marcó la vida.

En ese momento Carmela Duarte inició una nueva fase como una mujer de letras, obedeciendo a su preocupación, como madre, por la juventud y las nuevas generaciones. Su pasión por la escritura aumentó y su legado artístico en esos momentos fue a través de su narrativa.

Capítulo 3
Las letras de Carmela Duarte

En 1898, al momento de que Carmela Duarte contrajo matrimonio se alejó de la pintura y de sus intereses profesionales. No realizó más exposiciones de su pintura y tampoco insistió por conseguir un cargo honorífico en la Academia de San Carlos. Perdió nexos con todo aquello que la vinculaba y conectaba con la pintura. De acuerdo con la datación de su obra pictórica con la que se cuenta hasta este momento, se confirma este alejamiento, debido a que sus cuadros están fechados de 1892 hasta 1898. A partir de este año se abre un vacío en su pintura que durará hasta la década de 1930, cuando Carmela nuevamente vuelve a pintar. Sin embargo, Carmela no se alejó de las artes, pues encontró en la escritura otra forma de expresar sus sentimientos y pensamiento, como un medio de comunicación con la sociedad.

Literatura escrita por mujeres

La literatura escrita por mujeres se considera ante todo una literatura de los sentidos. Esta forma de escritura remite a las sensaciones, a las emociones, además a la lírica y, de alguna manera, a una expresión llena de incertidumbre. A través de la voz, la visión y los sentidos de una autora, la transmisión de la realidad resulta diferente. Las escritoras son más cercanas al mundo de las impresiones, de las exaltaciones y como menos rigurosas en el tratamiento de la acción y de las ideas a diferencia de los escritores.[198] La literatura hecha por mujeres aporta una mirada desde el punto de vista femenino donde se involucran el sentimiento y el pensamiento.

En el contexto nacional se han identificado tres grandes momentos en el proceso de la consolidación de la escritura femenina. El primero va de 1805 a 1838 con estrategias informales de escritura y la mujer como público lector; el segundo va de 1830 a 1870 cuando surgieron las primeras publicaciones escritas por mujeres e inserción de las poetisas en la literatura, y el tercero va de 1870 a 1907, cuando se dio la incorporación plena de la literatura escrita por mujeres con su propia versión de experiencias y símbolos de lo que se entendía en el siglo XIX como lo femenino.[199] El tipo de letras en la que participaron las mujeres fue variada, su intervención estuvo involucrada en la poesía, en los ensayos, la novela y los diarios de viaje.

Durante el porfiriato se llegó a un estado de preocupación y revalorización de la educación obligatoria para todos los mexicanos en el que se incluyó a la mujer,[200] hecho que permitió surgiera una singular presencia femenina en revistas dirigidas y escritas por mujeres, donde se debatían problemas de la época. En 1870 aparece en Yucatán una literatura escrita por mujeres como Rita Cetina, Cristina Farfán y Gertrudis Tenorio, quienes se dedicaron a realizar una escritura basada en poesía que contribuyó a conformar las Letras Patrias, considerada la última etapa romántica.[201] Todo esto se conjugó en *La Siempreviva*, una revista que fue el medio por el que Rita publicaba su poesía, ensayos y su "novelita"[202] *Julia*, convirtiéndose en la primera novela escrita por una mujer en dicha centuria.[203]

Otro rubro literario en el que incursionaron las mujeres fueron los libros de viajes. Durante el siglo XIX se publicaron en México varios libros escritos por mujeres.[204] Para el caso de la ciudad de México tenemos los diarios. En 1843, Frances Erskine (marquesa de Calderón de la Barca) escribió su libro *La vida en México* durante una residencia de dos años en este país. En 1864 durante el II Imperio mexicano, Paula Kolonitz, acompañante de la emperatriz Carlota, escribió un libro titulado *Un viaje a México*.[205]

A partir de la segunda mitad del siglo XIX surgió otro tipo de escritura, la literatura de denuncia y cuestionamiento social, con el ejemplo del caso de la literata peruana Clorinda Matto, quien por sus escritos se enfrentó a una reacción en su contra, donde la sociedad recriminó su anticlericalismo y se le excluyó del círculo de intelectuales.[206] Este ejemplo demuestra que algunas mujeres se salieron de aquella imagen genérica que ponía énfasis en la condición de la mujer dependiente y en la identificación de lo femenino con la esfera de lo familiar doméstico y con determinados rasgos, tales como la sumisión, abnegación y virtudes morales apegadas a la religión. Entre las motivaciones que las impulsaron a escribir se encuentran preocupaciones e intereses casi nunca observados en los varones. La narrativa de Carmela se apega más a este tipo de escritura de cuestionamiento y denuncia social.

La memoria femenina impresa en los textos es un universo de estudio que espera todavía ser incluido en la historia intelectual y cultural del México decimonónico. El testimonio generado por aquellas mujeres que decidieron tomar la pluma para dar cuenta de sus vivencias, emociones e ideas, brinda la oportunidad de conocer su vida y los momentos por los que estaban pasando. Al parecer, la escritura es una necesidad de trascendencia al breve paso por el mundo, como una herencia escrita de la voz de la mujer.[207]

Existen mujeres en continua búsqueda del conocimiento y que se proponen cada día aplicarlo para mejorar el mundo donde habitan,[208] Carmela Duarte fue así, sus talentos naturales sumados a su aprendizaje la convirtieron en una mujer de letras. Su formación artística, sus estudios y sus viajes influyeron en la percepción de su entorno, al realizar una crítica a través de su mirada femenina sobre los acontecimientos de los que escribió.

Las letras de Carmela Duarte

Como antecedente de la escritura de Carmela Duarte se encuentra su epistolario marcado por dos momentos coyunturales de su vida, uno de ellos en 1893 cuando tuvo la necesidad de requerir al Estado una pensión para continuar con sus estudios en Roma y el otro ocurrió entre los años

1910 y 1913, al encontrarse con su familia viviendo en Guatemala y verse en la obligación de intervenir a favor de su esposo, entonces cónsul en Guatemala, para solicitar un cambio de residencia a otra ciudad por motivos de salud.

Con una innata facilidad para escribir, Carmela redactó profusas cartas, ricas en descripciones de su entorno y contexto en el que se encontraba viviendo, así como de sus emociones y sentimientos. Actividad epistolar que la llevó a dirigirse a funcionarios públicos de las diferentes instituciones ministeriales de los gobiernos de Porfirio Díaz, Francisco I. Madero y Álvaro Obregón.

El conjunto de cartas ha sido ignorado como testimonio de la presencia de las mujeres en el mundo de las letras debido a la idea de su no pertenencia al ámbito de la literatura. Es decir, por no ser consideradas un acto de expresión creativo ni propio de dicha manifestación artística.[209] Sin embargo, todas aquellas cartas cobran una importancia adicional porque, al referir los motivos por los cuales sus autoras se deciden a escribir, muestran, por un lado, muchas de las ideas y prácticas que (vigentes en procesos de cambio), marcaban la pauta sobre los espacios de la vida social y cultural con presencia de las mujeres.[210] Las cartas son una fuente que posibilita la incursión en la vida privada de las personas, en sus sentimientos, pensamientos, actitudes, entre otros aspectos; contribuye también a conocer el funcionamiento de las instituciones y se constituye en un instrumento para conocer la vida cotidiana y social de la época.[211]

Las cartas de la época en que Carmela estuvo en Roma, fueron largas y extensas. En ellas se advierte su carácter firme y decidido, pero al mismo tiempo están ahí sus sentimientos hacia la patria, los estudios y la pena que le embargaba por tener que regresar a México sin haber completado su instrucción. Por otro lado, permiten ver la opinión que se tenía acerca de la preparación profesional de la mujer y más aún cuando estaba alejada de su familia, según lo expresa Carmela: "Desgraciadamente la opinión de que la mujer debe apenas saber leer y contar existe todavía en muchos y así la que se dedica a los estudios debe sufrir".[212]

En estas cartas escritas de una manera muy descriptiva, Carmela relata sus vivencias para ejemplificar la vida cotidiana, como son las reuniones y pasatiempos, también lo que sufrió y su sentimiento de coraje y frustración, además sus sentimientos de orgullo por sus avances en la pintura y sus estudios en general sobre geografía e historia. Asimismo, reflejan una época, al comparar dos naciones con diferentes perspectivas hacia la mujer, por ejemplo:

> …no es cierto Señor Baranda que U. como yo, piensa que en el día aun pasando la vista sobre las naciones civilizadas se ve por ejemplo la diferencia que pasa entre la mujer civilizada y la estúpida, pongamos por ejemplo la Inglaterra y la Turquía, en Inglaterra la reyna Victoria aún siendo viejecita es adorada de un pueblo, en Turquía por ejemplo las mujeres de los sultanes hacen la vida de los puercos, comer, dormir, pasear muy pintadas y custodiadas del eunuco; pobres desgraciadas que sólo viven de lo material que es lo más asqueroso y que todo lo deben conseguir por una gordura pues bien sabe U. que en Turquía la mujer gorda es llamada bella. Por gracia de Dios que México está bien lejos de la Turquía.[213]

El segundo periodo epistolario de Carmela se remite al momento que Alberto Zuckermann, su esposo, estuvo al frente de un cargo diplomático. La correspondencia de Carmela Duarte fue abundante en el sentido de que en su contexto de esposa y madre preocupada por el futuro de su familia, intervino en algunas ocasiones para dirigirse a las autoridades gubernamentales, ya sea presidencia o secretarías del Estado, para solicitar el cambio de consulado para su marido, por motivos de salud. Por ejemplo, lo que Carmela Duarte escribió al presidente Madero: "Crea Ud Sr Madero, que si mi Esposo no estuviera enfermo jamás hubiera escrito tanto, insistiendo en ser cambiado".[214]

En otras trató de aclarar alguna "calumnia" en contra de su esposo:

> Le he dicho Sr Saenz que no es la primera vez que á mi Esposo quieren sobajar, porque le dá coraje que sea Cónsul y porque creerán que es un nadie. En México, españoles, franceses, ingleses, viven á costa de la madre nuestra patria pero nacionalizarse uf eso queda para los chinos! Y como mi esposo se nacionalizó le imputan calumnia tras calumnia, pero ya otras veces por fortuna, que en esa Secretaría de Relaciones hombres sensatos a la par de ud se convencen de lo injusto, hasta lo premian.[215]

En todas estas cartas, Carmela resaltó que ser patriota es aquel quien realiza su trabajo con lealtad y voluntad, y puso como ejemplo a su esposo, quien se sentía orgulloso de haber adoptado la nacionalidad mexicana e incluso luchar por ella "Mi señor Esposo al hacerse mexicano no manchará sus manos con armas contra México, pero ante cualquier nación alzará muy erguido, muy activo para defender los fueros de nuestra querida Patria".[216]

En algunas de estas cartas Carmela Duarte firmó su despedida con la frase "su patriota segura servidora".[217] Esta correspondencia ayuda a entender el carácter firme de Carmela, quien demostró ser una mujer atrevida y arriesgada, y que al ver en peligro la salud de su esposo e hijos no dudó en escribir a los ministros o al mismo presidente de la República para ser escuchada y demostrar su sentimiento patriótico.

El epistolario de Carmela refleja una mujer que reaccionaba redactando extensas cartas descriptivas y sin ningún temor a expresarse. Sus cartas manifiestan sentimientos, manera de pensar y criterios de lo que consideró correcto. Carmela Duarte aprovechó su habilidad para escribir con soltura y fluidez, demostró su habilidad para las letras.

El 16 de junio de 1890, Carmela emprendió un viaje que la llevaría al continente europeo junto con sus hermanos, Demetrio con su esposa Viviana y sus cuatro hijos, Juan José y su esposa Antoñita y Crisóstomo. A bordo del vapor *City of Washington,* ese mismo día Carmela comenzó a escribir un diario, en el que relató día a día su viaje desde que salió de Mérida en el tren llamado De Rendón rumbo al puerto de Progreso. Desde el puerto zarparían a la ciudad de La Habana, primera escala de esta travesía.

Después continuaron su trayecto a la ciudad de Nueva York, la segunda parada. Posteriormente reanudaron su camino al continente europeo hasta llegar a puerto en París, donde iniciaron un viaje en tren por varias ciudades europeas hasta la ciudad de Roma.

De acuerdo con la descripción que hizo Carmela en su diario, el viaje por Europa se destacó por ser un viaje de placer y cultural. El relato de Carmela en algunas ocasiones va acompañado por un resumen del contexto histórico ocurrido en los lugares visitados.

Este diario está escrito en primera persona y de manera cronológica. Se compone de un cuadernillo de 42 páginas, en el que transcurren 141 días de viaje, iniciado el 16 de junio hasta el 4 de noviembre de 1890. Al cuadernillo se le añaden tres anexos: una carta, una lista de gastos de viaje y una relación con los nombres de hoteles y ciudad de hospedaje, así como un registro de nueve nombres personales, cuatro mujeres y cinco hombres. El diario contiene información relacionada con la travesía por barco, por ejemplo, las escalas que se realizaban para un viaje tan largo de México a Europa, las comodidades e inconvenientes con los que viajaban los pasajeros, también se relatan las relaciones sociales que se originaban durante el trayecto, con tantas horas libres y disponibles arriba de un barco.

En relación a los viajeros a bordo, Carmela escribió que había entre ellos amigos de su familia y personas de diferentes nacionalidades como cubanos, venezolanos, ingleses, franceses, italianos y americanos que convivían todos al mismo tiempo, con quienes se relacionó en conversaciones, tertulias y juegos, todo esto como parte de la distracción y diversión que los hiciera pasar el tiempo durante el viaje. Información que permite conocer el ambiente y entorno que se vivía dentro de una embarcación en un viaje tan largo.

Carmela detalló los lugares de las 20 ciudades que visitó desde su partida en el puerto de Progreso, entre ellas: Cuba, Nueva York, París, Burdeos, Lourdes, Bruselas, Hamburgo, Berlín, Leipzig, Dresden, Viena, Munich, Lucerna, Berna, Ginebra, Turín, Milán, Venecia, Florencia y por último Roma. De estos lugares describió sitios históricos, bellezas naturales, diversiones y lugares públicos de esparcimiento.

Carmela describió con asombro y sentimiento las visitas a diversos lugares como: jardines, bosques, museos, cementerios, acuarios, zoológicos, bibliotecas, teatros, clubes, exposiciones, cafés y restaurantes, así como los paseos y vistas panorámicas a lugares con belleza natural como las Cataratas del Niágara, o también monumentos históricos como la Puerta de Brandeburgo, y otros edificios entre iglesias, sinagogas, palacios, arcos triunfales y catedrales. Dentro de las expresiones utilizadas por Carmela era la gran admiración que le causaban todos estos sitios y espacios culturales.

El sentimiento de nostalgia y añoranza por su familia invadió a Carmela al tener presente en sus pensamientos a su madre y sus hermanas. Son varias las ocasiones en las que mencionó a su "adorada madre" en quien pensaba y deseaba estar con ella. Tal vez para aminorar esa tristeza, Carmela dedicó tiempo para escribirles cartas y contarles acerca de su viaje, así como de los obsequios que les había comprado. El 8 de julio recordó el día del santo de su madre y hermana Isabel a quienes "adoraba" profundamente. Escribió que les envió algunos presentes, además "agradeció a Dios por gozar de su existencia", no sin antes entristecerse al saber que pasarían años para "recibir una prueba de cariño" por parte de su madre, hermanas y amigos.[218]

Otro motivo que a Carmela le hacía decaer en su ánimo era cuando se enfermaba, pues la hacía sentir sola y extrañar aún más a su madre. Hubo un incidente el martes 7 de octubre de 1890 al estar en Munich, Alemania, cuando Carmela se sintió indispuesta por una calentura e inflamación de las anginas. Dicha afección tardó cuatro días en sanar y ocasionó que su hermano Demetrio y Viviana se encontraran molestos por no poder continuar con el viaje hasta su recuperación. Carmela se entristeció por la actitud de su cuñada, quien la culpaba de su padecimiento y se comportaba poco cariñosa, al respecto Carmela escribió:

> ¡Oh Dios, por qué mi madre está tan lejos de mi! En las enfermedades es cuando más se reconoce el cariño y me ha probado —Viviana— ahora que por mí no tiene ni un sentimiento. Si ella hubiera sido la enferma yo hubiera velado a su cabecera noche y día, … una sola vez no se acercó a tocarme a ver si tenía calentura, dijo que el agua fría le molestaba, por una o dos veces que me mojó el paño de la garganta ¡oh! Eso duele mucho y llega al alma, no sé por qué hasta creo que no tenga ya ni gusto en estar conmigo ¡oh Dios! Dame valor y más cariño hacia ella, más del que siento, pues si no la quisiera ni caso haría de esto. Pero siento que la quiero y ella es muy fría conmigo.[219]

Al parecer estos padecimientos fueron frecuentes durante el viaje que realizó la familia Duarte. Carmela relató en su diario los malestares sufridos como: dolor de muela, mareos y náuseas, dolor de cabeza, orzuelo, calentura y amigdalitis, afecciones contraídas tanto en barco, como en tierra firme.

El aburrimiento y cansancio de la travesía por barco, llevó a Carmela a la tristeza y llanto, al punto de pedir valor a Dios para quedarse a estudiar en

Europa. Se puede notar su devoción religiosa, por su creencia en los santos y en especial Santa Rita al decir que jamás la desamparaba. Fueron reiteradas las ocasiones en las que escribió que pide a Dios le dé las fuerzas necesarias para poder quedarse en Europa a estudiar y no desistir de ello por la melancolía que sentía al encontrarse lejos de su familia.

Como anexos al diario de Carmela Duarte, se encuentra una lista de artículos adquiridos, así que no estuvo exenta de las compras. Escribió las visitas a la corsetería, almacenes y casas de moda, como la de Madame Pelletier, en París, e incluso realizó una lista de gastos de viaje en los que se puede apreciar la compra y costo de diferentes productos como: sombreros, pañuelos, medias, abrigo, sombrillas, guantes, vestidos, zapatos, corsés, libros y medallas religiosas entre otros objetos, tanto de uso personal como también los obsequios para su madre y hermanas.

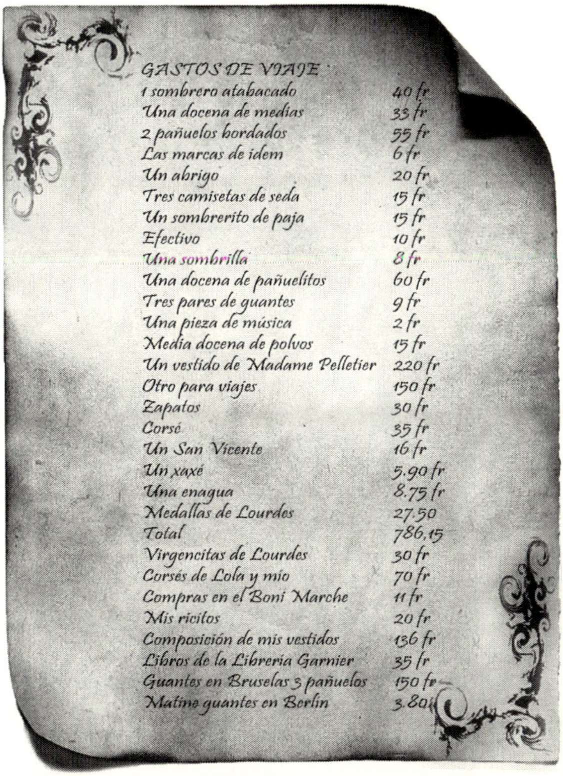

GASTOS DE VIAJE

1 sombrero atabacado	40 fr
Una docena de medias	33 fr
2 pañuelos bordados	55 fr
Las marcas de idem	6 fr
Un abrigo	20 fr
Tres camisetas de seda	15 fr
Un sombrerito de paja	15 fr
Efectivo	10 fr
Una sombrilla	8 fr
Una docena de pañuelitos	60 fr
Tres pares de guantes	9 fr
Una pieza de música	2 fr
Media docena de polvos	15 fr
Un vestido de Madame Pelletier	220 fr
Otro para viajes	150 fr
Zapatos	30 fr
Corsé	35 fr
Un San Vicente	16 fr
Un xaxé	5.90 fr
Una enagua	8.75 fr
Medallas de Lourdes	27.50
Total	786.15
Virgencitas de Lourdes	30 fr
Corsés de Lola y mío	70 fr
Compras en el Boni Marche	11 fr
Mis ricitos	20 fr
Composición de mis vestidos	136 fr
Libros de la Librería Garnier	35 fr
Guantes en Bruselas 3 pañuelos	150 fr
Matine guantes en Berlín	3.80

Listado de gastos realizados por Carmela Duarte en Europa

Otro de estos anexos al diario es una carta fechada el 21 de junio de 1890 entregada a Carmela a bordo del vapor City of Washington en la que se le obsequió un libro con las siguientes palabras "Carmelita, en este día quisiera darle como prueba inequívoca de mi amistad, algo más que ella misma, quisiera tener la inspiración más sublime para asentar en este libro el recuerdo grato que hoy nos une. Francisco Enríquez Rosado".[220] Sin embargo, Carmela en su diario no hizo referencia a este episodio y tampoco mencionó el nombre de este caballero.

Por otro lado, Carmela escribió frases con las que expresó su buen humor y lo contenta que se encontraba pues gozaba cuánto se podía, asimismo agradeció primero a Dios y después a su hermano Demetrio por el viaje que se encontraba realizando en aquel momento.[221] Durante el recorrido por las diferentes ciudades de Europa están descritos los espacios que visitaron Carmela, Demetrio y su familia, llama la atención que los lugares más visitados fueron las iglesias y los museos. En cada ciudad que se alojaron, las visitas se marcaban por estos dos tipos de sitios principalmente.

Carmela, seguramente por su tendencia hacia el arte, habló sobre las principales obras que reconoció tanto en las iglesias como en los museos. Por ejemplo la visita que realizó a la iglesia Santa María de la Gracia en Milán, al observar la *Última Cena* de Leonardo Da Vinci. En los cementerios se admiraba por las estatuas que representaban "verdaderas obras de arte", y lo "maravillada" que se encontraba en los museos al poder observar de cerca los cuadros de los grandes maestros del arte como Miguel Ángel, Donatello, Rafael, el Veronés, Tintoreto, entre muchos otros artistas.

Carmela Duarte escribió en su diario respecto al amor patrio que sentía por su país, mencionó que su estancia en Roma y el alejamiento de su familia sería un sacrificio pero a la vez un gusto por "alabar a su país". Estaba convencida que la mejor manera de beneficiar a su patria era a través de sus estudios y dedicación al arte. Tenía muy claro el objetivo para quedarse a estudiar pintura en Roma, el cual era enaltecer a su patria, por medio de su talento, siendo una "buena artista".

En relación al sentimiento patriótico existe una anécdota del día 4 de julio, estando en Nueva York, Carmela y su familia fueron al Manhattan Beach a ver una representación de "La toma de Veracruz de 1847", en donde expresó que los americanos en vez de tomar Veracruz tomaron Texas y la California Alta, además de que se sintió arrepentida por haber asistido a dicho evento, debido a que sufrió al ver la derrota de México. Dijo que era una ofensa para todo mexicano ver la "pérdida de un pedazo de su tierra".[222] De acuerdo con sus expresiones escritas en este diario podemos notar la lealtad y patriotismo de Carmela, al tratar de "alabar, honrar y servir" a su patria con sus estudios, asimismo, al sentirse agraviada por acontecimientos en los que México fue invadido.

El diario de viaje de Carmela Duarte recupera la vida cotidiana de los pasajeros a través de su larga travesía a bordo de un barco que viajaba al Viejo Continente. Abre una puerta para entender la vida de las familias pudientes, sus intereses culturales, gustos personales y las modas, así como sus intereses comerciales. También permite conocer los sufrimientos que se vivían durante este trayecto, como eran los malestares ocasionados por el vaivén del barco en alta mar. Proporciona información acerca de los pasatiempos y entretenimientos a los que estaban condicionados los viajeros en este trayecto.

Tratado de moral

En 1913 Carmela Duarte realizó otro de sus escritos, titulado *Tratado de Moral*. El comportamiento del individuo forma parte de la vida cotidiana, por lo que según los cánones de buenas costumbres la conducta debía ser guiada por la moral. Durante el siglo XIX, se entendía por moral al conjunto de responsabilidades y comportamientos considerados correctos según los estándares de la modernidad. Los ciudadanos por su parte, tenían la obligación de cultivar las recomendaciones de los diversos instrumentos dedicados a promover tales prácticas.[223]

A partir de 1826 surgieron en México los tratados de moral como formación de buena conducta tanto para los directores del orden como para la sociedad misma.[224] Dichos recetarios de modales expresaban una visión sobre los valores de la civilidad. El propósito era instruir a los lectores en materia de cultura, pues se asumía que el perfeccionamiento de las costumbres contribuía a estimular la felicidad y la educación en beneficio de la civilidad.[225] Los tratados emulaban las prácticas de los países considerados modernos, favorecían un culto a lo bello, al correcto vestir, comer, conversar y en general, exhibir una vida progresista según los cánones de la urbanidad, alterando las costumbres de aquéllos que estimaran involucrarse en un determinado nivel de aceptación social.[226]

La proliferación de toda clase de manuales, ya sean cartillas, catecismos y códigos de urbanidad tuvieron una amplia divulgación. Dichos compendios insistían en que no había necesidad de poseer una fortuna para ser educado y tener comportamientos correctos. En los principios de urbanidad destacaba la importancia del arreglo de la casa, el manejo de los criados, el arreglo de la mesa, la disposición de las comidas, el aseo, los bailes, las visitas, las cabalgatas, el juego, el cortejo y la boda, los restaurantes y cafés, el teatro, los viajes a caballo y en tren, en hoteles y restaurantes, el uso del tabaco, del chicle y el teléfono, las visitas a enfermos, los regalos, los maestros, las cartas, el templo y los niños, y por supuesto observaciones especiales para las mujeres, más obligadas que los hombres a ser cultas, discretas y modestas.[227]

Uno de los tratados de moral más conocidos para el siglo XIX, fue el *Manual de urbanidad y buenas maneras, para uso de la juventud de ambos sexos,* escrito por el músico, pedagogo y diplomático venezolano Manuel Antonio Carreño. En él se encontraban las principales reglas de civilidad y etiqueta que debían observarse en las diversas situaciones sociales. Se publicó originalmente por Appleton & Co., de Nueva York en 1854 y en varios países hispanoamericanos circuló en la versión abreviada, redactado en forma de código, con preceptos breves.

Unos años antes de que saliera a la luz el manual de Carreño, en 1850 en la ciudad de Mérida, el doctor Ignacio Vado, licenciado en medicina y cirugía por el protomedicato de Guatemala,[228] escribió un libro dirigido a sus hijos e hijas, titulado *Higiene y Salud razonadas.*[229] Por la sencillez del libro se consideró apto tanto para señoritas como para hombres. En él explicó las normas del decoro: limpieza, modestia, religión y afabilidad. Recomendó a las jovencitas ser virtuosas y honestas, por ser la escolta de la hermosura, asimismo ser fiel esposa, buena madre y poseer la virtud de la honra. Habló sobre la belleza no sólo física sino interna y la importancia del conocimiento del propio idioma, resaltando su importancia para poder hablar con facilidad, propiedad y naturalidad.

También señaló lo importante que era aprender otros idiomas como el francés e italiano para poder leer las obras escritas en estos idiomas, además de saber de geografía, dibujo, baile y música. Una de sus recomendaciones fue la lectura de libros útiles, instructivos y de moralidad, pero con moderación, advirtiendo que la misión de la mujer no era arreglar la sociedad, sino otros cuidados más adecuados a la "debilidad y sensibilidad" del sexo femenino.[230] Este manual escrito en prosa, ofrece consejos pero con un tono de imposición de padre a hijos e hijas, redactado con ejemplos y palabras de otros autores y personajes de la historia para su mejor comprensión. Sin otro objetivo, para el doctor Vado, que el conducir a su hijos a la felicidad.

Otros manuales de urbanidad surgidos en Yucatán para la segunda mitad del siglo XIX fueron los de los autores Pío del Castillo con *Principios de urbanidad,* del año 1865, y el de Lázaro Pavía, con su *Tratado elemental de moral* de 1871. El primero habla sobre los principios de urbanidad en concordancia con los progresos de la civilización. Al final de estos consejos el autor cita una colección de fábulas en verso para ayudar a los jóvenes a entender el tema a través de moralejas.[231]

El segundo, el de Lázaro Pavía, está redactado a manera de preguntas y respuestas de acuerdo con el tema a tratar. Por ejemplo, algunos de los temas eran: la moral, el hombre, la vida humana, la conciencia, la virtud, la hipocresía, la presunción y desesperación, templanza, sobriedad, suicidio y duelo, deberes para con Dios, placeres, pasiones, limosna, homicidio, hurto, calumnia, verdad y mentira, entre otros. El autor trató los temas a manera de aconsejar ante la duda del comportamiento y los guiaba de alguna forma al "buen obrar" ante la vida.[232]

Estos manuales de urbanidad o recetarios de conducta surgidos en la segunda mitad del siglo XIX, hablaban de moralidad, cultura y civilidad para una sociedad que se vislumbraba progresista. La familias yucatecas pudientes permanecían en la búsqueda de los ideales de modernidad europea, casi de inmediato incorporaron en su actividad cotidiana la lectura de obras de esta naturaleza, libros de etiqueta, recetarios de modales, manuales de buenas costumbres, etcétera. Con el propósito de llegar a ser esa sociedad anhelada, de acuerdo al discurso porfiriano de "orden y progreso". Estos manuales se implementaron en las escuelas a nivel primaria, debido a que las buenas costumbres y el trabajo contribuirían al desarrollo social.[233]

Estas familias decentes se convirtieron en el emblema de la sociedad por su poder real o imaginado, pero sobre todo porque representaban la imagen de la modernidad, es decir, la civilización, el nacionalismo y lo occidental, asimismo el anhelo secular de la nación mexicana, acariciado desde la Independencia.[234] La publicación de estos manuales tuvieron buena aceptación dentro de la sociedad meridana.[235]

A comienzos del siglo XIX, en 1913, Carmela Duarte, con 47 años de edad escribió un *Tratado de Moral*, el cual planeaba publicar como libro.[236] Dicho tratado es un documento escrito en prosa en nueve cuadernillos, divididos en tres secciones, las dos primeras abarcan cinco cuadernillos, los cuales fueron ensayos previos a manera de borrador. Este borrador se conformó por treinta y dos capítulos, los cuales trataban temas sobre la educación, respeto, avaricia y ley moral, dejando al final tres lecciones que hablaban sobre la instrucción pública, formas de gobierno y una explicación sobre la Constitución de la República de Guatemala. La tercera sección es el texto corregido de lo escrito anteriormente, y está compuesto por un prólogo y 37 capítulos.

El contenido del *Tratado de Moral* de Carmela Duarte es muy diferente a los manuales de urbanidad del siglo XIX, donde sólo se dictaban reglas de etiqueta y el saber conducirse con propiedad ante la sociedad y así obtener el título de "gente culta". Carmela Duarte abordó con profundidad el mal comportamiento o la mala actitud de los individuos y ofreció en su manual amplias y profusas explicaciones de lo que consideró significaba el buen comportamiento. La educación moral a través de este *Tratado* debió ayudar a formar ideas más justas y adecuadas a la convivencia cívica y respeto entre los individuos, al tratar temas sociales como las huelgas, el suicidio, lo que causan las guerras, entre otros.

De esta manera Carmela pretendía construir criterios morales propios y razonados que ayudaran a dar sentido y orientación a quien leyera su libro. Este tratado está escrito en forma de consejos y sugerencias con ejemplos que, desde el punto de vista femenino, consideró debía ser el comportamiento del individuo. Carmela Duarte dentro de los consejos agregaba críticas a las conductas del hombre y ponderaba el bien a la patria, sin perder de vista que este tratado ayudaría al progreso y civilidad de la sociedad, en el afán de que la sociedad adoptara las prácticas consideradas positivas para el progreso y bienestar de los propios individuos.

Este *Tratado* se divide en dos partes, la primera se titula Moral y se dirige al hombre como ente individual, a quien le aconseja sobre su proceder ante las diferentes situaciones que se le presentan en la vida, y la segunda parte titulada Instrucción Cívica se dirige al individuo como parte de una sociedad con quien se relaciona, y al convivir en comunidad debe regirse bajo normas morales para una mejor convivencia social.

Carmela Duarte escribió el *Tratado* con la idea de dar ejemplo de valores y virtudes a los individuos de las nuevas generaciones del recién iniciado siglo XX. Su motivación eran sus hijos, para 1913, año en que escribió este *Tratado*, Carmela era una señora madura, madre de cuatro hijos adolescentes, por lo que su preocupación por la juventud era genuina, ocasionada por los momentos que estaba pasando como madre de familia y ante las eventualidades que se vivían en el mundo.

Carmela justificó su escrito al decir que los niños tenían "abierta su inteligencia", lo que los hacía susceptibles a toda la información que recibían, por lo tanto debían contar con una guía para poder pensar, reflexionar y hasta discutir sobre aquellos avances tecnológicos, el ejemplo que tomó fue el recién inventado cinematógrafo,

> ...la enseñanza cinematográfica ha procurado a la vez de conocimientos palpantes en realidad, ideas demasiado libres y los niños hablan y ejecutan actos que no estando a propósito para su edad los precipitan y enferman, por lo tanto, sólo el sentimiento moral, puede poner una valla, un término o liga voluntaria. Es ya necesario hacer pensar y que las inteligencias superiores en un texto de moral encuentren realidad.[237]

Este fue su pensamiento y al mismo tiempo su temor e inquietud, por lo que tomó la decisión de escribir un documento que hablara de moral, como única forma para ayudar a los jóvenes a actuar correctamente, resaltando que sería por el bienestar de su familia, la sociedad, pero sobre todo por su patria. Carmela consideraba que la moral ayudaría a ejecutar acciones que conllevarían al progreso tanto del individuo como del país.

Para el Estado, la juventud tenía un avasallante poder que podía mantener los ánimos tensos de la sociedad.[238] Por estas características propias de la edad, fueron considerados tenerlos bajo un tutor para guiarlos en la vida, enseñarles los principios y el contexto social. El hogar y la escuela tenían la misión de formar ciudadanos de bien. La educación era el elemento que coadyuvaba a la formación de su estado social que favorecía la intención de todos. Un joven que no se dedicara al estudio y a la adquisición de capacidades y oficios, no podía aspirar a ser rector de la sociedad ni realizarse a sí mismo.[239] Carmela contribuyó a esta idea al realizar un escrito que hablara de moral, quien definió este concepto como: "el cultivo de la inteligencia, conduciendo los sentimientos a un estado de bien fructífero para la patria, la familia y la sociedad. Es el instinto el que dicta la diferencia entre el bien y mal, pero la moral es quien enseña a amar la virtud y procurar repararse del vicio".[240]

La primera parte del *Tratado de Moral* que lleva por título Moral está compuesta por 25 capítulos, con un total de 150 páginas, y abarca temas como: educación, trabajo, vicios y virtudes, la familia y problemas sociales; la segunda parte titulada Instrucción cívica está redactada en 77 páginas que forman un total de 11 apartados con conceptos como la libertad, los sentimientos cívicos, la fraternidad, las guerras, el amor patrio y el temor. La dimensión de los capítulos es variable, el más extenso cuenta con doce páginas y el más pequeño abarca sólo una página. Todos ellos en su mayoría precedidos por la definición del concepto a tratar. Este documento está escrito con un lenguaje sencillo, simple y fácil de entender, porque la autora deseaba ser comprendida hasta por las mentes "más torpes". Dentro del texto utilizó frases y expresiones coloquiales como: "dorar la píldora", o "ni quien lo fume", tal vez con la finalidad de darse a comprender por los jóvenes.

La primer hoja del tratado inicia con un prólogo, el cual está firmado con artículo y pronombre en masculino, "El Autor", por lo que podemos inferir que probablemente fue con la idea de que al ser publicado tuviera la aceptación del público en general y no catalogar esta obra como texto inferior sólo por haber sido escrito por una mujer. Durante el siglo XIX hubo escritoras que utilizaron un seudónimo en masculino para que su trabajo fuera tomado en serio, también se hacía para que fueran leídas por los hombres y no sólo por mujeres.[241]

Después del Prólogo, Carmela contestó la pregunta ¿para qué sirve y en qué consiste la moral? dijo que ésta ayuda a diferenciar entre el bien y el mal, y es el sentimiento que obliga y detiene al ser humano ante la consumación de hechos contrarios a la decencia y la reputación. En otras palabras, …"la moral es la base de todo lo bueno, útil y grandioso en beneficio de nuestros semejantes, domina las pasiones como la ira, la ambición desordenada y la envidia".[242] Al ser esto la justificación de la autora para escribir este *Tratado,* decidió comenzar a dar consejos y brindar una guía para actuar de acuerdo con este concepto de moral.

La parte del tratado dedicada a la Moral, está dividido en dos grupos, con los temas: defectos y virtudes, entendiendo por los primeros los problemas sociales y el tema de las virtudes se incluyen las relacionadas con la decencia y el buen comportamiento. Cada capítulo inicia con una explicación del tema a tratar, definiendo el concepto del apartado y para hacerse comprender de una mejor manera, la autora en seguida realiza un relato a modo de narración como ejemplo de lo que está tratando. Al término de cada apartado se concluye con una frase enfática de lo que se espera de cada comportamiento, de acuerdo a la moralidad.

El tema de los defectos en el individuo fueron tratados en los capítulos titulados: "Embriaguez", "Avaricia", "Falsa educación", "Preocupación", "Suicidio", "Hipocresía", "Orgullo" y "Vanidad", al hablar de estos vicios, Carmela Duarte utilizó ejemplos del comportamiento de personas con estos defectos, como una forma de poder prevenir al lector para que actuara con precaución ante este tipo de individuos. La crítica que hizo hacia todos los defectos del individuo se puede resumir de la siguiente manera: en todos está la ambición presente, así como el actuar con egoísmo pensando sólo en su ser individual, en el yo, en su propia comodidad, placer y beneficio, y dejando a un lado y sin importar el bienestar de los demás, mostrando su desinterés e indiferencia.

Por ejemplo, al hablar de "Falsa educación" criticó a los maestros que no se esfuerzan igual con todos sus alumnos, al preferir a los estudiantes más avanzados, despreciando a los desaplicados. Para la autora, la falsa educación era un tema preocupante, pues en su opinión los niños crecerían sin una educación adecuada y se convertirían en individuos "irresponsables, irreflexivos e insensatos".[243]

Por otro lado, la crítica de Carmela fue severa, al hablar de los vicios en la mujer, ya que en ella se recrudecen, se agudizan y se enfatizan estos defectos. Por ejemplo, al tratar el tema de la embriaguez, dijo que una madre ebria "ofende todo pudor, toda vergüenza", al desconocer por completo el "santo oficio de la maternidad", entendido como modelo del buen comportamiento. Para la autora, la madre es el ideal de la moral, aunque Carmela dejó claro que la moral no es un exclusivo de la mujer. Otro vicio en la mujer que la autora reprobó fue la actitud de la fémina orgullosa y vanidosa, a la que consideraba ridícula al ostentar cosas materiales como joyas, abrigos y vestidos. Una mujer así, señaló Carmela, es inconsciente, al gastar el dinero para su propio beneficio y dejar a su hijos "sin comer y sin atender".[244]

Sin embargo, para Carmela el más pernicioso de todos los vicios o defectos es la hipocresía, la que definió como:

> de todos los vicios el más perjudicial para la humanidad es la hipocresía, por lo mismo de presentarse a la sociedad y a la familia como los caballeros de industria, con apariencias de fineza, educación y protección, ... así la hipocresía con la careta de religiosidad, de caridad, de grandiosidad del sentimiento se introduce halagando, interesando, en fin dorando la píldora, que nos prepara para sus fines rastreros envidiosos y viles.[245]

Carmela utilizó estos defectos como ejemplos del cuidado que debe tener la juventud para evitar a la personas con estos vicios, pero también el no caer en ellos; cuidar su forma de actuar ante estas situaciones, como una manera de reconocer en uno mismo la falta o error y así poder remediarla.

En relación con el tema de las virtudes, Carmela consideró que estas regían al individuo. La forma en la que se dirigió al lector fue a través de consejos para procurarle una vida feliz y sin ambición, de llevar una vida de conformidad, de humildad, sin presunción, aceptando lo que la vida trae y sobre todo, vivir con moralidad. Para ello, la autora creyó importante hablar sobre aquellas capacidades vistas como benéficas para lograr vivir en armonía como son: el respeto y amor a los padres, dignidad de acción, instrucción y educación, trabajo, franqueza, sinceridad, abnegación, raciocinio, caridad, sufrimiento, desgracia y resignación. Los consejos de Carmela Duarte son una exhortación al individuo al buen comportamiento, sin caer en el mal. Dijo que el individuo sabe reconocer entre el mal y el bien, y si actúa moralmente actuará en beneficio para él mismo, la sociedad y la patria. Así pues, estos capítulos del *Tratado de Moral* son consejos basados en la moral que traerían al hombre acciones justas, nobles, y que dejarían al "alma satisfecha".

Del trabajo, Carmela Duarte escribió que el éxito radicaba en el trabajo, en el orden y no culpar a la suerte, ya que ésta es el resultado de no precaver y cometer imprudencias en el trabajo. En el *Tratado* la autora plasmó que, es mejor tener disciplina en el trabajo, en vez de lamentarse de la mala administración pública, pues es insensato quejarse nada más del gobierno. Su consejo fue "recibir todo en la vida con tranquilidad".[246]

Carmela por otro lado, criticó las huelgas, al decir que éstas eran hechos vergonzosos realizados por los llamados "bandos cubiertos por careta",[247] expuso que estas rebeliones en contra de los "amos de fábricas" para exigir aumento de sueldo son desmoralizantes para los jóvenes, quienes recibían educación gratuita gracias a las ganancias de la industria. Debido a que estas se transformaban en instituciones públicas educativas para los jóvenes. Hizo un llamado a la juventud para comportarse con educación moral en la calle, pidió se dirigieran con lenguaje prudente y que valoraran el esfuerzo que hacían sus padres, los maestros y el gobierno por educarlos con estilo y decencia.

La segunda parte del *Tratado* abarca el tema de "Instrucción cívica", la cual contiene los elementos necesarios que sirven para regular la vida social. La primera parte del tratado está dirigido al hombre como individuo, y la segunda parte aborda temas de la vida social que ayudan a la persona a llevar una vida en común, a relacionarse con las demás personas, son consejos que lo llevarían a mejorar su convivencia cívica. Para Carmela, la instrucción cívica son normas que no son innatas a la persona, es decir, deben ser adquiridas. De ahí la necesidad de inculcar estas normas, principios y conductas a los individuos, pues según como las admitan y respeten, estarán dispuestos a defenderlas y mantenerlas.[248]

Esta segunda parte está organizada en once capítulos, con temas tratados a manera de virtudes, tales como sentimientos cívicos, decencia, libertad, igualdad, fraternidad, predominio, desprecio, lo que causan las guerras, amor patrio y miedo. En todas estas virtudes destaca la autora, se debía demostrar el amor patriótico, Carmela lo definió como "un sentimiento tan natural" intrínseco, que se siente con el simple hecho de nacer, el cual se demuestra con "actos que pueden parecer insignificantes"[249] como por ejemplo "...el escribir libros, música, juntar cuadros de arte y hacer poesía, como también hacer amar las ciencias, adelantar las inteligencias, eso es lo que da honor a la patria".[250]

En este sentido, agregó, este amor a la patria no solamente se demuestra con actos guerreros, justificó que con la misma intensidad lo pueden sentir los artistas, escritores, músicos y que todos al trabajar, ya sea como campesino o como "caballero industrial",[251] aportan algo para el engrandecimiento de la nación, y la manera de lograrlo es a través del civismo, de la educación y empeño, llamando a la unidad para lograr una civilización adelantada y progresiva. Mencionó que la idea republicana es el bienestar verdadero del hombre, porque aporta a la patria "engrandecimiento y gloria".[252]

Carmela Duarte reflexionó sobre la limpieza y el orden, así como mantener un aspecto limpio en todos los establecimientos públicos, como colegios, instituciones públicas, jardines y parques, e incluso habla sobre la sanidad en las cárceles. La autora consideraba que la impresión de llegar a un lugar limpio, era causante de que existía respeto y civilidad.

El capítulo de Libertad se encuentra dividido en dos partes, la primera es la libertad de la patria, donde la autora hizo referencia al servicio militar, necesario para mantener la independencia de la patria. Y la segunda es la libertad del individuo, que la resumió en el libre albedrío y dentro de este tema de la libertad, mencionó el derecho a votar que se decía libre, sin embargo

> ...al ejecutarse se deja sentir una fuerza contraria a la libertad verdadera y de allí viene el descontento del pueblo, porque esta libertad está sujeta al imperio de unos cuantos. Las leyes de una nación son sagradas y no deben acomodarse elásticamente para unos individuos más que para otros, pues se ofende al derecho individual y es contrario a la verdadera libertad.[253]

En el capítulo de Igualdad, dijo que todos los hombres son iguales, ya que cualquiera tiene la inteligencia para sobresalir, empero existe una igualdad mal entendida, cuando el ignorante, soberbio[254] y falto de moral y decencia no puede llamarse igual, porque lo lleva a cometer inmoralidad

> ...por eso la justicia y todos lo que comprenden el verdadero sentido de la palabra igualdad, procuran la cultura, el adelanto y el engrandecimiento patrio, dando a cada quien según y conforme su conducta cívica y moral y según el grado, título o empleo que desempeñan.[255]

Estos son capítulos que con los ejemplos que ofreció la autora, invitan a reflexionar sobre los verdaderos significados de libertad, igualdad y fraternidad. Carmela hizo un llamado a la razón, como única forma de llegar a la civilidad.[256] Debido a que al mal interpretar estos conceptos, la gente puede sentirse libre para realizar actos inmorales, atacando la ley y el respeto social.

Como colofón de esta segunda sección del *Tratado*, la autora no perdió la oportunidad de expresar lo que pensaba sobre las guerras, expuso que éstas causaban muerte y desolación, pero que al terminar los bandos cansados y arruinados llegaban los intermediarios, no para remediar el mal, sino para repartirse el botín ¿acaso recordába la experiencia que tuvo su padre en la villa de Peto?

Para 1913, cuando el *Tratado de Moral* de Carmela Duarte fue escrito, México se encontraba en guerra, enfrentados los ejércitos, federalista y constitucionalista. En el ámbito mundial, Estados Unidos se encontraba enfrentado con España, al haberse adjudicado la Isla de Cuba, Puerto Rico y Filipinas. En Europa hubo enfrentamientos de guerra entre las potencias europeas, Francia, Inglaterra, Italia, Bélgica y Alemania por el reparto del continente africano desde 1885. Para 1913 se vivía un ambiente tenso en Europa, Italia en guerra con el Imperio Otomano y los países de los Balcanes declararon la guerra a Turquía. En el *Echo de París* el conde Albert de Mun escribió "toda Europa, insegura y atormentada, se prepara para una guerra inevitable, cuya causa inmediata le es aún desconocida", solo se necesitaba un pretexto para provocar la explosión de lo que fue la Primera Guerra Mundial, ocurrida en 1914.[257]

Carmela Duarte mencionó estar de acuerdo con los pensadores de su época, al decir que deberían conciliar ambas partes involucradas, mediante tribunales imparciales, e incluso nombró el Tribunal de la Haya[258] recién creado en 1899. Vio con tristeza que por falta de ideas morales no todos los países se sujetaban a esta Institución, sin que los países pensaran y reflexionaran en lo que causan las guerras como era: sufrimiento, pestes, lágrimas, entre otros males.

Carmela Duarte también criticó las nuevas tecnologías que habían llegado con el siglo XX, dijo que estas sirvieron para inventar armas para matar al género humano de manera más eficaz y violenta.

Hizo un llamado a la unión cuando mencionó que prefería un mundo en que se vean todos los hombres como hermanos, sin importar la raza, todos unidos trabajando comercialmente y no sólo en lo material, sino también en las enseñanzas de la moral, sometidos a un tribunal pacificador que arreglara las polémicas, las diferencias o enemistades. Su visión hacia el futuro fue que se consiguiera unificar las voluntades y calmar el mundo, dijo que el rico necesitaba del pobre, porque sin los brazos del jornalero, los campos sin cultivar no producirían y viceversa, que sin el dinero del rico no existirían fábricas y haciendas y todo se reduciría al estado primitivo del mundo.[259] Al parecer Carmela tenía una idea clara sobre el mundo del trabajo y el comercio, al decir que en la libertad bien entendida cada quien ocupa la posición que le es propia.

A lo largo del texto se aprecia que Carmela Duarte era una mujer que practicaba la lectura, al notar que para dar realce a sus consejos y validez a lo que escribió, utilizó ejemplos en los que se puede advertir que era una mujer culta e instruida, al mencionar hombres ilustres, nombres históricos, novelas, además de agregar anécdotas de su propia experiencia vividas en diferentes momentos, como fueron sus viajes y su residencia en varias ciudades del mundo, además de contar con la amistad de personalidades del mundo político e intelectual, como fue el caso de los escritores Ignacio Magaloni Ibarra, su cuñado, y Pablo Neruda, su amigo.[260]

Dentro de los hombres ilustres que mencionó en el *Tratado,* se encuentran Silvio Pellico y Alfred Dreyfus, el primero fue un escritor y poeta italiano de la primera mitad del siglo XIX[261] y el segundo fue un militar francés, mejor conocido con el "Caso Dreyfus", exiliado en Inglaterra por supuesto espionaje y ayuda concedida a los alemanes a finales del siglo XIX.[262]

Carmela Duarte también hizo referencia de personajes históricos acompañado de un pequeño pasaje de su vida, como por ejemplo mencionó a Leónidas, Benjamín Franklin, George Washington, Voltaire, Abraham Lincoln, Cuauhtémoc, Galileo y Humboldt, los cuales le sirvieron de ejemplo dentro de los capítulos de este *Tratado.* Asimismo hizo referencia a dos presidentes guatemaltecos decimonónicos, los generales Justo Rufino Barrios y José María Reyna Barrios.

En cuanto a novelas mencionó *Las aventuras de Robinson Crusoe* para ejemplificar el capítulo 14 que habla sobre el amor a la naturaleza, donde Carmela dijo que *"…el que vive en el campo todo puede proporcionarse como lo comprueba Robinson Crusoe en sus aventuras de la isla, en que pasó tantos años llegando con su habilidad a tener todo lo necesario y aun sobrado".*[263]

Citó también a Víctor Hugo y su novela *Los Miserables* al poner como ejemplo la frase "las revoluciones limpian la humanidad", la cual dijo que se ha tomado en falso entendimiento al sentirse revolucionario que mata, quema y desbarata mostrando su ignorancia. El capítulo 18 titulado Sufrimiento, ejemplificó esta virtud con la historia de Cristóbal Colón, quien ante el fanatismo que pesaba en su tiempo con la Santa Inquisición ocultó a su familia y su patria de origen judío. Carmela Duarte terminó diciendo que "…el que sufre exteriormente sufre menos que el que tiene que callar por necesidad de educación o por fuerza de circunstancias".[264] Con estas referencias, Carmela demostró su alcance intelectual y su interés por la historia, la literatura, además de ser una mujer bien informada por los aconteceres contemporáneos a su época.

Carmela Duarte fue una mujer que viajó por el mundo, conoció Europa y América, vivió en las ciudades de Roma (1890-1895), Berlín (1889-1900), Texas (1904), Galveston (1905), Guatemala, Retalhuleu y Mazatenango (1908-1913), en donde sus experiencias le ayudaron para ejemplificar los consejos de su *Tratado.* Por ejemplo, en el capítulo 7 titulado "Recreo y trabajo" afirmó que relataría un hecho verdadero al que asistió como invitada a una reunión del mes de diciembre en honor al niño Dios, a la que también asistió un escultor guatemalteco pobre y honrado. Carmela para poder definir que *el trabajo es recreo del alma,* utilizó la siguiente historia:

> ...el dueño de la casa, hombre rico, gastaba un dineral y en el altar del santo niño lucían innumerables juguetes, entre ellos estaba un precioso niño Dios, al que el dueño dijo que le había costado tanto traerlo de Italia, y que se decía que era obra de Miguel Ángel o Rafael, sin poder afirmarlo, lo que si aseguraba es que le costó mucho trabajo que se lo vendieran. El escultor oyó aquella conversación y se acercó a la imagen y con palpitaciones en el corazón, reconoció su obra, humildemente pidió poder tener en sus manos y contemplar el prodigioso niño y sacando un cortaplumas raspó en un lugar que él conocía y destornillo la cabecita, haciéndola girar con la sorpresa general de todos los que no se esperaban tal cosa. El dueño furioso gritó lleno de indignación, llamándole loco, y se disponía a sacar al infeliz escultor, pero éste tranquilamente y con segura voz le dijo: —caballero, el loco es usted y puedo comprobárselo mostrando a todos su firma oculta en la parte interior de la garganta de este niño Dios, y sepa usted que esta obra es mía, de un compatriota suyo— esto es el rasgo que denota el ser artístico.[265]

Al parecer Carmela otorgó un lugar privilegiado a sus experiencias de vida, al utilizarlas como ejemplos para darse a comprender de una mejor manera sobre lo que escribió, a partir de sus propios puntos de vista, al tratar de ampliar y explicar sus consejos a través de sus anécdotas en cada capítulo.

El Tratado de Moral ayuda a tener una idea sobre lo que para Carmela significó moralizar a la juventud. Podemos notar que dejó atrás la forma tradicional de enseñar la moral al realizar un escrito más acorde con la época que estaba viviendo. Era la etapa del surgimiento de nuevas tecnologías, progreso y grandes cambios en México, tal vez por ello su manuscrito va acompañado de experiencias y vivencias de la propia autora para darle ese toque de modernidad y a la vez de veracidad. Este *Tratado* puede ser leído como una reflexión sobre la modernización y construcción de una nueva identidad basada en la integración de la sociedad a las nuevas circunstancias y hechos por los que estaba pasando el país y así entender la vida de la mujer representativa de la clase alta, de finales de siglo XIX y principios de siglo XX.

Poemario

“El poeta es el que más sufre,
porque es el que más ama”
Concha Zordoya[266]

Carmela Duarte escribió poesía de manera regular, después de que se alejó de la pintura. A través de su poemario incursionó dentro de este espacio literario como otra forma de su creación y capacidad artística. No sólo existe su poemario como evidencia, en el *Tratado de Moral* hizo gala de su sensibilidad artística al escribir un poema con sentimiento patriótico, como alabanza a los héroes que mueren en el campo de batalla, expuesto en el capítulo 34 titulado “Lo que causan las guerras”,[267] se trata de un poema de ocho versos escritos en octosílabos.

Sin embargo, el interés de Carmela por la poesía se había manifestado desde años antes, en 1900 escribió un poema titulado *Mis recuerdos,* es un poema compuesto de 20 estrofas escrito en endecasílabos. En el cual hizo una reflexión sobre escribir poesía, recordaba que su madre le decía “que ese no era un quehacer, sin embargo, para ella, le parecía un verdadero placer”.[268]

El poemario de Carmela es un cuaderno de forma francesa con hojas foliadas de la 1 a la 66 de las que faltan las número 22 y 23. Está escrito con letra cursiva y abarca un total de 120 páginas, mismas que contienen un total de 33 poemas, con temáticas variadas como poesía social, poesía religiosa, la muerte, el amor, la familia y la amistad, los cuales representan los momentos y las experiencias vividas por la autora. Algunos poemas están fechados, sin que lleven un orden cronológico exacto, por lo que podemos afirmar que se trata de una recopilación de poemas escritos en diferentes momentos y que posteriormente fueron compilados en un solo cuaderno.

La primera página del poemario hace referencia a la dedicatoria que dice: "A mis hijos. Recuerdos". La siguiente hoja inicia con un poema titulado *Ayer y hoy* fechado el 9 de marzo de 1914. En febrero de este año la familia Zuckermann Duarte trasladó su residencia a la ciudad de México, época en la que se vivía la rebelión norteña, liderada por Venustiano Carranza, contra el entonces presidente de México, Victoriano Huerta, lucha que se prolongó desde principios de 1913 hasta mediados de 1914. En los meses de marzo y abril de 1914, luego de reorganizarse y aprovisionarse los ejércitos rebeldes norteños iniciaron su avance al centro del país, decididos a expulsar a Huerta del Palacio Nacional.[269]

Eran tiempos revueltos y de inestabilidad política en México cuando Carmela escribió poemas con temas nacionalistas, a lo que se le puede llamar poesía social, entendida en su papel de denunciar, protestar y enfatizar la rebeldía, la intención moral y la emotividad del poeta, en el que el humanismo está inherente en tal poesía.[270] Ante todo es una poesía que exige el compromiso personal del poeta como parte íntegra, activa y artística de la sociedad en la cual participa. Por lo que no es simplemente que el poeta social refleje lo que observa, antes bien, testimonia, comenta y critica esa sociedad a veces en forma de invectiva, denuncia y protesta, dando voz a su rebeldía contra la injusticia. Llevando a cabo en su poesía una ideología personal-histórica, el poeta asume una postura político moral.[271]

Carmela Duarte experimentó de alguna forma dicha acción, por lo tanto la experiencia vivida realiza un papel destacado en su poesía, en la que incorporó el trauma del periodo llamado Revolución Mexicana. Aquí un extracto del poema escrito el 9 de marzo de 1914.

> ¿quién podrá pronosticarnos
> dolores y sufrimientos
> quién se atreverá a iniciarnos
> en la vida de tormentos?
> Si no miramos con ira
> la vida y su cruel destino,
> meditamos la mentira
> que enlutó nuestro camino[272]

Este poema indica el momento de incertidumbre y angustia por los tiempos revueltos que se vivían debido al enfrentamiento entre el ejército constitucionalista y el ejército federal de Huerta. Alberto, hijo mayor de Carmela, se encontraba luchando a favor del constitucionalismo, por lo que se deduce que existía en Carmela una combinación de sentimientos entre el amor de madre y su fervor patriótico.

El 21 de abril de 1914 tuvo lugar la ocupación del más importante puerto mexicano, resultado de un incidente acaecido en Tampico. Debido a que el 9 de abril un grupo de marinos norteamericanos uniformados fueron arrestados por un oficial de Huerta en una forma tal, que la acción parecía una afrenta deliberada a los Estados Unidos. La negativa de Huerta a acceder a las demandas norteamericanas de una explicación y una disculpa sobre el incidente, unida a otros dos incidentes sucedidos en Veracruz que fueron interpretados, otra vez, por los Estados Unidos como un insulto al honor nacional, lo que condujo al presidente Wilson a decidir una acción punitiva con un probable desembarco en Tampico.

Sin embargo, las noticias de que el barco *Ypiringa* estaba por llegar a Veracruz con un embarque de armas para Huerta, trajeron un cambio de planes súbito y radical; en el mediodía del 21 de abril, los infantes de marina de los

Estados Unidos desembarcaron en Veracruz y se apoderaron de la ciudad en una breve pero intensa lucha. La reacción mexicana fue opuesta a la esperada por Washington, no sólo los huertistas censuraron violentamente la acción, sino que las declaraciones oficiales y las acciones que surgieron de las fuerzas constitucionalistas apenas dejaron lugar a dudas sobre la profundidad de la hostilidad mexicana en todas partes.[273] Como parte de esta reacción en contra, Carmela expresó sus sentimientos de rabia y coraje, en los que exhorta a la población a defender su patria, a través del poema titulado *Grito de Indignación*

Mexicanos, mexicanos
llegó la hora de luchar
unidos todos hermanos
al intruso exterminar

En humillante actitud
los gringos quisieran vernos
y faltos de pulcritud
es su esperanza vencernos

Han faltado ya al deber
de leyes y de hidalguía
y se nos quieren meter
sin vergüenza y felonía

Con engaños y falsías
en Veracruz desembarcaron
con ponzoñosa actitud
ya nuestras playas hollaron

Para el gringo todo crece
en alas de su ambición
y en todo lo que apetece
no hay leyes ni condición

¡Mexicanos, mexicanos
llegó la hora del deber
unidos todos, hermanos
a la Patria a defender![274]

Días después escribió otros tres poema titulados *Al director, ¿Qué es el valor?* y *Ardor de patriotismo*, en los cuales vuelve a reflejar sus sentimientos de exasperación, furia y coraje para incitar a los hombres a proteger y resguardar el suelo mexicano. T.S. Eliot dice que no hay arte más porfiadamente nacional que la poesía, y hace referencia a que la poesía social se diferencia de las demás artes, porque tiene para la raza y el idioma del poeta un valor que puede no tener para otros. Lo cual parece perfectamente natural cuando se comprende que la poesía tiene que ver más con el sentimiento y la emoción; y que estos sentimientos son particulares, mientras que el pensamiento es general.[275]

Para agosto de 1914 el proceso revolucionario había comenzado una nueva etapa, cuando los ejércitos del Noreste y del Noroeste tomaron la ciudad de México, tras derrotar al gobierno y ejército huertistas; esa victoria se plasmó en los Acuerdos de Teoloyucan, firmados el 13 de agosto, que disolvieron al Ejército Federal. A partir de ese momento los ejércitos rebeldes se convirtieron en gobierno, pero carecían de capacidad y experiencia. Por lo tanto, los retos eran enormes: pacificar al país; satisfacer los reclamos socioeconómicos de los sectores que habían hecho la revolución y extender su dominio a todo el territorio, lo que implicaba imponer autoridades y sus proyectos, en regiones donde no contaban con cuadros de mando y donde las élites no se habían debilitado. Sin duda el problema mayor era que las facciones revolucionarias estaban profundamente divididas, sin posibilidad de llegar a un acuerdo, pues sus diferencias eran esenciales, de origen socioeconómico y con claras expresiones político-ideológicas. Cada facción pretendió que prevaleciera su proyecto de nación.[276]

En este contexto Carmela continuó escribiendo poesía social, con el único deseo de que las cosas en el país se pusieran en paz. En su poema titulado

Justos y pecadores narró la historia de un padre envejecido por la guerra que acababa de suceder, le lloraba a sus hijos muertos en la batalla contra los marines americanos durante la ocupación de Veracruz, el padre afligido y sin encontrar consuelo pide a Dios dejarlo morir en las bancas de una plaza, Carmela se compadeció y dijo que era una verdad amarga que todos estaban viviendo, en el mismo poema pidió a Carranza trajera la paz y consuelo a la nación. El poema está fechado el 4 de octubre de 1914.

Carmela Duarte en sus poemas criticaba que la lucha de facciones sólo arruinaban la nación, decía que los civiles ya estaban cansados, agobiados y desmoralizados de ver a su gente luchar, pero tenía la esperanza de que pronto terminara el sufrimiento, el dolor y los llantos. Asimismo, Carmela expresó su cansancio ante tanto pesar, hizo un llamado a la unión entre facciones, como la única fuerza que traería la paz. Estos sentimientos se ven reflejados en su poema titulado *Actualidad.*

A la patria proteger
y la guerra exterminar
y todos nos preguntamos
¿en qué iremos a parar?

Si los gringos entorpecen
y los rebeldes nos matan
y el dinero va faltando
y las manos se nos atan

Hay que hacer resolución
dejando el egoísmo a un lado
¡hermanos la realidad
no hay que esperar en el hado!

¡Uniendo la voluntad
el valor y la entereza
salvaremos la Nación
a todos nos interesa![277]

Otros títulos que abarcaron el periodo de la segunda mitad de 1914 fueron: *Esperanza* escrito el 4 de septiembre de 1914, *Justos y pecadores* del 4 de octubre de 1914, *Al día* del 10 de octubre de 1914, *Sufrimiento* del 26 de octubre de 1914, *Desde mi balcón* del 8 de diciembre de 1915. En ellos Carmela Duarte abogó por la transformación del gobierno, por un mando único sin divisiones, pues la sociedad era la que sufría por los efectos de la guerra. Asimismo, en dichos poemas enjuició moralmente las consecuencias inmediatas de ésta, como eran el sufrimiento, el dolor y la pena. Estos poemas también se relacionan con literatura patriótica, debido a que en los momentos más álgidos de este tipo de escritura es cuando la nación se encuentra en peligro.[278] Tal como le sucedió a Carmela, quien a través de su poesía relató y documentó un momento histórico de México.

Por otro lado, está el tema de la muerte como parte de la poesía de Carmela. Como hecho humano, la muerte es de fundamental y radical importancia y como abstracción literaria, constituye una línea temática indefinida, manifestándose en todas las ramas del arte. La muerte forma parte de la vida y el tiempo. En lo que respecta a la poesía, se trata de un postulado que se razona, pero que no constituye un ente de razón, sino un hecho que se constata, que se comprueba y verifica como verdad real, de lo cual informan como testigos presenciales de tal fenómeno, los sentidos.[279] Relacionado con este tema, Carmela dedicó seis poemas a este apartado, de ellos la mitad corresponden al fatídico evento de la muerte prematura de su hijo Alberto, en los que plasmó su amargura y confusión a tal hecho, el cual terminó en un sonido desesperado teñido por el dolor, con indignación reiterada por la incomprensión del suceso. Este estado emocional y actitud desesperada ante el hecho de la muerte seguramente condenó a Carmela al más terrible desamparo, al escribir los siguientes versos extractos de sus poemas titulados *A mi hijo Albertito, Anhelo y Amargura:*

Ímpetus tengo de leona
y destrozar al culpable
si Dios me manda "perdona"
la justicia sea implacable

Si vivo, muriendo estoy
y muriendo viviría
ya no sé si no lo que soy
pensando, de noche y de día

- - -

Yo gozo al encontrarme
una poesía
que mana sangre
de la herida abierta

Me gusta reír
con el contento de otros
sentir su sensación
su pensamiento
dejándome llevar
a nuevos mundos
para ver si otros sienten
cual yo siento

- - -

Dios me dio felicidad
y un malvado me la quita
al arrebatarme a mi hijo
con mano aleve o maldita
mis lágrimas anegando
a mi pobre corazón
la vida me están minando
sin consuelo a mi aflicción[280]

En los versos anteriores se nota que Carmela escribió sobre su gusto por la poesía que habla acerca del sufrimiento, del dolor, como una manera de consolarse al saber que no es la única que se aflige y padece. El poema puede crecer con su lectura y se personaliza, al centrarse en la persona que lo lee. Tal vez para Carmela fue como buscar alivio y aliento al saber o leer que alguien comprendía o vivía lo mismo que ella padecía.

Continuando con el tema de la muerte, existe un poema que Carmela Duarte dedicó a su amado esposo cuando falleció, en el que expresó su lamento y padecimiento por los agravios de un gran dolor; sin embargo, moderó su ímpetu, al notar que no es un verso de desesperación y angustia al escribir "…esposo idolatrado /no te olvido / cómo olvidarte / a ti que siempre / has sido / todo mi bien / duerme y espera / que pronto iré / a tu lado".[281] Aquí los sentimientos de Carmela fueron diferentes a la exasperación y enojo que sintió por la muerte de su hijo. En este poema da la sensación de tristeza, pero a la vez de conformidad y resignación por lo que estaba pasando.

Otros dos poemas relacionados con esta idea de la muerte son: uno dedicado a su madre y el segundo es un poema que escribió con el título *Al señor licenciado Sáez, por su hijito,* composición que dedicó a este hombre con palabras de aliento y resignación por la muerte de su hijo.

Carmela Duarte buscó consuelo en la poesía religiosa, tal vez emanada de una sensación de debilidad, por lo que dedicó dos poemas a la advocación mariana. El sentimiento religioso es una reacción ante la vida. Nace del asombro y del temor, las fuerzas invisibles que lo incitan, tanto como la conciencia de indefensión y de responsabilidad, hacen sentir al hombre dependiente de un ser superior.

De pareja inquietud surge también la poesía; vale decir que el sentimiento religioso y la actitud poética reconocen una raíz común en el corazón de los hombres.[282] El primer poema se titula *A María Inmaculada* en este

Carmela realizó un recuento de lo que fue su vida y con sentimiento hondo agradeció a la virgen sus cuidados y que la haya librado de los riesgos, al escribir: "...siendo pecadores / y libres de acción / estamos sujetos / a la tentación" y terminó su poema "...y salvo y contenta / la virtud seguir / triunfante y tranquila / la vida vivir".[283] El poema titulado *A la inmaculada Concepción* es una plegaria de alabanza con sentido orientador de vivir dentro de una conformidad y resignación, cuando escribió: "...que a todos pueda salvar / aunque humilde pecadora / con tu auxilio vea llegar / con dulzura, mi última hora".[284]

Carmela dedicó poemas a su hija Rosita en los que halagaba su belleza, inteligencia y juventud. Al mismo tiempo, en estos poemas se identifica un rasgo de preocupación por su hija, y a manera de protección escribió los siguientes versos para aconsejarla y enfrentarse a la vida "...sé discreta y no confiada / no te apartes del camino / que conduce a la deseada / felicidad del destino". Por otro lado, en el poemario existen cuatro poemas en los que realizó un recuento de su vida. A través de la poesía describió la manera en que había vivido, sus experiencias, su conformidad de vivir, sus alegrías, pero también sus aflicciones, miedos, emociones y sufrimientos ya sea por la muerte, o por lo poco apreciada que se sentía como artista profesional.

Existe una anécdota narrada en una carta fechada el 10 de agosto de 1910, la cual fue dirigida al entonces secretario de Relaciones Exteriores, Federico Gamboa, quien también fungía como organizador de los festejos por el Centenario de la Independencia de México, en la que Carmela solicitó entusiasta y efusivamente se le permitiera pertenecer al selecto grupo de pintores mexicanos más sobresalientes que participarían en la exposición de arte, próxima a realizarse en la ciudad de México, como parte de esta gran celebración. El 19 de septiembre de 1910 llegó la respuesta a esta carta, cuando la fiesta y celebración ya había sucedido.[285]

Lo anterior es ejemplo de cómo sus deseos y anhelos se vieron frustrados al no ver concretadas sus pretensiones. Existieron varios planes con los que ella quiso demostrar sus dotes artísticos y su esmerada educación, sin embargo estos proyectos que no pudieron llegar a cumplirse, como la negación de una pensión para permanecer más tiempo estudiando en Roma, luego la intención no cumplida de la puesta en marcha de un museo de pintura o su estudio de pintura. Después la falta de respuesta por su aspiración al querer pertenecer al cuerpo académico de la Academia de San Carlos, también la no publicación de su libro titulado *Tratado de Moral.* Estos sentimientos de desilusión y nostalgia al no ver concretados sus sueños los reveló en su poema titulado *Realidad* fechado en 1924, en el cual expresó que no se sintió valorada "...una jaula contuvo mis cantares / una gran preocupación mis simpatías / una potente educación, mis lares / mi esposo colmome de alegrías".[286] Sin embargo, en su poema *Mis recuerdos* declaró que no quiso llegar a ser reconocida y que su verdadera dicha se encontraba en su casa, al ser afortunada por llegar a ser una buena esposa y amorosa madre.

No quiero ver mi nombre ennoblecido
ni honores, ni riqueza, mi placer
es que me juzguen por lo que yo he sido
esposa y madre amante, feliz de mi deber

Y lo aseguro, lo siento, me recrea
la pintura, la música y poesía
pasándome la vida sin que crea
perder mi tiempo, llenando ambrosía
viviendo así la vida mía[287]

El poeta es la persona más dotada de credenciales para captar y sentir intensamente, al interpretar para el hombre los valores del espíritu y el sentido de la vida, del amor y la muerte, se esfuerza en transmitir sin cesar al resto de los humanos la visión más profunda de la realidad.[288] Carmela tuvo el cuidado de compilar su poesía en un poemario, el cual nos permite y ayuda a conocer a través de su vida y sentimientos, el entorno que le tocó vivir, una etapa de tiempos difíciles y revueltos en México, donde sus sentimientos se entremezclaron entre ira, rabia, pasión y amor. El poemario es un atisbo a la vida cotidiana de las mujeres que como Carmela les tocó transitar en una época de rebelión, traiciones y ambiciones. En los que se añoraban los tiempos de calma y paz.

La literatura escrita por Carmela está marcada por aquellos momentos de crisis o de rupturas que alteraron su vida cotidiana, ya sean de tipo emocional, sentimental o moral. Por ejemplo, *el diario de viaje* fue escrito en un momento de cambio importante en la vida no sólo de Carmela, sino de aquella mujer decimonónica que salía de los estereotipos marcados como mujeres encerradas en las labores domésticas. Este diario es una evidencia del cambio de pensamiento hacia la mujer en el tema de educación, viajes y relaciones sociales, no sólo era el estudio *per se,* se trataba de la independencia de la mujer al vivir sola en otra ciudad, país e incluso continente.

Con el *Tratado de Moral* el cambio se estaba dando ante la aparición de nuevas tecnologías, como eran el cine y las armas mortales cada vez más sofisticadas, con lo que Carmela se sintió con el deber por llevar a cabo un escrito que ayudara a la sociedad a reconsiderar sus actitudes ante su vida cotidiana, convencida que sería la moral y la educación cívica la que ayudaría al individuo a realizar actos que lo llevarían a un buen comportamiento ante la sociedad, y como resultado de estas conductas se podía contribuir al bienestar del país.

El poemario es el documento donde Carmela expresó evidente o fehacientemente sus sentimientos, en este se abre un abanico de diferentes sensaciones como el amor, pero no sólo al bien amado, sino también amor a los hijos, a la madre, a Dios, a los amigos pero sobre todo el amor a la patria, en ello iban implícitos su sentir como la ira, el celo, el dolor, la tristeza así mismo también la alegría, el gozo, la piedad, la ternura, entre otros.

Dentro de estos tres textos Carmela Duarte demostró una clara tendencia hacia su sensible amor y sentimiento patriótico, donde justifica que lo que pensó, realizó y dejó escrito lo hizo por amor a su patria. Cabe mencionar que durante el siglo XIX el Estado apeló al concepto "patria" para lograr una unidad que englobara a los nuevos ciudadanos. Este pensamiento no es exclusivo de la relación personal que un individuo posee respecto de un lugar, sino que también existen implicaciones políticas, ideológicas, sociales o culturales que ejercen una enorme influencia sobre este concepto.[289] Carmela a través de sus manuscritos dejó claro que el objeto de esta creación literaria fue la "patria", considerando además que de esa manera contribuiría en beneficio de la misma. Asimismo a través de su escritura quiso transmitir una educación, con consejos que alentaran a la comunidad a actuar por el bien de todos como sociedad.

En estos escritos justificó sus acciones y pensamiento, al considerarse ella misma con una esmerada educación, la mejor manera de contribuir al beneficio de todos, su contribución radicó en realizar una serie de obras escritas que hablaron sobre el comportamiento del individuo con base en la moral y su amor a la patria. Textos que auxiliarían a vivir en una sociedad justa y moral, convencida tal vez que estos documentos ayudarían a enfrentar la vida cotidiana del individuo, con la firme convicción de que sería la moral la que favorecería al hombre a repensar y replantearse sus relaciones sociales, en las que exhortaba al individuado a actuar y cooperar por el bien de la patria.

Su escritura se convirtió en un espacio de liberación, de reconocimiento de sí misma y de redefinición, mediante las diferentes formas de representación, como fueron su diario, el *Tratado*,su poemario y su epistolario.

1 URZAIZ, "Historia del dibujo, la pintura y la escultura", pp, 643-647.

2 VALDÉS ACOSTA, *A través de las centurias*, pp. 389-390.

3 Denominación que recibió la organización política conservadora de Yucatán. El partido de los rutineros para la península se refiere al partido antagonista de los sanjuanistas de tendencia liberal. CASARES G. CANTÓN, *Yucatán en el tiempo*, p. 254.

4 Órgano de gobierno de administración autónoma de la provincia. Corporación designada por el gobierno central para la administración de los intereses de una provincia. Consultado el 4 de junio de 2016, en *Enciclopedia jurídica*, http://www.enciclopedia-juridica.biz14.com/d/diputación-provincial/diputación-provincial.htm

5 VALDÉS ACOSTA, *A través de las centurias*, pp. 398-399.

6 PENICHE PONCE, *Teatro Peón Contreras*, p. 19

7 VALDÉS ACOSTA, *A través de las centurias*, pp. 389-390.

8 AGEY, *Fondo de Justicia*, Sección Juzgado 2° Civil, Serie Civil, Subserie Testamentos. Asunto Testamento S. Anselmo Duarte Fecha 30 de noviembre de 1881 – 15 de octubre de 1885. Lugar: Mérida.

9 AGEY, *Fondo de Justicia*, Sección Juzgado 2° Civil, Serie Civil, Subserie Testamentos. Asunto Testamento S. Anselmo Duarte Fecha 30 de noviembre de 1881 – 15 de octubre de 1885. Lugar Mérida.

10 Sucedió el 30 de junio de 1847, a causa de las constantes presiones originadas por los abusos que incesantemente se hacían a los indígenas, a quienes incluso se les "esclavizaba" y se les despojaba de sus tierras, discriminándolos por su origen y raza, lo cual generó en ellos un profundo resentimiento y deseos de venganza que fueron reprimidos por mucho tiempo, hasta que desembocó en un enfrentamiento bélico, cuyo principal objetivo era el exterminio racial del oponente. La historiografía sobre la Guerra de Castas es vasta y variada, para saber más sobre este tema se recomienda consultar: Justo Sierra O'Reilly "La Guerra de Castas" y el libro de E. Dumond titulado *El machete y la cruz: la sublevación de campesinos en Yucatán.*

11 RODRÍGUEZ SABIDO, *Semblanza histórica de Peto*, p. 30.

12 Se refiere al procedimiento judicial militar de carácter sumario en el cual se dilucida de forma rápida la comisión de un delito tipificado en el Código de Justicia Militar que, por la situación de guerra no permite esperar a la justicia militar ordinaria. Consultado el 4 de junio de 2016, http://www.juridicas.unam.mx/publica/librev/rev/rap/cont/95/pr/pr4.pdf.

13 VALDÉS ACOSTA, *A través de las centurias*, p. 390.

14 Político y militar a favor del federalismo, enfrentado con el entonces gobernador de Yucatán, Santiago Méndez de tendencia centralista, en CASARES G. CANTÓN, *Yucatán en el tiempo.*

15 VALDÉS ACOSTA, *A través de las centurias*, p. 400.

16 VALDÉS ACOSTA, *A través de las centurias*, pp. 401-402.

17 AHAY, *Libro de Bautismos*, No. 67.

18 ARANA LÓPEZ, *La vivienda de la burguesía en Mérida*, pp. 131-132.

19 AGEY *Fondo de Justicia*, Sección Juzgado 2° Civil, Serie Civil, Subserie Testamentos. Asunto Testamento S. Anselmo Duarte Fecha 30 de noviembre de 1881 – 15 de octubre de 1885. Lugar Mérida. Foja 42.

20 TOMMASI LÓPEZ, *La ciudad de ayer, de hoy y mañana*, p. 161.

21 IRIGOYEN ROSADO, *La Mérida que vivió don Eligio Ancona*, p. 28.

22 CARLOTA, *Viaje a Yucatán,* pp. 38-40.

23 IRIGOYEN ROSADO, *La Mérida que vivió don Eligio Ancona,* pp. 27-28.

24 IRIGOYEN ROSADO, *La Mérida que vivió don Eligio Ancona,* p. 30.

25 IRIGOYEN ROSADO, *La Mérida que vivió don Eligio Ancona,* p. 30-31.

26 AGEY. *Fondo de Justicia,* Sección Juzgado 2° Civil, Serie Civil, Subserie Testamentos. Asunto Testamento S. Anselmo Duarte Fecha 30 de noviembre de 1881 – 15 de octubre de 1885. Lugar Mérida. Foja 42.

27 La Revista de Mérida (13 de abril de 1879), p. 4.

28 REJÓN PATRÓN, Hacienda Tabi, p. 19.

29 MARRUFO NOH, *La Hacienda productora de caña de azúcar en Yucatán, 1821-1860,* pp. 106-107.

30 Son equipos que se utilizan en la industria azucarera para la cocción de meladura y mieles para obtener los granos de azúcar.

31 SUÁREZ MOLINA, *La Evolución Económica de Yucatán,* t. I, pp. 173-174.

32 SUÁREZ MOLINA, *La Evolución Económica de Yucatán,* t.I, pp. 173-174.

33 CÁMARA GUTIERREZ, *Destilación y comercio de aguardiente,* pp. 108.

34 REJÓN PATRÓN, *Hacienda Tabi,* p. 70-71

35 MARRUFO NOH, *La Hacienda productora de caña de azúcar en Yucatán, 1821-1860,* p. 52.

36 La Revista de Mérida (25 de marzo de 1896), p.3.

37 Biblioteca Yucatanense (BY) LIX-1898-72-16 (folletería) *Reglamento interior del Banco Yucateco aprobado por su Consejo de Administración.*

38 SUÁREZ MOLINA, *La Evolución Económica de Yucatán,* t.I, pp. 288-290.

39 Biblioteca Yucatanense (BY) LIX-1898-72-16 (folletería) *Reglamento interior del Banco Yucateco aprobado por su Consejo de Administración.*

40 BARCELÓ QUINTAL, "Estilo de vida de la élite henequenera en Mérida, 1876-1910", t.4, pp. 194-195.

41 En la documentación revisada de Carmela, es indistinto el uso de la "y" en los apellidos Duarte García. Con orgullo se utilizaba "y", "de", "de las" y "de los" que caracterizaba los apellidos de señorío, sin embargo a raíz de la guerra de Independencia, algunas familias suprimieron de sus apellidos esos posesivos por el afán de eliminar todo lo que significaba un recuerdo u origen de España, pero otras familias continuaron usándolo, pero poco a poco fue desapareciendo. BARCELÓ QUNTAL, *Cultura y vida cotidiana,* p.72.

42 Las maestras regularmente eran jóvenes pertenecientes a familias de reconocido nombre, pero cuya inquietud por el saber las había hecho entrar al Instituto Literario de Niñas, el cual posteriormente se convertiría en la Escuela de Maestras Normalistas dirigida por Rodolfo Menéndez de la Peña, ilustre pedagogo cubano, avecindado en la ciudad de Mérida desde hacía muchos años. MUÑOZ VEGA, *El Instituto Literario de niñas, una alternativa de enseñanza superior para mujeres,* pp. 12-27.

43 TELLO SOLÍS, *Ignacio Magaloni Ibarra,* pp. 25-27.

44 El año de nacimiento se deduce del Testamento de Anselmo Duarte y del Acta de matrimonio de Carmela Duarte, AGEY, *Fondo de Justicia,* Foja 5.

45 DUARTE GARCÍA, *Diario de Viaje,* pp. 1-30

46 AGEY, *Fondo de Justicia,* Sección Juzgado 2° Civil, Serie Civil, Subserie Testamentos. Asunto Testamento S. Anselmo Duarte Fecha 30 de noviembre de 1881 – 15 de octubre de 1885. Lugar Mérida. Foja 5.

47 BALMORI, VOSS, WORTMAN, *Las alianzas de familias y la formación del país en América Latina,* p. 32.

48 BALMORI, VOSS, WORTMAN, *Las alianzas de familias y la formación del país en América Latina,* pp. 34-35.

49 BALMORI, VOSS, WORTMAN, *Las alianzas de familias y la formación del país en América Latina,* pp. 34-35.

50 VALDÉS ACOSTA, *A través de las centurias,* pp. 389-390.

51 AHAY, *Libro: Matrimonios, bautizos y defunciones* en Catedral de Yucatán.

52 BARCELÓ QUINTAL, "Estilo de vida de la élite henequenera en Mérida, 1876-1910", t.4, pp. 202-203.

53 *Centenario del Palacio de Gobierno,* Mérida, Gobierno del Estado de Yucatán, 1992.

54 MIRANDA OJEDA, *Una aproximación a la élite,* pp. 36-57.

55 La Lonja, era uno de los restaurantes más concurridos, mismo que se anunciaba como una elegante cantina, con amplios salones, comedores cómodos, frescos y bien ventilados, con iluminación eléctrica, patios, billares, *fumoirs,* salones de lectura, café, siendo su especialidad la cocina francesa y española. Su dueño era Lizárraga Patrón. Era el lugar de reunión de la *high life* de Yucatán y el *rendez-vous* de los extranjeros y viajeros que visitaban la capital. ARANA LÓPEZ, *La vivienda de la burguesía en Mérida.*

56 La Revista de Mérida (28 de enero de 1896), p. 3.

57 Archivo particular de la familia Zuckermann. Carta fechada 6 de marzo de 1932.

58 Manuel Pinelo, rico comerciante, tuvo fama de bailarín y organizador de bailes. BARCELÓ QUINTAL, *Cultura y vida cotidiana,* p. 351.

59 BARCELÓ QUINTAL, *La oligarquía henequenera,* p. 86.

60 BARCELÓ QUINTAL, *Cultura y vida cotidiana,* p. 401.

61 BARCELÓ QUINTAL, *Cultura y vida cotidiana,* p. 351.

62 Las exposiciones universales eran modernos escaparates para mostrar nuevas necesidades industriales y comerciales. A finales del siglo XIX México construyó una imagen de nación moderna, estas exposiciones servían de aparador para mostrar esta idea. Para saber más sobre las exposiciones universales y la participación de México, leer TENORIO TRILLO, *Artilugio de la nación moderna: México en las exposiciones universales, 1880-1930,* México, FCE, 1998.

63 Organización de San Vicente de Paúl fundada en la iglesia de Saint Etienne de Mont en París el 23 de abril de 1833, llegando a México en los años cuarenta del siglo XIX. Esta organización se decía al servicio de los pobres y de los infelices. Sus acciones abarcan varios campos sin considerar su género, raza, creencia religiosa, fondo social, cultura, opinión política, etc. Organización que hoy en día sigue vigente. Para conocer más acerca de esta organización se puede consultar su página web http://es.ssvpglobal.org/200-anos-de-historia/Desde-sus-origenes-hasta-hoy

64 KICZA, "Familias empresarias y su entorno, 1750-1850", t. IV, p. 158.

65 GUERRERO LARA, *El "deber ser" femenino,* p. 3.

66 SÁNCHEZ LARA, *La imagen de la mujer,* p. 31.

67 GUERRERO LARA, *El "deber ser" femenino,* p. 72.

68 CEBALLOS SANDOVAL, *La representación de la mujer,* p. 81.

69 GUERRERO LARA, *El "deber ser" femenino,* p. 80.

70 CEBALLOS SANDOVAL, *La representación de la mujer,* p. 81.

71 GUERRERO LARA, *El "deber ser" femenino,* p. 112.

72 GUERRERO LARA, *El "deber ser" femenino,* p. 114.

73 SÁNCHEZ LARA, *La imagen de la mujer,* pp. 42-44.

74 SÁNCHEZ LARA, *La imagen de la mujer,* p. 45.

75 SÁNCHEZ LARA, *La imagen de la mujer,* p. 32.

76 GUERRERO LARA, *El "deber ser" femenino,* p. 3.

77 GUERRERO LARA, *El "deber ser" femenino,* p. 87.

78 GUERRERO LARA, *El "deber ser" femenino,* pp. 19-20.

79 CAMPOS GARCÍA, *La Siempreviva,* p. 28.

80 RAMOS ESCANDÓN, "Señoritas porfirianas", p. 150.

81 VAUGHAN, "Women, Class and Education in Mexico", pp. 63 – 80.

82 RAMOS ESCANDÓN, "Señoritas porfirianas", p. 152.

83 RAMOS ESCANDÓN, "Señoritas porfirianas", p. 158.

84 SÁNCHEZ LARA, *La imagen de la Mujer,* p. 37.

85 URZAIZ, "Historia del dibujo, la pintura y la escultura", p, 646.

86 HIGONNET, "Las mujeres y las imágenes", pp. 302-305.

87 HIGONNET, "Las mujeres y las imágenes. Apariencia, tiempo libre y subsistencia", p. 305.

88 Carta de Carmela Duarte dirigida a Joaquín Baranda, ministro de Gracia y Justicia en México, Roma, 26 de enero de 1894, AGN, *Instrucción Pública y Bellas Artes,* Núm. 13, Foja 23.

89 BARCELO QUINTAL, *Cultura y vida cotidiana,* p. 36.

90 DUARTE GARCÍA, *Diario de Viaje.* 1890, p. 9 Fue el 4 de julio de 1890 el día que Carmela escribió este pasaje, ella se encontraba visitando la ciudad de Nueva York, día en el que se celebra la Independencia de los Estados Unidos, un día especial al escribir "la independencia es lo más grande que puede tener el hombre".

91 CAMARGO SOSA, *Crescencio Carrillo y Ancona,* p. 345.

92 BALLART, *El patrimonio histórico,* pp. 193-222.

93 MORALES MORENO, Orígenes de la museología mexicana, pp. 36-40.

94 BALLART, *El patrimonio histórico,* pp. 215-219.

95 CAMARGO SOSA, *Crescencio Carrillo y Ancona,* p. 326.

96 Para saber más sobre este tema, consultar a RÍOS MENESES, Beatriz. "Breve historia de los orígenes de los museos de los estados de Yucatán y Campeche". Mérida: Ed. Universidad de Yucatán. 1977. En sobretiro de *La Revista de la Universidad de Yucatán,* Núm. 113 (septiembre octubre 1977).

97 Como prueba de esta apoyo que recibió Carmela Duarte, se encuentra una carta dirigida a Joaquín Baranda fechada el 26 de enero de 1894, donde dijo "Mi hermano Anselmo que es tan bueno y tan entusiasta por las cosas que puedan dar honor a Yucatán, en todas sus cartas me alienta a estudiar con ardor, haciéndome mil proyectos".

98 AGN, *Instrucciones gubernamentales,* caja5, exp 45, f. 9.

99 PERROT, "Salir" , p. 351.

100 Carlos A. Lera fungía como Encargado de Negocios de México en Italia.

101 AGN, *Instrucción Pública y Bellas Artes,* Caja 5, Exp 45, Foja 9.

102 FREIXA, *París, la capital del arte moderno,* p. 1.

103 Juan Gamboa (1853-1892) considerado el pintor yucateco más importe del siglo XIX. Para saber más, consultar el libro de Eduardo TELLO, *Juan Gamboa Guzmán,* Mérida, Universidad Autónoma de Yucatán, 2002.

104 SAZATORNIL, *El arte español entre Roma y París,* pp. 129-131.

105 RUZ, *Crescencio Carrillo y Ancona,* p. 247.

106 RUZ, *Crescencio Carrillo y Ancona,* pp. 76-95.

107 DUARTE GARCÍA, *Diario de Viaje,* p. 4.

108 DUARTE GARCÍA, *Diario de Viaje,* p. 9.

109 DUARTE GARCÍA, *Diario de Viaje,* p. 11.

110 DUARTE GARCÍA, *Diario de Viaje,* p. 12.

111 DUARTE GARCÍA, *Diario de Viaje,* p. 15.

112 DUARTE GARCÍA, *Diario de Viaje,* p. 14.

113 Carmela escribía constantemente a su madre y hermanas quienes se habían quedado en Yucatán.

114 DUARTE GARCÍA, *Diario de Viaje,* pp. 12-38.

115 DUARTE GARCÍA, *Diario de Viaje,* p. 38.

116 Carta firmada por Porfirio Díaz en la que se nombra Cónsul de México a Angelini, a partir del día 6 de febrero de 1887 y hasta su muerte el día 2 de marzo de 1911. AGESRE, L-E-1261.

117 RUZ, *Crescencio Carrillo y Ancona,* pp. 76-95.

118 AGESRE, L-E-1261, f. 2.

119 Pintor heredero y seguidor del movimiento y estilo prerrafaelista. Para conocer más sobre este movimiento se puede consultar el libro de STANLEY Allen; NEWALL Christopher. *Prerrafaelitas: la visión de la naturaleza.* Madrid: Fundación "la Caixa". 2004.

120 Academia fundada en el año de 1593, cuyo objetivo era elevar el trabajo del artista más que visto como un simple artesano. Dedicada al evangelista San Lucas, como protector de los pintores, debido a que según la leyenda fue San Lucas el primer autor del retrato de la Virgen María. Página web oficial http://www.accademiasanluca.eu/it consultada 4 de noviembre de 2013.

121 SILVESTRI, "Cesare Mariani" , Vol. 70

122 FREIXA, *París: la capital del arte moderno,* p.1.

123 AGESRE, 1-16-37, (I-IV).

124 RUZ, *Crescencio Carrillo y Ancona,* p. 152.

125 AGN, *Instrucción Pública y Bellas Artes,* Caja 13, Exp. 58, Foja 3.

126 Esta cantidad no subsidiaba completamente la estancia de Carmela en Roma, debido a que sus hermanos proporcionaban otra cantidad que lograba sostener sus estudios. RUZ, *Crescencio Carrillo y Ancona,* p. 152

127 AGN, *Instrucción Pública y Bellas Artes,* Caja 13, Exp. 58, Foja 5.

128 AGN, *Instrucción Pública y Bellas Artes,*Caja 13, Exp. 58, Foja 6.

129 AGN, *Instrucción Pública y Bellas Artes,* Caja 5, Exp. 45, Foja 3.

130 AGN, *Instrucción Pública y Bellas Artes,*Caja 5, Exp. 45, Fojas 4-6.

131 AGN, *Instrucción Pública y Bellas Artes,* Caja 5, Exp. 45, Foja 8.

132 Carlos Dolci (1616-1686). Pintor italiano del Barroco.

133 Galería Corsini, ubicada en la ciudad de Roma, misma que hasta el día de hoy sigue funcionando.

134 Carta de Carmela Duarte dirigida a Joaquín Baranda, ministro de Gracia y Justicia en México, Roma, 26 de enero de 1894, AGN, *Instrucción Pública y Bellas Artes,* Núm. 13, Foja 23.

135 AGN, *Instrucción Pública y Bellas Artes,*. Caja 5, Exp. 45, Foja 12.

136 AGN, *Instrucción Pública y Bellas Artes,* Núm. 13, Foja 17.

137 AGN, *Instrucción Pública y Bellas Artes.* Caja 5, Exp. 45, Foja 15.

138 AGN, *Instrucción Pública y Bellas Artes,* Caja 5, Exp. 45, Foja 13.

139 AGN, *Instrucción Pública y Bellas Artes,* Caja 5, Exp. 45, Foja 15.

140 SMITH, *Anatomía, perspectiva y composición para el artista,* p. 70.

141 RUZ, *Crescencio Carrillo y Ancona,* p. 237.

142 TORRES LÓPEZ, *La mujer en la docencia y la práctica artística,* p. 108.

143 RUBIO PÉREZ, *Mujeres que rompieron el estereotipo: las pintoras,* p. 18.

144 Carta de Porfirio Díaz dirigida a Carmela Duarte. 9 de agosto de 1892. Archivo particular de la familia Zuckermann.

145 Estos cuadros fueron devueltos a Carmela, según consta en una carta de Carmelita Romero Rubio fechada el 1 de marzo de 1935, donde le decía que no era posible conservarlos, pues era imposible colocarlos en su casa que era muy pequeña. Archivo particular de la familia Zuckermann.

146 RUBIO PÉREZ, *Mujeres que rompieron el estereotipo: las pintoras,* p. 11.

147 RUZ, *Crescencio Carrillo y Ancona,* p. 247

148 El bodegón es una representación de objetos inanimados usualmente arreglados por el artista, también se le llama naturaleza muerta. GOMBRICH, *La historia del arte,* p. 401.

149 TORRES LÓPEZ, *La mujer en la docencia y la práctica artística,* p. 105.

150 TORRES LÓPEZ, *La mujer en la docencia y la práctica artística,* p. 107.

151 RUZ, *Crescencio Carrillo y Ancona,* p. 247.

152 Nacido en el año 1900 en la ciudad de Berlín. Graduado de la Universidad Nacional de México (UNM) como Doctor en Medicina en el año de 1924. Investigador en el sector de cáncer y director y cirujano de la Clínica Mexicana de Cirugía y Radioterapia en la campaña contra el cáncer en 1941. Autor de una decena de libros sobre el cáncer, premiado con la Medalla de oro de la UNM, Medalla Curie por sus trabajos en cáncer. Llegó a ocupar el puesto de Subsecretario de Salud durante la gestión presidencial del Lic. Miguel Alemán Velasco. Para mayor información, consultar AURELIANO, Ramón, *El inicio de una vocación Médica,* Revista BiCentenario, El ayer y hoy de México, número 24, 2014.

153 HELLER, *Women Artist,* pp. 73-111.

154 AGEY, *Fondo de Gobierno,* s/r, años 1890-1894.

155 RUZ, *Crescencio Carrillo y Ancona,* p. 247.

156 BFXCUIA, *Colección Porfirio Díaz,* 1897.

157 *El Eco del Comercio* (Diciembre 8 de 1896) p, 4.

158 MUÑOZ VEGA, *El Instituto Literario de Niñas,* pp. 12-27.

159 Academia de San Carlos, fundada en el año de 1781 por decreto Real del Rey Carlos III de España, con el propósito de mejorar la producción de monedas y contar con mejores arquitectos. Posteriormente se convierte en la academia a favor de las artes visuales como pintura y escultura, podríamos considerar el inicio de la historia del arte en México, en la segunda mitad del siglo XIX, para la época porfiriana la Academia de San Carlos contaba con un superávit gracias a la buena administración de Bernardo Couto, así el nombre de la Academia tuvo prestigio, tanto por su acervo cultural como el nivel académico con profesores europeos. Para saber más, consultar: BÁEZ MACÍAS, Eduardo, *Historia de la Escuela Nacional de Bellas Artes (antigua Academia de San Carlos), 1781-1910.* México, UNAM, 2009.

160 BFXCUIA, *Colección Porfirio Díaz,* 1897.

161 BFXCUIA, *Colección Porfirio Díaz,* 1897.

162 BAEZ MACÍAS, *Historia de la Escuela Nacional de Bellas Artes,* p. 48

163 Las lecciones en otros idiomas se pusieron de moda en los mejores círculos de la sociedad yucateca, así espontáneos profesores de lenguas surgieron entre los extranjeros, mismos que ofertaban sus servicios en los periódicos locales, esto debido a que familias pudientes decidieron establecer una segunda residencia en algunas de las ciudades del viejo continente, por los múltiples viajes y largos periodos de estudios en el extranjero por parte de la juventud yucateca.

164 *EL Eco del Comercio* # 2073, 1898.

165 Hemeroteca Nacional Digital de México, *The Mexican Herald,* (Agosto 19, 1898). www.hndm.unam.mx, consultado en octubre 13, 2015.

166 Entrevista en la casa de la señora Graciela Zuckermann Quintero, nieta de Carmela Duarte. Año. 2012.

167 SALAZAR, *Xenofobia y xenofilia,* p. 173.

168 SALAZAR, *Xenofobia y xenofilia,* pp. 233-236.

169 SALAZAR, *Xenofobia y xenofilia,* pp. 248-251.

170 BARCELÓ QUINTAL, *Cultura y vida cotidiana,* pp. 95-96.

171 SELVA SENOR, *El Azar y la necesidad,* pp. 2-4.

172 ARNAUD, "Contradicciones del Derecho", pp. 143-144.

173 AGN, *Instrucción Pública y Bellas Artes,* Caja 5, Exp. 45, Foja 15.

174 AGEY, *Fondo Registro Civil,* Serie Matrimonios, Sección Mérida, No. 19, Año 1898.

175 AHAY, *Matrimonios,* libro 19, 1869-1900.

176 BARCELÓ QUINTAL, *Cultura y vida cotidiana,* p. 100.

177 Alberto Zuckermann Handle nació en Hungría en 1867, bajo el gobierno del Imperio Austrohúngaro (1867-1918). Sin embargo se tenía como idioma oficial el alemán, lengua que hablaba Zuckermann por lo que popularmente en México la gente los veía como alemanes.

178 *Eco del Comercio,* "Una boda", (13 de diciembre de 1898), p. 3.

179 Archivo particular de la familia Zuckermann. Tarjeta Postal con la foto de los esposos Zuckermann.

180 BARCELÓ QUINTAL, *Cultura y vida cotidiana,* p. 101.

181 Carta de Carmela dirigida a José López Portillo y Rojas, 21 de febrero de 1914 en Tapachula, AGESRE, 1-16-37 (I-IV), 1907-1928.

182 Ignacio Mariscal Fagoaga, Secretario de Relaciones Exteriores de México de 1885 - 1910

183 Archivo particular familia Zuckermann. Nombramiento como cónsul. 1908.

184 Carta enviada por Alberto Zuckermann a Aarón Sáenz, el 17 de enero de 1922. AGESRE, 1-16-37.

185 AGESRE, 1-16-37 (I-IV), 1907-1928.

186 Archivo particular familia Zuckermann. Tarjeta de bautizo de Alberto Teodoro Leopoldo Zuckermann Duarte.

187 BARCELÓ QUINTAL, *Cultura y vida cotidiana,* p. 104.

188 AURELIANO, *El inicio de una vocación Médica,* p. 88.

189 BARCELÓ QUINTAL, *Cultura y vida cotidiana,* p. 105.

190 BARCELÓ QUINTAL, *Cultura y vida cotidiana,* p. 179.

191 Conrado Zuckermann, a los 12 años de edad escribió el libro titulado *Guatemala en la presente y en el recuerdo* libro reeditado en México en 1962 por Imprenta Casas. En edad adulta llegó a ser doctor con especialidad en cancerología, dejando una larga lista de bibliografía escrita por él. Miguel Alemán durante su presidencia, lo nombró primer director co-fundador del Instituto Nacional de Cancerología en la ciudad de México, y en la época del presidente López Mateos fue nombrado subsecretario de Asistencia, quien en el año de 1962 llegó a Mérida a donar 6,000 pesos al Centro Anticanceroso de esta ciudad. *Diario de Yucatán,* viernes 2 de febrero de 1962, p. 1.

192 DUARTE GARCÍA, *Tratado de Moral,* p. 71.

193 AGESRE, 1-16-37 (I-IV), 1907-1928.

194 El Vicepresidente, licenciado José Ma. Pino Suárez. Este Ejército sabía que la contienda prometía ser larga y dispareja, se ha iba a luchar contra un ejército disciplinado, fuerte y bien armado, contra un ejército profesional, ya numeroso desde el principio de la Campaña y acrecentado

mucho más por Huerta, militar hábil y experimentado; contra las clases pudientes del país, conservadoras y contra todo un sistema perfectamente coherente y afín al usurpador. A favor de los constitucionalistas oraba la buena calidad de los componentes del nuevo ejército, hombres libres, jóvenes y entusiastas; fuerzas auxiliares o irregulares ya fogueados; hombre de campo y mineros; así como el contar con la simpatía de "los de abajo", de los proletarios. Soldados improvisados del pueblo, contra militares profesionales y encastados, pobres contra ricos. URQUIZO, *Origen del Ejército Constitucionalista,* México, INEHRM, 2013. pp. 13-19.

195 Santiago Tulyehualco, es un poblado ubicado al sur de la ciudad de México.

196 AHMSDM, *Infantería,* caja 134, Foja 17.

197 URQUIZO, *Origen del Ejército Constitucionalista,* p. 27.

198 MATÍAS LÓPEZ, *¿Puede hablarse realmente de la escritura femenina?,* p. 5.

199 CAMPOS GARCÍA, *La Siempreviva,* p. 17.

200 ZEA, *El positivismo en México,* pp. 126-129.

201 LÓPEZ RAMÍREZ, "Lo femenino en Julia", p. 65.

202 "novelitas" fue el nombre que recibió en el siglo XIX, para nombrar la novela corta mexicana. Fue un género bastante prolífico y principalmente lectura preferida de la mujer decimonónica. LÓPEZ RAMÍREZ, "Lo femenino en Julia", p. 67.

203 LÓPEZ RAMÍREZ, "Lo femenino en Julia", p. 69.

204 FERRÚS ANTÓN, *Mujer y literatura de viajes en el siglo XIX,* p. 19.

205 KOLONITZ, *Un viaje a México en 1864.*

206 GUARDIA, *Literatura y escritura femenina,* p. 5.

207 INFANTE VARGAS, "Del "diario" personal al Diario de México", p. 299

208 LEIRANA ALCOCER, "En torno a la escritora", p. 205

209 INFANTE VARGAS, "Del "diario" personal al Diario de México", p. 296.

210 INFANTE VARGAS, "Del "diario" personal al Diario de México", p.. 297.

211 DONJUAN ESPINOZA, *La correspondencia privada de los Elías González,* p. 2.

212 Carta de Carmela Duarte dirigida a Joaquín Baranda, 26 de enero de 1894. AGN, *Instrucción Pública y Bellas Artes,* Núm. 13, Foja 23.

213 Carta de Carmela Duarte dirigida a Joaquín Baranda, 26 de enero de 1894. AGN, *Instrucción Pública y Bellas Artes,* Núm. 13, Foja 23.

214 Carta dirigida a Francisco I. Madero, 7 de marzo de 1912. AGESRE, 1-16-37 (I-IV), 1907-1928.

215 Carta dirigida a Aarón Sáenz, 9 de abril de 1926. AGESRE, 1-16-37 (I-IV), 1907-1928.

216 Carta dirigida a José López-Portillo Rojas, 21 de febrero de 1914. AGESRE, 1-16-37 (I-IV), 1907-1928.

217 Carta dirigida a José López-Portillo Rojas, 21 de febrero de 1914. AGESRE, 1-16-37 (I-IV), 1907-1928.

218 DUARTE GARCÍA, *Diario de Viaje,* pp. 8-30.

219DUARTE GARCÍA, *Diario de Viaje,* p. 32.

220 DUARTE GARCÍA, *Diario de Viaje,* p. 35

221 DUARTE GARCÍA, *Diario de Viaje,* p. 33.

222 DUARTE GARCÍA, *Diario de viaje,* p. 9.

223 MIRANDA OJEDA, *Los manuales de buenas costumbres,* p. 134.

224 MIRANDA OJEDA, *Los manuales de buenas costumbres,* pp. 131-155.

225 MIRANDA OJEDA, *Los manuales de buenas costumbres,* pp. 131-155.

226 MIRANDA OJEDA, *Los manuales de buenas costumbres,* p. 132.

227 MIRANDA OJEDA, *Los manuales de buenas costumbres,* pp. 131-151.

228 Para saber más sobre el doctor Vado, se recomienda revisar el libro de EROSA BARBACHANO, Arturo. *Vida y obra de Ignacio Vado.* Mérida: UADY. 1995.

229 VADO, *Higiene y Salud razonadas,* pp. 1-2.

230 VADO, *Higiene y Salud razonadas,* pp. 1-2.

231 CASTILLO, *Principios de urbanidad,* pp. 1-64.

232 PAVÍA, *Tratado elemental de Moral,* pp. 1-31.

233 MIRANDA OJEDA, *Los manuales de buenas costumbres,* p. 148.

234 COLLADO HERRERA, "El espejo de la élite social", p. 90.

235 MIRANDA OJEDA, *Los manuales de buenas costumbres,* pp. 131-155.

236 DUARTE GARCÍA, *Tratado de Moral,* p. 1.

237 DUARTE GARCÍA, *Tratado de Moral,* p. 1.

238 BARCELÓ QUINTAL, *Cultura y vida cotidiana,* p. 243.

239 BARCELÓ QUINTAL, *Cultura y vida cotidiana,* p. 243.

240 DUARTE GARCÍA, *Tratado de Moral,* p. 3.

241 STAFF, *Mujeres que dejaron huella,* p. 145.

242 DUARTE GARCÍA, *Tratado de Moral,* pp. 2-4.

243 DUARTE GARCÍA, *Tratado de Moral,* p. 10

244 DUARTE GARCÍA, *Tratado de Moral,* pp. 23-26

245 DUARTE GARCÍA, *Tratado de Moral,* pp. 27-28.

246 DUARTE GARCÍA, *Tratado de Moral,* p. 10.

247 DUARTE GARCÍA, *Tratado de Moral,* p. 9.

248 CASAS GARCÍA, *Educación moral y cívica,* p. 20.

249 DUARTE GARCÍA, *Tratado de Moral,* pp. 47-48.

250 DUARTE GARCÍA, *Tratado de Moral,* pp. 23-24.

251 Expresión que utiliza Carmela para referirse a un hombre de negocios.

252 DUARTE GARCÍA, *Tratado de Moral,* p. 5.

253 DUARTE GARCÍA, *Tratado de Moral,* p. 29.

254 DUARTE GARCÍA, *Tratado de Moral,* pp. 35-37.

255 DUARTE GARCÍA, *Tratado de Moral,* pp. 40-41.

256 DUARTE GARCÍA, *Tratado de Moral,* pp. 42-43.

257 VIZCAYA CANALES, *Historia Mundial Contemporánea,* p. 22-50

258 Organismo internacional con sede en La Haya, Países Bajos, cuya finalidad consiste en la resolución de controversias internacionales mediante una jurisdicción arbitral que facilite a los Estados un recurso de arbitraje. CASTILLO ARGAÑARÁS, Luis F., *La Corte Permanente de Arbitraje de la Haya, la solución de controversias espaciales y su impacto en la sociedad internacional,* Argentina, Universidad de Argentina de la Empresa, Revista Mural Internacional, Año IV, No. 1, Junio 2013.

259 DUARTE GARCÍA, *Tratado de Moral,* pp. 44-45.

260 Entrevista en la casa de la señora Graciela Zuckermann Quintero, nieta de Carmela Duarte. Año. 2012.

261 Enciclopedia británica, consultada 29 de octubre de 2016, http://global.britannica.com/biography/Silvio-Pellico

262 ZOLA, *Yo acuso,* p. 11-15.

263 DUARTE GARCÍA, *Tratado de Moral,* p. 45.

264 DUARTE GARCÍA, *Tratado de Moral,* pp. 20-21.
265 DUARTE GARCÍA, *Tratado de Moral,* p. 34.
266 DE LUIS, *Poesía religiosa, antología,* p. 119.
267 DUARTE GARCÍA, *Tratado de Moral,* p. 34.
268 DUARTE GARCÍA, *Poemario,* pp. 36-38.
269 GARCIADIEGO, KUNTZ FICKER, "La Revolución mexicana", pp. 547-553
270 VILLANUEVA, *Tres poetas de posguerra,* p. 57.
271 VILLANUEVA, *Tres poetas de posguerra,* p. 58.
272 DUARTE GARCÍA, *Poemario,* p. 1
273 CUMBERLAND, *La Revolución Mexicana,* pp. 121-122.
274 DUARTE GARCÍA, *Poemario,* p. 3
275 ELIOT, *Sobre poesía y poetas,* p. 15.
276 GARCIADIEGO, KUNTZ FICKER, "La Revolución mexicana", p. 556.
277 DUARTE GARCÍA, *Poemario,* pp. 8-9.
278 ZÁRATE TOSCANO, "El amor a la patria", p. 403.
279 CAMINERO, *Poesía española siglo XX,* pp. 39-41.
280 DUARTE GARCÍA, *Poemario,* pp. 46-50.
281 DUARTE GARCÍA, *Poemario,* p. 62.
282 DE LUIS, *Poesía religiosa,* pp. 7-8.
283 DUARTE GARCÍA, *Poemario,* pp. 17-20.
284 DUARTE GARCÍA, *Poemario,* pp. 45-46.
285 AGESRE, 1-16-37 (I-IV)
286 DUARTE GARCÍA, *Poemario,* pp. 13-14.
287 DUARTE GARCÍA, *Poemario,* pp. 36-38.
288 CAMINERO, *Poesía española siglo XX,* p. 42.
289 ZÁRATE TOSCANO, "El amor a la patria", p. 382.

Anexos

Anexo I
Cronología de la vida de Carmela Duarte García

1866	?	Nacimiento de Carmela Duarte y García en la ciudad de Mérida, Yucatán.
1867	Mayo	Bautizo de Carmela
1879	Abril	Muerte de su padre don Anselmo Duarte de la Ruela
1890	Junio	Viaje a Roma para realizar sus estudios de pintura
1895	?	Regreso a Mérida de Roma
1898	Diciembre	Contrae matrimonio con Alberto Zuckermann Handle
1899	Septiembre	Vida matrimonial en Berlín y nacimiento de su primer hijo
1901	?	Regreso a Mérida de Berlín
1908	Junio	Residencia en Texas por asignación de cargo diplomático al señor Zuckermann en Galveston
1909	Marzo	Residencia en Guatemala por asignación cargo diplomático al señor Zuckermann en Retalhuleu
1913	?	Carmela escribe su "Tratado de Moral"
1914	Febrero	Residencia en el Distrito Federal
1914	Marzo	Carmela inicia su "Poemario"
1916	Junio	Muerte de su hijo Alberto Zuckermann Duarte
1922	Junio	Residencia en China por asignación, cargo diplomático al señor Zuckermann en Hong Kong
1924	Octubre	Regreso a la ciudad de México de la fam. Zuckermann Duarte
1930	?	Carmela vuelve a tomar los pinceles
1940	Enero	Muerte de Carmela Duarte por una insuficiencia cardiaca

Muestra de la evolución artística en la obra pictórica de Carmela Duarte García

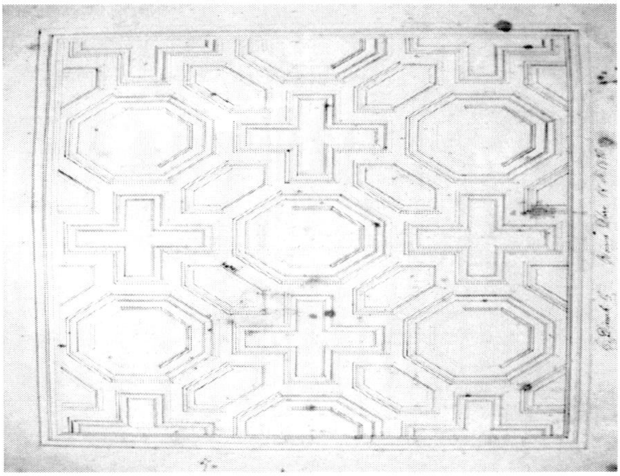

Carmela Duarte, *Ejercicio cruz-octágonos.* Lápiz sobre papel, 24.3 x 30.5 cm, Roma, 1890. Colección privada Carmela López Zuckermann 1894.

Carmela Duarte, *Academia masculina.* Lápiz sobre papel, 51 x 34 cm, Roma, 26 de octubre de 1891. Colección privada Carmen Zuckermann Quintero.

Carmela Duarte, *Academia femenina.* Lápiz sobre papel, 51 x 34 cm, Roma, 30 de Junio de 1891. Colección privada Carmen Zuckermann Quintero.

Carmela Duarte, *Autorretrato.* Óleo sobre tela, 52 x 34 cm, Roma 1892. Colección privada Carmen Zuckermann Quintero.

Carmela Duarte, *Don Anselmo Duarte.* Óleo sobre tela, 226 x 128 cm, Roma, 1894. Colección privada Eduardo Tapia Zuckermann.

Anexo III
Transcripción del manuscrito "Tratado de moral" de Carmela Duarte García

1. Moral
2. Ídem
3. Respeto y amor a los padres
4. Falsa educación
5. Dignidad de acción
6. Instrucción y educación
7. Recreo y trabajo
8. Orden en el trabajo
9. Franqueza y sinceridad
10. Sangre fría en los peligros
12. No matarás
13. Instinto y raciocinio
14. Amor a la naturaleza
15. La embriaguez
16. Avaricia
17. Caridad, altruismo
18. Sufrimiento
19. Preocupación
20. Suicidio
21. Desgracia
22. Resignación
23. Hipocresía
24. Del orgullo y vanidad
25. Ley moral
26. Instrucción cívica
27. Sentimientos cívicos
28. Aspecto necesario decente
29. Libertad
30. Igualdad

31. Fraternidad
32. Predominio
33. Desprecio censurable
34. Lo que causan las guerras
35. Amor patrio
36. Miedo, temor
37. Vacuna

Moral e instrucción cívica

Prólogo

Si antiguamente para enseñar la moral y la instrucción cívica bastaron libros escritos de cuentecillos y ejemplos de personajes históricos que legaron sus nombres con hazañas heroicas, hechos y recuerdos imperecederos científicos y arte, etc., etc., hoy el siglo 20, en que los niños, abiertas sus inteligencias a todo lo susceptible, al progreso y aún a todo lo humanamente posible a su alcance material, necesitan algo en que puedan conjeturar discernir o pensar y aún discutir.

La enseñanza cinematográfica ha procurado a la vez de conocimientos palpantes en realidad, ideas demasiado libres. Y los niños hablan y ejecutan actos que no estando a propósito para su edad los precipitan y enferman, por lo tanto, sólo el sentimiento moral, puede poner una valla, un término o liga voluntaria.

Es ya necesario hacer pensar y que las inteligencias superiores, en un texto de Moral encuentren realidad.

Si mi libro carece de elegancia o de fluidez, yo no pretendo hablar florido ni buscar palabras nuevas; por el contrario deseo ser comprendido de los más torpes y superado por los inteligentes en pensamiento y que el sentido civilizador sea la recompensa a sus débiles esfuerzos por el bien de la juventud y de la patria.

El resultado del bien, no puede ser el mal, y mientras la luz es fuerte, la sombra aumenta en densidad, por eso si el conocimiento de todas las acciones es progreso y la luz de la inteligencia debería dar el resultado de detestar el mal, amando el bien. La moral es la liga voluntaria que nos sirve de defensa en todos los actos de la vida: pero la moral más que con palabras se enseña con el ejemplo, por eso en un tratado de Moral, precisa ser un poco material haciendo o procurando separar la luz de la sombra y la virtud del vicio.
El autor.

Parte 1° Moral

¿Cuál es el objeto de la moral y para qué sirve y en qué consiste?
La moral es el cultivo de la inteligencia, conduciendo los sentimientos a un estado de bien fructífero para la patria, la familia y la sociedad.

Todos tenemos inclinaciones más o menos buenas o malas; el propio instinto nos dice la diferencia del bien y del mal; pero es la moral quien nos enseña a amar la virtud y procurar repararnos del vicio.

La moral nos hace sentir la necesidad de sobreponernos a las pasiones; es esa liga voluntaria que nos detiene ante la consumación de hechos que contrarios a la decencia, a la reputación y a la patria, luego serían bochornosos aún para nosotros.

El sentimiento moral es la obligación útil que recae directamente sobre quien la practica y forma la base de todo lo bueno, noble, útil y grandioso, que beneficiándonos se extiende a nuestros semejantes.

La moral es el sentimiento religioso, en todas las religiones.
La moral forma la razón sana y el criterio justo.

Entran en el sentido moralizador todos los sentimientos perfectos, los actos heroicos y los esfuerzos encaminados noblemente al bien, engrandecimiento y defensa de la patria.

La enseñanza de la moral no es técnica; es metafísica, algo pedagógica y más que intelectual, material: mucho más se enseña con el ejemplo que con la palabra.

La honradez es uno de los frutos más sabrosos de la moral; quien arregla sus acciones y ordena sus pensamientos se encuentra al abrigo de los sobresaltos

El sufrimiento tan frecuente en la vida humana, es menos intenso para quien viviendo moralmente, precave y espera.

La muerte para quien ha vivido moral y virtuosamente, si no deja de ser dolorosa por la separación de los seres queridos aquí en la tierra, pero no espanta, como al que sabe que deja una estela repugnante, un ejemplo pésimo a sus hijos y una memoria sucia en sus conocidos. Aunque ante un cadáver todos callan, pero el recuerdo no se borra y la herencia de la inmoralidad es en general mayor y más duradera que la del dinero. El que se despoja voluntariamente de los nobles atributos del espíritu, olvidándose del respeto que a sí mismo se debe ¿por qué esperar y querer que otros lo respeten?

En la moralidad entran el dominio de los afectos; quien sabe dominarse, sabe ser cortés aún con sus enemigos y sabe pensar, meditar y calcular el resultado de sus acciones.

La limpieza del alma va unida a la verdadera limpieza del cuerpo: pueden vestirse las más ricas telas, habitarse los más lujosos palacios, pero si falta la moral, no basta el oro con toda su opulencia para vedarse en las conciencias libres, en las almas sensatas, el sentimiento de repulsión y ese cuchicheo o crítica aun en los que atraídos por apariencias, sin embargo saben y callan aparentemente frustrándoles si ellos tienen la misma conducta, el que puedan encontrar lenitivo a sus conciencias, viendo el mal lucir y el bien sin recompensa, mas causándoles gusto la crítica que encuentran justa y merecida.

El que busca en el dinero, el lujo y el derroche, su satisfacción, es porque le falta en su hogar la satisfacción verdadera.

Capítulo 2 Continuación del anterior

El hombre moral es paciente, todo lo ve venir con la naturalidad de cosas pasajeras en la vida; su carácter se forma independiente, sus faenas cotidianas, sus naturales ambiciones por el adelanto de sus hijos o intereses propios está en orden y vive tranquilo, cumpliendo con gusto cuanto se relacione a la Patria.

La falsa educación sin moral es cortesía más bien, cortesanía que da lugar a rivalidades prejuiciosas.

Dando la moral vida tranquila, es consiguiente la salud, porque quien se acostumbre a dominar las pasiones de la naturaleza bruta, llega uno más fácilmente a reprimir la ira, la ambición desordenada y la envidia: por el contrario quien da gusto y estímulo a sus sentidos, dejándose llevar del sensualismo, se embrutece y encuentra la moral risible, impasible, y hace mofa de los sentimientos nobles no pudiendo sentirlos de veras, no pudiendo gozar sino de lo material y de cuanto materialmente esté a su alcance y por cualquier medio que sea; así gasta su vida sin beneficio propio y menos de sus semejantes a quienes las más veces sirve de escándalo.

El hombre moral no busca para amigos a los que por títulos y dinero aparecen como principales; si por necesidad tiene que vivir o juntarse con ellos, no se cree obligado a interiorizarlos en su familia, gustándole mejor una amistad de personas verdaderamente honradas aunque pobres, que las llamadas de sociedad por el boato o apariencias, pero que se sostienen casualmente debido a la ligereza de su conducta, como fuegos fatuos que brillan mientras un por qué, los sostiene y se apagan luego, más oscuros que el humo que los henchió.

Capítulo 3 Respeto y amor a los padres

El amor a los que nos dieron el ser, es tan natural que forma rareza el que no lo siente.

Quien no siente amor a la que le nutrió y adurmió en su seno, no merece el nombre ¡hijo!

Quien no respeta y ama al que le dio el ser, es irracional es ¡monstruo!

Dios dijo en sus preceptos, "Ama y respeta a tus padres, si quieres vivir feliz sobre la tierra".

El Decálogo o Ley dada a Moisés en el Sinaí dice "Honra a tu padre y a tu madre" y allí se para; no dice o continua: si es bueno, no pone condición no admite duda.

El desventurado hijo que procede de padres criminales, ladrones o gente sin conciencia ni moral, no debe por eso injuriarlos y siguiendo su ejemplo deshonrarlos, por el contrario si su inteligencia le hace ver lo horrible de su suerte, debe esforzarse en contener el mal y dulcemente hablar, llevando la luz a las conciencias dormidas de sus desgraciados genitores, que, por más malos que sean encontrarán en la voz de su hijo, algo que representa en el fondo de sus almas: ¡cuántas veces por un hijo, el padre más empedernido se convierte!

Muchas veces he oído preguntar si un hijo está obligado a obedecer a su padre que le manda robar o matar. Desde el momento en que la duda le dice, en que la conciencia le grita un no, en que comprende que el mal debe recibir castigo y el bien premio, no debe juzgar la acción de otro y tomarse la justicia o más bien dicho la venganza, porque para esto existen las leyes; sino ver claro que se sumerge junto con su padre en el abismo del mal y que cayendo juntos ante la justicia de la ley, el castigo sería más fuerte, puesto que es el mal hereditario el criminalismo es una liga difícil de corregir: pero entonces dicen algunos ¿cómo puede honrarse al padre desobedeciéndolo? Desgraciadamente hay padres que viviendo en el horror del crimen enseñan a sus hijos desde pequeños a burlar a la policía, ofender la moral y no pensar, sino en adquirir dinero como el único móvil de todo lo bueno en el mundo; pero aún a los animales les es dado el instinto; viéndose al caballo alzar la pata por no herir a un niño, al león hambriento devolver un hijito a la madre, al perro no morder a quien le infiere daño; ¿cómo es posible dudar que el hombre, criatura racional por más que desgraciadamente se encuentre rodeada de ejemplos malos, pueda no comprender lo que es malo? ¿y entonces por qué teme y por qué ejecuta ocultándose? Luego sabe que hace mal, luego conoce el bien, y a todo el que conoce la diferencia del bien y el mal, le cabe la obligación de no ejecutar el mal. Al comprender que sus padres son ladrones o criminales, si le es imposible corregirlos, pero no debe ayudarlos, procurando él con su amor al trabajo proporcionarles lo que necesiten de sustento y buscándoles trabajo material en que se comprendan y sientan la vida contraria a la que da el vicio. El padre que se siente corregir, no con palabras sucias sino con persuasión y cariño, insensiblemente se avergüenza y retira del hijo, viéndolo como su ídolo de amor puro, su báculo en la vejez e insensiblemente, repito, ya no manda sino obedece.

Jamás un hijo debe delatar al padre; si para todos es un criminal, para él, es tan solo su padre y como no es juez, no tiene él, que marcar los actos de esa vida que le es querida. El hijo que al ver ajusticiar a su padre agrega datos afirmativos, merece recibir igual castigo. Existen mil maneras de dar a conocer que no se puede hablar, no se quiere hablar no se debe en conciencia hablar, contra los padres. El Juez que pregunta al hijo el crimen del padre, es un idiota.

Las Leyes aún prohíben que los hijos sean llamados de testigos.

Todos desde pequeños vamos comprendiendo lo bueno y lo malo, por lo tanto, si de niños es perdonable el que por miedo al palo, que es consecuente al mal padre que quiere ser obedecido sin tardanza; pero cuando libras, podemos ejecutar, comprendemos que la obediencia no es la criminalidad y que lejos de estar obligados a ejecutar criminales órdenes, debemos hacerlas fracasar; y aún más, las de inteligencia superior, teniendo la desgracia de nacer de padres malos, trabajar material y moralmente para conseguir el que dado el caso de castigo justo al criminal padre, por los méritos del hijo sea menos el rigor de la justicia.

Si a esto están obligados los desdichados hijos del mal, que responsabilidad no tienen los que nacidos de padres buenos, morales y decentes dan con su conducta infame dolor y muerte anticipada a los que los colman de atenciones, caricias, sustento y viven de la vida de los que forman su corazón.

No hay mal que pueda compararse a ¡la pérdida de un hijo! ¡un hijo malo atrae en una familia, la desgracia! Cuando un padre moral y cariñoso ve a su amado hijo descarriarse por malos amigos, por infames compañías ¡que dolor! ¡oh! El sufrimiento interno puede más que el material y el amor de los padres a los hijos es el único desinteresado; aun las fieras defienden a sus cachorros a costa de su vida!

Pueden existir quienes olviden el fruto de sus calaveradas, pero si de repente por algo que no se esperan reciben un bien de su desdichado hijo, tienen que sentir remordimiento y vergüenza.

Por eso Dios dio en el Decálogo el mandato sin duda alguna:

"¡ Honra a tu padre y a tu madre!"

Capítulo 4 Falsa educación

No hay padre que no quiera para su hijo una buena escuela.

En los colegios vemos centenares de niños de todas condiciones pero, las más veces sucede que el padre se contenta con pagar y el maestro con pasar las horas, y como existen en los colegios diferentes profesores, mucho es si los alumnos reciben diariamente algunas clases. Algunos maestros creen cumplido su deber hablando mucho y castigando más. Sucede en la generalidad que en las clases, el maestro se cansa y desalienta porque no todos atienden, y los más se divagan, buscando con qué jugar o inventando chistes, etc.

Para que una clase vaya en adelanto se necesita ante todo, que el maestro llame la atención, no con mucho hablar, sino con empeño de ser comprendido aún de los más torpes.

La misión del maestro es prodigar sus conocimientos y hacer amar la ciencia, por eso con tacto, con prudencia y procurando ponerse al alcance de los más tardíos, el interés se generaliza en la clase, pues nadie quiere ser tonto.

Existen maestros que pensando en las materias o tratados que ellos ya poseen y de las cuales se profundizan, hablan a los niños como si debieran ya entender, pasando de regla a regla añadiendo teoremas, buscando frases, y los alumnos apenas adivinan repitiendo como loros; pero mucho es, si alguno de precoz inteligencia, logra, esforzándose recoger algo que en su memoria, entendiéndolo.

El maestro entonces llama a los demás desaplicados, necios, etc. etc.

Si existen niños de inteligencia superior, el maestro está obligado a tener paciencia y procurar hacer preguntas a todos y hacerse comprender de todos; de este modo, asegurándose de los peores, claro es que obtendrá mayor comprensión de los mejores, y la clase unida e interesada, producirá resultados brillantes. Es costumbre entre los condiscípulos el ayudarse en voz baja en las respuestas que ignoran y de este modo evadir el castigo consiguiente; pero el maestro que demasiado comprende, quien piensa y quien repite pensamiento de otro, sin injuriar a ninguno puede separar al ignorante y repetir preguntas que den a conocer si en efecto fue olvido o es efecto de desaplicación y esfuerzos ajenos de compañerismo, la respuesta dada.

Jamás el maestro debería llamar a sus discípulos con nombres o palabras injuriosas, ni apodos.

La educación del maestro en el hablar, necesita ser correcta, puesto que el discípulo aprende y la enseña al transmitirse, en ella va mucho el estilo de la persona y así oíamos a los niños grandes decir al hermanito pequeño la lección con el consiguiente estilo aprendido del maestro. El maestro debe esmerarse en la buena elección voces y frases que en el lenguaje, dan a conocer a las personas cultas.

No puede negarse al maestro la estima o consideración para con los discípulos que procuran hacerle la tarea del magisterio menos pesante y aun grata; pero es de gravedad el que el favoritismo domine en el ánimo de los alumnos; desde el momento que se comprende que un niño es favorecido, ya por dinero, ya por pertenecer a una alta familia, etc., etc., los condiscípulos sienten herida su dignidad de estudiantes y el resultado es la pérdida de entusiasmo sabiendo que no es la aplicación la premiada, sino el favoritismo quien adjudica los premios y honores. Esta enseñanza tan dolorosa esta miseria de la vida práctica, se graba más en el corazón del estudiante, que la materia que estudia y le hace concebir sus primeros pensamientos de desconfianza; su conciencia le dice que el mundo está lleno de miserias, sus conocimientos y estudios lo hacen acreedor al premio, y ¡llora! ¡oh! Maestros qué queréis, gratitud sembrando dolo! Dejad el engaño y simulación para el hombre que maduro en la vida ya no llora, el corazón del niño aplicado, estudioso está fresco, está listo para recibir el bien y fortalecerse en lo noble; al recibir la primera herida, llora porque el llanto es un consuelo de la naturaleza a las almas sensibles.

El aprecio es muy diferente del favoritismo y puede y aún debe, hacerse notar como ejemplo al niño aplicado aunque éste sea hijo del mas infeliz zapatero: el buen ejemplo, debe, repito, hacerse notar a los condiscípulos pero con una cierta manera de no perjudicar con envidias, puesto que, es más fácil malear, que sanear.

Los padres de muchos niños, aún de gente decente, se figuran cumplido su deber, pagando la escuela a sus hijos; no se preocupan de las otras horas, no les importa ver a sus hijos por las calles, ni los reprenden ni importan las palabras sucias, dándole poquísima importancia a las acciones más indecentes.

Si del establecimiento de educación se les envía una queja, responden que puede el maestro castigarlos, que ellos se oponen a los azotes etc. etc.: si en los exámenes se les invita, pretextan estar sumamente ocupados y por esa misma razón los niños van solos o en compañía de otros amiguitos a las diversiones.

De este modo los niños crecen con esa falsa educación que al llegar a la edad de juventud los hace ocultar a sus padres sus inclinaciones, calaveradas, etc. y si por fortuna a su buen instinto llegan a elevarse y ocupar un puesto en la sociedad o adquirir un título, están muy lejos de sentir gratitud para sus padres y maestros.

Los que tienen amantes padres que de niños los cuidan y vigilan, luego de jóvenes se encuentran ligados por ese cariño que tienen que comprender y esa obediencia que les hace ser puntuales al cumplimiento de órdenes superiores. Los que encuentran es sus maestros empeño, afán y sinceridad, cultura y ejemplo, esos y solamente esos, son felices de recibir la verdadera educación; por eso, entre la gente sensata para la educación de los niños se oye hablar de permiso o licencia para horas fijas de salir a diversiones, de respeto y gratitud a los maestros, de nobleza en las acciones y de vergüenza en los actos de la vida.

La verdadera educación por lo tanto no consiste en asistir a la escuela, la educación puede aún encontrarse en el más pobrecito analfabeta, que teniendo amantes padres, le enseñan cuanto saben, educándole el corazón en las prácticas morales y en los trabajos materiales.

Dichosos los que unido todo, reciben instrucción y educación y saben aprovecharse para su bien y el engrandecimiento y gloria de su familia y de su patria.

Capítulo 5 Dignidad de acción

En el sentimiento de la moralidad se comprende la dignidad que se siente al ser responsable de nuestros actos.

La inteligencia necesita limpieza de alma y cuerpo para no degenerar en astucia.

En el mundo, desgraciadamente sucede que las apariencias engañan y las influencias triunfan: pero aunque la verdad retarde en ser reconocida vemos muchísimas veces que así como la luz penetra por la más insignificante rendija, las acciones ocultas se iluminan, y de pequeñas e insignificantes pasan a ser tremendas y de responsabilidad daño o perjuicio, sin son malas, o de mérito y gloria, si modestamente se sufrió perjuicio; al dominar la maldad.

La riqueza adquirida por medios ilegales, no puede dar paz interior, ni satisfacción completa, aún más, puede decirse, acorta la vida.

La riqueza vista de lejos atrae y cuando se posee malamente preocupa.

Es más fácil adquirir dinero, que conservarlo.

Es una hermosa virtud ser dignamente pobre y entre la gente pobre pero digna, nacen por lo general los talentos, los espíritus libres, las acciones generosas, los genios que superar a todo lo que el oro puede hacer brillar. Basta recorrer la historia y desde la antigua hasta la moderna, encontraremos que los grandes artistas, los filósofos, los inventores y los grandes patriotas no fueron nacidos en el Fausto, no conocieron de niños la pompa y al alcanzar renombre, éste les valió para ser solicitados de los poderosos en dineros.

Decid a un ciudadano digno "te pago si arrancas la bandera a nuestro enemigo" os volverá las espaldas; pero haced ver a ciudadanos honrados, que la bandera ha caído en manos enemigas y se necesita un patriota que le arranque. Habladles al espíritu, no a la materia y volarán llenos de valor, no importándoles la muerte! Porque el honor y la dignidad no se vende, porque lo inmaterial no tiene precio, esa alma que sentimos sin explicación, es susceptible a lo grandiosos, a lo bello a lo noble y no puede venderse sino cuando todo pudor, toda vergüenza estén totalmente depravados, que el ser humano pueda igualarse a la bestia!

La dignidad en el ejecutar acciones nobles no puede medirse comercialmente, por eso al recibir una ofensa, se siente fluir la sangre al corazón y el primer instinto de nuestra naturaleza material es ¡sangre! Hay ofensas que se dicen solamente lavables con sangre y el perdón es el colmo de la nobleza: pero el perdón en un alma sensata es emocionante; mientras que existen corazones tan duros, que el perdón excita el odio, en vez de gratitud sienten ofensa, humillación y acechan la oportunidad de la venganza.

El orgullo de las acciones nobles no es jactancioso, se goza interiormente, es el alma quien se siente feliz al recuerdo de acciones generosas, es el corazón quien late al sobreponernos y perdonar, los que estamos en el derecho de esperar satisfacción cumplida.

Hay heridas mortales en el cuerpo, que no penetran en el alma, antes por el contrario hacen vivir el alma.

El recibir una herida en honor de la patria, por más dolorosa que sea, aun perdiendo un miembro del cuerpo, se siente alegría: por eso vemos a los vencedores volver grandiosos del combate; una medalla, una cruz, un galón ¿cual es su valor material? Y sin embargo el militar más aguerrido casi llora al recibir por su valor una condecoración

El orgullo noble es como la medicina discreta, que fortalece cuerpo y alma.

Hacer el bien no sólo es útil a quien lo recibe, sino al ejecutante da satisfacción, da ánimo, da vida!

Las acciones sucias por el contrario, aunque se aparente una superioridad por título, por dinero, por prepotencia; pero, si se posee inteligencia y conciencia no pueden jamás dar vida, dar regocijo interior por el contrario quien ejecuta torcidamente aun busca precaver o prevenir algún riesgo embarazoso que pueda venirle y para esto enreda, revuelve y mete discordia.

Sólo las acciones limpias, las justas, y de nobleza, caridad, altruismo etc., dejan en el alma contento satisfacción y vida dulce.

Capítulo 6 Instrucción y educación

La instrucción y la educación son dos fuerzas que unidas dan el ser deseado en la familia la sociedad y la patria. Puede un individuo ser muy instruido, llegar a ser una notabilidad en arte, ciencia o invento notable y sin embargo falto de educación, falto de moral.

La apariencia del dinero, la esplendidez, harán acercarse a él amigos vividores, siendo éstos los primeros en publicar sus bastardas pasiones sus vicios y sus triunfos, pero a los que aman la reputación de sus familias y su nombre de ciudadanos honrados se les verá aplaudir el fruto de sus intelecto, pero huir a su contacto de hombre depravado.

Existen inteligencias superiores que sobresalen desde el colegio y llegan a profundizar y resaltar en la vida del mundo y aun ser, de gloria para la patria; pero, desgraciadamente adquirieron desde niños, hábitos inmorales que dan a su naturaleza enfermiza, índole de enemistad a la vida de familia, de limpieza y de actividad material; este modo de recluirse y originalizarse los hace ser como locos y formar los payasos de la verdadera ciencia, que debe ser limpia, abierta, sana y prodigiosa.
La sociedad, debe tener por fines, el entretenimiento y solaz necesario en la vida, para descanso de los trabajos intelectuales y materiales. Cada quien desde que nace, se ve rodeado de personas que por parentesco o amistad forman en primera sociedad: luego en la escuela, encuentra condiscípulos a quienes insensiblemente quieren y se juntan ya por semejanza de ideas o de carácter, de allí por lo general dependen las acciones que por sí solo comienza a ejecutar y el giro bueno o malo de su conducta.

Parece poca importancia el que jovencitos, fumen y hagan aceptar cigarrillos a los más pequeños: el fumar les parece que completa lo que ellos llaman ser hombres; con el humo del cigarrillo crecen y hacen alarde de conquistas amorosas, se envalentonan de saber y poder analizar la vida, y, en su grandiosidad falta de madurez o sensatez (que sólo es fruto de años y cordura), relatan barbaridades, destrozan sin conciencia ni reflexión la honra ajena y hacen picadillo de la señorita, que tienen la desgracia de serles conocidas.

En las huelgas que en general procuran los desaplicados, se atreven en sus llamados bandos y con la cara cubierta por careta, a referirse a hechos vergonzosos: gracias a su careta les es posible la osadía, desvergüenza, figurándose todo posible, no respetando ni a las autoridades, y haciendo de la palabra: Huelga, que es recreación que ordinariamente se tiene en el campo o en algún sitio ameno o espacio, tiempo, mejor dicho que media en estar sin trabajar, y que por ahora han cogido como moda, revuelta o rebelión contra los amos de fábricas, etc., los trabajadores que exigen aumento de sueldo: pero de verdadera desmoralización para jóvenes que gratuitamente reciben ilustración, ciencia, educación en institutos sostenidos por el Gobierno que se interesa por la cultura, el orden y el bien.

¿Qué diferencia existe entre el hijo de familia decente, que a manera de conquistador despedaza honras, se burla o ataca a las autoridades, desconoce leyes y no respeta nada, y el gamín de la calle que a la primera palabra, usa una interjección contra el más santo de los nombres, cual es el de Madre? Tan sólo el sentimiento moral puede poner un freno a estos desmanes; pensad jóvenes que para vosotros es el mal que se desprende de actos indecorosos, la lengua viperina es espada de dos filos y esgrimiéndola, corta la reputación de decentes. Si os da asco el oír por la calle insultos a las madres, pensad que la vuestra es superior a todo ultraje, pensad que infelices desgraciados hijos de la miseria y el mal, que no oyen en sus casas mas que palabrotas sucias, que no ven mas que ejemplos de degradación ¿qué cosa pueden saber hablar, que de fino y delicado en sus pensamientos y acciones y cuál puede ser su lenguaje? por lo tanto precisa no ofender la cultura no desbaratar la intención y esfuerzo de vuestros

padres maestros y gobierno, con acciones indecorosas y faltas de civismo: todo es posible, todo puede conseguirse con estilo con decencia; la palabra y la acción deben medirse al grado de educación moral y cultura que os pertenezca.

Capítulo 7° Recreo y trabajo

El trabajo recrea el alma y da animación y patriotismo.

Todos los que con el fruto de su trabajo llegan a formarse un capitalito, a comprar su casita y en ella proporcionarse comodidades y tener a su familia reunida, aun trabajando, pero pacífica y honradamente, han alcanzado la decantada felicidad. La felicidad es, a no dudarlo, el contentamiento y satisfacción de una vida sin agitaciones temores e intranquilidad; pero se turba esa felicidad con ambiciones y con disgustos que por lo general dependen de actos violentos. El que tiene ya un poco, quiere más, y el potente, el rico, también quiere más, y estando a su alcance el poder invertir su dinero, no busca lo natural sino lo extra para duplicarlo: de allí dependen sus temores, sus fatigas, etc. Otros quieren aparentar y ser los primeros, de allí los sufrimientos las contrariedades, los celos y las desgracias.

No hay cosa que nos enseñe más claramente a buscar nuestra felicidad en el goce de lo que buenamente tenemos y somos, que el oír la conversación de los ancianos ¡con qué entusiasmo recuerdan las épocas de su vida en que gozaron por esto y aquello, fueron felices lo saben al presente; más, todo eso pasó y pasó su vida!

Es que la felicidad se comprende cuando se pierde, es que la vida se pasa más rápida que la ambición y el deseo, es que al pie del sepulcro se vive cuando en efecto ya se muere, por eso, debemos saber, que la felicidad es, y solamente la da la conciencia limpia, el trabajo honrado la poca preocupación de apariencias, el contento la resignación en las penas de muerte que no nos son posibles evitar: en fin, la felicidad no está en el aire sino en nosotros mismos y podemos gozarla o perderla a medida de nuestra voluntad, para apartarnos del vicio.

Buscarse intrigas, prepararse temores, ocultar las acciones es fruto de perversidad.

El que vaga por las calles acompañado de gentes livianas, no puede dar resultado que terminar en las cárceles, los desocupados empiezan por divertirse o alegrarse con una copa de licor, como el licor es incitante de una copa sigue otra y otra, luego en carruaje a recorrer las cantinas, por último las garitas y a jugar; siguiéndose por consiguiente placeres insensatos, si por desgracia no faltan puñaladas y el desenlace de años de cárcel por un infeliz rato de parranda, pero mejor pensado por resultado de la holgazanería o haraganería o aversión al trabajo.

Por el contrario, el que busca en el trabajo distracción, ya sea intelectual o materialmente, siempre se encuentra ocupado, sus horas pasan veloces y no siente largo el día; la inteligencia se perfecciona y como los adelantos son inacabables siempre encuentra algo nuevo que le atrae: si es trabajo intelectual, los libros son los mejores amigos, y si el trabajo es material la satisfacción invade aun los poros respiratorios al conseguir una obra maestra al ver un objeto sólido de nuestras manos y poder superar a otros que son de renombre para otras naciones.

Sabemos que lo perfecto lo artístico forma aun gloria, patria y el trabajador que oye elevarse en obra y llegar a las alturas del divino arte, se siente fuerte, grande, contento.

Voy a relatar un hecho verdadero.

Un escultor Guatemalteco pobre y honrado, fue invitado a una reunión de esas que se hacen el mes de diciembre, en honor al niño Dios. El dueño de la casa, hombre rico y echador gastaba un dineral y en el altar del santo niño que lucía innumerables juguetes, estaba un precioso niño Dios. Uno de los concurrentes observó la delicadeza de esa escultura y la perfección de sus líneas y dijo "jamás he visto una imagen más perfecta del niño Dios" En efecto, dice el dueño, por eso me costó tanto, lo traje de Italia y dicen fue obra de Miguel Ángel o Rafael, en fin de esos tan ponderados; pero lo que sí puedo asegurar es que perteneció a la Iglesia de Araceli en Roma, que es donde hasta hoy día se pone el pesebre o nacimiento igualito al que ustedes ven aquí. De allí me traje ese niño Dios con mil trabajos para conseguir que me lo vendieran, pues es conocidísimo en Roma.

El escultor oyendo aquella relación tan importante se fue acercando a la imagen y con palpitaciones en el corazón, reconoció su obra: humildemente pidió poder tener en sus manos y contemplar el prodigioso niño y sacando violentamente su cortaplumas, oculto en la mano, raspó en un lugar que él conocía y destornilló violentamente la cabecita, haciéndola girar con la sorpresa general de todos los que no se esperaban tal cosa.

El dueño furioso gritó lleno de indignación, llamándole loco, ya se disponía a sacar al infeliz escultor a patadas; pero éste tranquilamente y con segura voz le dice: "caballero, el loco es usted y puedo comprobárselo, mostrando a todos su firma oculta en la parte interior de la garganta de este niño Dios: (y mostrándola al público continuó) "señor usted puede llamarse dueño de esta escultura puesto que la habrá comprado con su dinero; pero mi nombre de artista no; no lo ha pagado y gozándome en ser confundido con los nombres de los artistas de más fama, tranquilamente me llevo a mi casa el niño Dios, para volver a darle el barniz que cubría el tornillo etc. etc. pero; sepa, que esta obra es mía, de un compatriota suyo y que al artista puede pagársele su trabajo material, pero jamás se debe atribuir a otro la gloria que es su fama y la de la patria" y diciendo esto, salió dejando al fanfarrón más avergonzado que colérico. Esto es un rasgo que denota el ser artístico, el ensanchamiento del corazón que de humilde y desdichado trabajador crece al ver su obra digna de ser honor de la patria ¡oh! El trabajador, el inventor, el artista buscan no dinero sino honor! El trabajo es recreo del alma y los que lo comprenden son más felices que los ricos que llenan su corazón arrastrado por el humo de sus automóviles!

Capítulo 8° Orden en el trabajo

Dejar para después lo que podemos hacer en el presente, da por resultado generalmente, el no hacerlo nunca.

El que se prepara el trabajo del día con orden y voluntad, tan solo debe interrumpirse, tratándose de algo que le sea muy necesario o que le de más provecho a él o a sus semejantes, pero jamás por el gusto de pasearse con amigos ni para buscarse descanso en día hábil. Los malos amigos los haraganes siempre buscan interrumpir al que trabaja, haciéndole invitaciones caprichosas con el fin de perjudicarlo.

La constancia y el orden tienen que dar provecho aunque todo principio sea dificultoso.

Es un absurdo creer que la mala suerte persigue: las más veces, esa mala suerte es culpa de no precaver y cometer imprudencias o faltas de cálculo.

El que para empezar un negocio se presta dinero a rédito fuerte, imponiéndose gastos de lujo etc., como naturalmente cualquier negocio al tomar giro, al aumentarse necesita más capital, claro está que se verá en dificultades no pudiendo pagar el primer capital y en general se cree que buscándose nuevamente otro dinero, se pagará todo; no pudiendo pagar el primer dinero ¿será doble pagar el segundo? ¿quién le garantiza buenos tiempos? Y si pierde entonces se queja de la suerte, pero no es suerte, es falta de prudencia, porque desde el momento que se ve que un negocio prospera se necesita el cálculo para aguantarse, no aumentando capital prestado sino pagando y metiendo efectos poco a poco hasta minorar la deuda y contar con algo propio. Es mucho más fácil ganar en un negocio sin lujo o sea de poca apariencia, que en aquellos en que el lujo hace concurrir a solo los ricos. Los americanos cuidan los centavos teniendo por lema que más vale la gota de agua permanente, que el aluvión que en su corriente arrastra perjudicando. La actividad es uno de los factores más poderosos para cualquier empresa.

El fastidio o decaimiento viene de la falta de actividad o falta de ánimo producto de la pereza.

El que pasa las horas esperando, termina bostezando.

Para dar movimiento y vida se necesita tenerlo.

El que se levanta temprano, se lava y arregla el cuerpo, comanda su casa, arregla el plan de su día y con ánimo se dedica al trabajo, por mas malo que el tiempo o negocio se desarrolle en el día, pero él ha profitado de todo y llevado sus libros y procurado arreglar para adelante lo que por lo general siempre hay que revisar en los establecimientos.

La salud tan necesaria para la vida, depende mucho del orden y limpieza de alma y cuerpo.

Es un beneficio propio no mezclarse en asuntos ajenos, mucho más, si bajo apariencias buenas se entrevé algo dudoso o enredado.

Acordémonos que el hombre depende de las circunstancias de sus vida exterior y de sus sentimientos.

El particular, aparece como condición del general; sabiendo que todo es perecedero, por lo tanto es insensatez quejarnos de defectos y perjuicios de la suerte y gobernadores; del modo que mejor podamos entre los hombres, recibiendo todo en la vida, con tranquilidad.

Dichoso el que pasando de la juventud a la vejez ha conservado la razón en sus más elevadas pretensiones aprendiendo a acomodarse a la realidad y vivido para el bien de su familia y de su patria.

Capítulo 9 Franqueza y sinceridad

De la franqueza y sinceridad precia tratar haciéndolas no confundir con el charlatanismo e indiscreción.

La virtud de la franqueza nos atrae la confianza, mientras que si degenera en indiscreción no la retira.

No hay más ridículo y divertido, que el charlatán que cuenta cuanto ve y oye, con esa locuacidad pretensiosa de que sepan que sabe todo.

Cuando algún hecho se relata con la sabia discreción del inteligente que mide sus palabras y evita las bajezas, por lo general es considerado por lo que en sí vale, pero el que busca en su lenguaje el misterio, envuelve los sucesos en rodeos y agrega sus comentarios con intención de un fin determinado, aunque esté diciendo la verdad provoca la duda.

El mentiroso para afianzar su primera mentira, tiene que recurrir a otras mil, perjudicándose a sí mismo.

Muy cierto es, que la sociedad misma castiga el mentiroso, pues una vez conocido, puede protestar y jurar; pero él mismo nota que no se le da crédito y mientras más serio se presente, más es tomado lo que dice, por chiste o burla.

La locuacidad o charlatanismo conduce a la indiscreción; hay personas tan acostumbradas a contar cuanto ven y oyen que no pueden retener ni siquiera lo que a ellos mismo perjudica; no importa la reputación de su misma familia, lo que sea, lo que pase, les bulle a manera de gas, que estallaría si contuvieran en su organismo, lo que han sido testigos oculares o sabedores por un incidente desgraciado.

Al no poderse contener, al primer conocido que encuentran le preguntan ¿ya sabe usted......? y como secreto en el seno de la amistad desembuchan cuanto saben y piden callar, (cuando ellos no pudieron hacerlo) piden consejos, que están muy lejos de seguir y se preocupan interesando a los que no tienen por qué tomar interés.

Las más veces sucede que no contentos con el primer seno amigo, van buscando el seno de todos aquellos con quienes hablan, y si alguno les demuestra compasión porque al acontecimiento ya es conocido, no se dan cuenta que si algo se sabe es tan solo debido a su lengua viperina.

Este tremendo vicio necesita ser corregido desde la juventud, porque el hábito es una segunda naturaleza.

Existen padres tan indiscretos que relatan ante sus hijos hechos inmorales, el niño para averiguar lo que oyó, si no hace preguntas en su casa, repite a su amiguitos, hasta que alguien le entere de lo que significa lo que oyó.

Otros padres tiene por gracia, enseñar a sus pequeñitos palabras sucias, picantes y aun obscenas; tienen como precocidad el que los niños cuenten chistes y cuentecillos puercos y que hagan reír. Los niñitos si ven con beneplácito sus charlas indecorosas, luego se dan por satisfechos de poder comprender todo. Al oír hablar de inmoralidades muchas veces los niñitos dicen muy tranquilos lo que menos se puede creer y sucede que aun a las acciones de sus padres, dan publicidad, sin entender que comprometen y hacen venir suposiciones las más veces atroces, para sus mismos padres.

La franqueza y sinceridad tiene que ir acorde con la sensatez, decencia y educación, sin jamás llegar a indiscreción.

El ser interpelados sobre algún acontecimiento, nuestra respuesta sin carecer de verdad debe ser neta y sencilla: pero si en algo ofende la moralidad, más vale evadir la respuesta.

Muchas personas tienen por costumbre decir "mi palabra de honor" comprendido que para ligerezas no se empeña el honor, claro está que, o no lo siente o no lo tienen: pues no puede creerse que necesita una persona digna, recurrir a su honor, para ser creída: les está muy justo el castigo de verse despreciados.

Capítulo 10 Abnegación y resolución

Muchos actos de la vida, tiene por móvil el interés, siendo del todo justos, puesto que cada quien debe proporcionarse lo que necesita para su vida y comodidad; pero yo no quiero examinar éstos, siendo bastante sabido que el interés comercial está hasta cierto grado reglamentado y sabiéndose perfectamente que el abuso es sin duda alguna, robo.

Algunas veces en la vida sentimos violentamente necesidad de correr o acudir a una desgracia, y en nosotros combate el sentimiento de preservación, puesto que en un trance desgraciado podemos entrar por nuestra voluntad en el número de las víctimas: por ejemplo: en un navío o vapor sucede que un niñito cae al agua, un hombre que lo ve, dando el grito de alarma, se precipita sin pérdida de tiempo a salvarlo; acude el padre en el colmo del dolor y ofrece una fuerte cantidad al que le traiga a su querido hijo; varios hombres entonces se arrojan al mar a buscar al niño. Creo que existe una gran diferencia entre la acción del primero y la de los que movidos por la ganancia del premio luchan por ganárselo. Todos son valientes indudablemente, pero sólo uno es abnegado.

El sentimiento de abnegación es incomercial y sólo es dado a seres de alma nobilísima que no esperan en sus acciones premio, que no quieren renombre y por lo tanto se exceptúan de la condición humana que a todos hace precaver por su vida. Se puede ser muy valiente, se puede sentir mucho, pero, ese ejecutar violento ese arriesgarse sin estímulo, eso y sólo eso, forma lo que se llama abnegación.

Todos sabemos que una ayuda pronta, un auxilio o favor oportuno, es infinitamente grande a medida de la necesidad; pero muy cierto es, que a veces llevándose el auxiliante un daño, ni siquiera recibe un gracias. Por eso se necesita el sentimiento altruista, para ejercer el bien, recibir el mal y callarse.

Voy a poner un caso acaecido en el parque de animales de Berlín o sea en Thiergarten y que hasta hoy nadie sabe:

Caminaban del brazo un señor con su señora esposa, cuando ésta se siente empujar violentamente hacia adentro y ve al marido correr impetuosamente: ante su vista se desarrolla esta escena: un tren eléctrico que venía chocaba con la bicicleta de una señora y ésta casi debajo de las ruedas hubiera sido triturada; junto a la bicicletista iba un señor que acompañaba en bicicleta también, a la desgraciada señora que chocó, tal vez distraída en conversación: lo cierto que el activo señor salvador, pudo con el esfuerzo violento, retirar de la rueda a la caída víctima de su inadvertencia, que aunque tremendamente herida pero viva, fue puesta en su carruaje de sitio; el bondadoso salvador tuvo cuidado de recoger las dos bicicletas, de hacer montar al carruaje al señor, tal vez esposo de la señora herida, pero que aturdido por completo no se daba cuenta de nada y veía con ojos extraviados a la gente que se amontonaba y los rodeaba. Seguro el salvador, de que debían ser gente rica, por el equipo bicicletas etc., se contentó con pedir la dirección al asustado señor, darla al cochero y hacerlos conducir a su casa.

Al volver junto a su señora, que lo esperaba allí cerca, fue notando que el pantalón lo tenía en tiras, tal vez de la rueda del carro eléctrico; y la mano derecha también la tenia herida.

Esta acción no fue publicada, hasta hoy el noble salvador no ha querido buscar el nombre de su protegida o salda, y estos actos no tuvieron en apariencia recompensa alguna: pero si ante el mundo, ante otros, eso quedó en olvido, para la esposa testigo ocular de todo, sabe a qué clase de hombres pertenece el que le tocó en suerte por compañero y padre de sus hijos, y contentísima prefiere la vida de su hogar, a las más altas consideraciones, honores y respetos humanos o mundanales.

Estas acciones tal parecen de poco interés, no contándose como extraordinarias por ser fácil de repetirse.

El hombre digno, el de elevados pensamientos y actos humanitarios, lo hacen primero un ejemplo de padre y esposo, luego, poco a poco conocido, puesto que la influencia del bien es más tardía que la del mal, porque siempre se cree dudoso el desinterés pero repito, poco apoco se le reconoce y se le respeta mucho más, a veces, que a los que por dinero o altos títulos, precisa respetar en la sociedad. La fama, la reputación por mas que el mundo esté lleno de maldad, es sin poder dudarlo un capital que se lleva el hombre a donde vaya y el único que le acompaña al sepulcro. Las acciones abnegadas son difíciles, puesto que el sentimiento de conservación es tan natural que en un incendio, es una catástrofe, todos atendemos al yo personal; todos queremos ser salvados, todos anhelamos salir primero, nadie quiere morir. Si en un teatro se da la voz de incendio, ¡horror! Uno solo no queda quieto, las caras pálidas, la violencia, saltan, corren y en la precipitación cae y pasan uno sobre otro matándose; entonces, si algún abnegado en vez de precipitarse a la salida, alienta con su ánimo y ejemplo a persuadir que el incendio es apagable que ya está dominado y en efecto se le ve activo y tranquilo puede contagiar su ejemplo y salvar infinidad de victimas, más que del incendio, de la violencia.

Muchas veces en las catástrofes de mar, una sola voz contiene males grandísimos porque cuando el terror domina el hombre se empequeñece tanto, que se vuelve niño, en el siguiente capítulo trataré de lo que es la sangre fría.

Capítulo 11 Sangre fría en los peligros

Llámese así al dominio que en los peligros alcanzan algunos, al grado de parecer tranquilos.

No es posible ni siquiera suponer el que alguno pueda aceptar pacientemente, el que un techo al desplomarse le rompa la cabeza, tampoco quemarse, ni parecer ahogado; pero al ver a un individuo mostrarse tranquilo, tener ideas aun geniales en contraposición de todos los que sienten erizar el pelo, castañetear los dientes y perder toda acción en los peligros, decimos que tiene la sangre fría. En efecto, lo primero que sucede por terror es aglomerarse la sangre al corazón y producir sensaciones contradictorias, muchas veces, aun la locura. De modo que el que no se agita o parece calmoso, decimos que tiene sangre fría: pero el dominio de los sentimientos o materiales nervios es una virtud preciosa, una dádiva o don de la naturaleza que forma cualidad inapreciable y que se contamina a los que nos rodean. En efecto al encontrase varios hombres en un momento feo y uno toma la voz de mando todos poco a poco obedecen y entran en acción si es un percance de mar, da tiempo a que se repartan salvavidas, que se boten al agua las barquillas o pequeños botes en que se procura salvar niños, mujeres, ancianos, a quienes se supone menos aptos para nadar y salvarse; en los incendios, si existen bomberos, a los cuales se les estima por valerosos, pero de repente sucede que uno se arriesga demasiado por salvar, un niño, etc., y entonces se le dice héroe, etc., y se le calcula sangre fría.

Por último, y quiero ya calcular los peligros sin accidente y que pasan a cada rato, las malas noticias: ¡cuántas veces una mala noticia causa la muerte! Todo aquel que se deja llevar del primer ímpetu de desagrado difícilmente no comete errores.

Al recibir la infausta noticia de la perdida de un padre, madre, hijo etc. el dolor natural nos hace sentir el corazón oprimido y en general las lágrimas, consuelo dado por la divina providencia, nos hacen no morir de dolor; pero hay otras noticias que si no son peores, pero como no son de llanto, sino de indignación, se necesita de sangre fría de una sobre posición extra, para no enfermarse o excitarse al grado de la locura y estas son las noticias de intereses o de reputación, por ejemplo la quiebra de un banco, que al suspender sus pagos nos deja más pelados que el día en que nacimos y en quien jamás esperábamos semejante caso: la noticia de un balazo a un hijo, la denuncia de un complot político en que nos encontramos enredados y de que involuntariamente tomamos parte y las consecuencias funestas nos serán de muerte, cuando apenas nos importa tal o cual resultado.

Muchas veces el mal peor, es la falta de serenidad, pues existen hombres tan malos que fingiéndose amigos hacen aquello de meter aguja para sacar barreta y siendo ellos los perdidos, buscarse hacer hablar provocando para tener suficiente de qué acusarnos.

Solo aquel que sabe dominar la pasión solo aquel que tiene sangre fría en el peligro puede salvarse. Todo aquel que ha leído las prisiones de Silvio Pellico, sabrá poco más o menos lo que es una causa política, y verá cómo un hombre buenísimo puede sufrir años de cárcel tremenda sin morir. Hoy día todavía vive Dreyfus el paciente que con sangre fría *aparente fue degradado, etc., etc., no murió por el valor que le asistió para sobrellevar tantas injurias y lamentos, hasta que su rayo de luz, penetró haciendo reconocer su inocencia.*

Los errores de potentes hombres son los que causan victimas más inocentes, porque el desagrado ciega y dejándose llevar de su primer ímpetu o ya por vergüenza ya por vanagloria aun sabiendo que hacen mal, continúan en la mala corriente que los arrastró a castigar un desgraciado; a esos principalmente les sería necesaria la sangre fría, es decir el valor verdadero para retractarse ante el mundo, y prefieren terminar en vida con una bala certera en la cabeza: triste humanidad que no puede conocer lo que es la razón, la justicia y la verdadera sangre fría que se necesita para no dejar un aborrecido nombre.

Pasiones son todas, que hacen ejecutar actos violentos y como la lengua es arena tan mortífera o peor, tal vez que el puñal y el revolver, si no se procura desde la niñez domar los ímpetus de la lengua viperina, ay del que mientras más alto, más mal, puede hacer ocasionar incendios más destructores que los de llamas verdaderas, que pueden apagarse con agua, mientras que los de la reputación, etc., necesitan sangre y sangre las más veces inocente.

Capítulo 12 No matarás

Ofensas llamamos a lo que sea de una manera material o por amor propio nos dañan profundamente.

Si en las ofensas materiales que perjudican nuestros intereses, la ofensa puede ventilarse o tramitarse ante los juzgados sujetándose a leyes, la ofensa del amor propio se dice lavable solamente con sangre: pero si en los tiempos de feudalismo la pasión de la venganza se alimentaba en generaciones, hoy día puede considerarse como ridículo puesto que podemos convencernos que, hombres serios y dignos son compadecidos apenas, porque en efecto hubieran sido dignos de mejor suerte! ¡es tan mísera la humanidad que nos lega junto, lo que motivó el duelo haciéndonos la ofensa más saboreable, que el dolor de la sangre vertida por ella! El dejarse arrebatar por la pasión del odio, desde tiempos remotos es perjudicial como puede verse por tantas historias que nos presentan lamentables sucesos, sin embargo persiste la regla del duelo por más que las autoridades lo prohíban; lo único lamentable es que se castiga a los dos, cuando por lo general, quien provoca y tira el guante es en efecto el delincuente ¿qué cosa puede hacer el hombre digno viéndose retar? no aceptar y dirigirse a las autoridades pero, ¿quién le quita el ser tenido de cobarde? El honor es un bien que todos queremos conservar, pero que no está en nuestras manos, uno depende de la estimación de otros. Todos sabemos que el honor es una quimera, pero, ¿acaso la sentencia de un juez puede devolvernos la opinión pública? Por eso el hombre fuerte sufre al no poder descargar su indignación sobre el vil que le ultraja; pero es verdaderamente reusable el que se necesite de sangre para satisfacción y las leyes están muy humanitarias persiguiendo el duelo El hombre serio, el militar, el caballero, si no pueden evitar el desafío por medios honrados y prudentes y la necesidad de conservar su reputación lo impele por fuerza, no hay razón de castigo y el juez debe indagar y absolverlo; pero castigar fuertemente al retador; porque, no hay ofensa que en verdad, de verdad esté fuera de la ley. El que se siente injuriado ¿por qué no quejarse a la justicia? Los tribunales le oirían y satisficieran su agravio según las leyes. Sucede por lo general, que, retar, lo hace por maldad por provocar, quien comprende muy bien que es un insulto insufrible el que está haciendo.

¿Qué sería de la seguridad y relaciones comerciales y sociales si cada quien se hiciere justicia?

Cualquiera se consideraría con derecho para quitar la vida ¿qué valdrían la moral y la civilización?

Dejarse arrebatar por el odio, jamás puede dar honor y las faltas cometidas, son más remediables con actos justos, con multas, con castigos que el Código Civil abarca; en cambio la muerte en duelo ¿cómo se remedia?

Si la justicia fuera devolver mal por mal, la humanidad en vez de civilizarse se hundiría en un laberinto sin salida.

El homicidio siempre y en todos casos es un crimen por eso la moral, las leyes y Dios dicen: ¡No matarás!

Matar a un hombre es quitarle la existencia que ni él mismo tiene derecho a quitársela, cortar la vida a un ser, es violar todos les derechos divinos, humanos y las leyes: por eso el que mata, faltando a todo, es criminal.

El primer deber moral es el respeto a nuestros semejantes y causar la muerte del alguno, es un crimen ante Dios y la sociedad; aun los doctores que dicen estudiar la naturaleza en la vida del hombre, si por su inadvertencia temeraria dejan morir, o matan en verdad al que los llama, confiado en la ciencia en el deber y en lo que han jurado y deben cumplir, lo cual es, curar, aliviar, salvar a la humanidad de las enfermedades; aunque ante el mundo su crimen quede inmune: pero, la conciencia les grita su pecado y por eso se ven tantos doctores estar más taciturnos ellos, que los que los llaman para ejercer sus conocimientos o ciencia, por eso la facultad de medicinar está sujeta a estudios sin descanso y el doctor debe estudiar y procurar no recetar sin comprender el caso.

La vida humana es respetable sobre todas las cosas es lo de más precio, lo más grande, lo único que una vez cortado no puede tener composición; la vida es lo único que seguro y positivamente se posee, una sola vez, y el que corta una vida, ejecuta el más enorme de los crímenes, la crueldad más grande de las crueldades, puesto que nadie quiere morir!

Es una razón moral muy clara y terminante, el condenar al homicida. El derecho personal de vivir es esencial a los seres humanos y cortar el hilo de una existencia es violar todos los derechos todas las leyes ¡Nadie tiene derecho para cometer el homicidio! Por eso las leyes están en su deber siendo implacables para el que reincide en el crimen por eso antes de ejecutar a un criminal se le proporcionan defensores y aun a la misma justicia le es duro llegar al último punto, a la última pena que es la de vida.

Sin embargo se registran tantas muertes día a día; porque falta el principio moral, porque se burla la justicia, porque no se cree en la vista de un Dios que por más oculto que se perpetúe el crimen, lo ve y lo juzgará.

Si ajenos a toda religión, si dormidos a toda conciencia los hombres perversos matan, no se les escapa la certeza de que están ejecutando el mal y por más empedernidos y depravados, oyen en su interior ¡No matarás!

Capítulo 13 Instinto y raciocinio

Estas dos sentimientos (palabra tachada) manifestaciones del espíritu que muchos confunden con muy diferentes y todos tenemos instinto, pero no todos raciocinio.

El instinto es natural y el raciocinio viene de razón, de la justicia y de la experiencia.

Raciocinar es hacer uso del entendimiento para formar un juicio exacto de las cosas; poder, con argumentos y discursos, comprobarlos, examinándolos o cotejándolas deduciendo pruebas que acrediten, etc.

El Instinto es solamente cierta inclinación natural a que nos sentimos llamados; es un impulso movimiento o instigación, ya por sugestión o propensión maquinal e indeliberada.

El instinto es natural y aun los animales irracionales lo sienten; unos más que otros, como el perro, el caballo que tal parece que nos entienden y quieren hablar: el perro conoce a su amo en medio de millares de personas, lo defiende lo cuida y muchas veces aun muere sobre el sepulcro de su amo; pero, no tiene raciocinio como puede comprobarse en el siguiente caso: un hombre amarra a su voluntad, y no puede volver; el pobre animal sufre hambre sed y espera, espera pero nada, su amo no vuelve: llega a pasar otro hombre y movido a compasión lo alimenta y acaricia y al fin se lo lleva: pasado algún tiempo el verdadero amo vuelve, el perro puede mover la cola, puede lamerle las manos: pero no puede entender el por qué su amo no volvió a desatarlo, por qué lo dejó allí a morir de hambre: el amo fue casualmente encerrado, robado, secuestrado por el que luego por conveniencia propia acarició desató y se llevó al perro para servirse de él; pero es inútil explicar esto al animal irracional que siente gratitud, instinto solamente, bueno si, muy bueno; pero no tiene raciocinio no puede comprender y ama al que le da el sustento, y sigue al que reconoce, pero no puede raciocinar ni discutir porque solamente tiene instinto.

Este instinto solamente es el ser racional, se refina, solamente al desarrollarse en la humana naturaleza; llega a don o dote y por eso se dice "tiene dotes oratorias, tiene el don de la voz, tiene dotes artísticas, etc."

Mientras que el instinto es natural pues todos desde pequeñitos primero buscamos el pecho que nos nutre, luego con las manitas agarramos y poco a poco instintivamente nos vamos sirviendo de todo lo que nos rodea, viniendo la educación a enseñarnos poco a poco lo que es el raciocinio ¿por qué el niño no come tierra? (a muchos niñitos les gusta) pero la mamá les castiga, les enseña que comer tierra enferma y a medida que la inteligencia le dice que es malo o bueno el raciocinio que empieza a veces por el temor al castigo, le hace obedecer primero y de grande pensar en la razón.

La educación es uno de los factores más importantes para descubrir las dotes de la naturaleza. El maestro comprende enseguida quien tiene oído, quien voz, quien intelecto para los libros.

Al que se le enseña por medio de golpes, azotes y castigos torpes se le embota la inteligencia; por eso los Gobiernos castigan a los maestros que se permiten golpear a los niños, se ha comprobado que niños traviesos al recibir un golpe en la cabeza se vuelven peores, se pierden para los estudios y aun se les desarrollan instintos malos: el sufrimiento material de algún órgano del cerebro, alguno de los sesos lastimado los induce ya no a la travesura de la edad, sino a cometer barbaridades.

Al castigar a un niño se necesita que sepa que incurrió en falta a la que se castiga, que comprenda la razón y la justicia y aun es muy bueno el que después del castigo besen la mano de sus padres o den las gracias a sus maestros.

He dicho antes que la educación moral y la instrucción son los dos elementos de que se forma el ser deseado para la familia, la sociedad y la patria; por eso al de instintos buenos es preciso esforzarlo en el desarrollo o perfección de ellos, para que los frutos de su educación raciocinada le hagan llegar al optimo y ser algo en el mundo que sirva de gloria y ejemplo.

El instinto natural nos hace amar más cosas, más que otras y entonces se le da el nombre de afición; así llamamos aficionado al que toca el piano sin aprender las notas, al que pinta sin aprender la proporción, proyección, etc., pero como todo arte o ciencia tiene reglas precisas, por más que ejecute algo bonito a la vista, pero falto de reglas precisas, necesarias e indispensables para debida ejecución; si, pueden llamarse bonitas; no por eso pueden llegar a ser obras de arte preciosa y de valor inestimable: lo mismo pasa con al voz, que es un don de la naturaleza que pocos llegan a poseer como notabilidades, por la falta de educación;

la voz se educa al grado de poder dar las notas más altas sin gritar ni molestar la garganta haciéndola enfermar: la música ejecutada por oído solamente, no puede llegar a ser de alcances profundos, como la que uniendo el oído al estudio del punto, contrapunto, etc., etc. Llegar a dominar el instrumento en que ejecuta el grado de convertirlo en un objeto divino, en que saca acordes tan melodiosos que transportan el alma a lo etéreo. Todas la ciencias todas las artes necesitan instinto, o sea afición y quien racionadamente comprende lo sublime del pensamiento, teniendo dotes, debería estudiar. El estudio es infinito pero no puede amarse sin traspasar los rudimentos que tan difíciles parecen a todo niño: pero si el instinto y afición raciocinados no hacen ver que podemos perfeccionarlos, adelante y procurar no desmayar en el camino de la perfección.

Capítulo 14 Amor a la naturaleza

El sentimiento de la naturaleza se define en actos que ejecutamos voluntariamente, se aman las flores, las frutas, las montañas, los ríos, el lugar en que se nace, la iglesita del pueblo, el rinconcito en que jugamos de niños; se siente placer en respirar el aire puro de los campos. Si podemos analizar lo que forma el universo, encontramos tanta grandiosidad que llegamos a vernos pequeñitos para abarcar tanta grandeza; pero como el hombre fue creado como rey del universo; la naturaleza parece que le brinda sus encantos para sustento, bien y vida.

El estudio de la naturaleza por lo tanto es necesario a todos pues no existe fastidio, ni pobreza, para quien puede utilizar sus estudios en el trabajo intelectual y material de los bienes naturales.

No uno, sino muchos ejemplos podría citar de quienes naciendo de padres muy pobres, se formaron hombres ilustres, útiles a su patria y ricos en dineros, por el amor a los estudios de la naturaleza.

El carbón, el gas y tantos elementos necesarísimos, son fruto de estudios, pues estudiando se conocen los minerales y los lugares en que estos tienen su lugar fijo en la superficie terráquea. De la madre tierra nos viene el material que científicamente utilizamos para todo lo que forma ornato, belleza, comodidad, riqueza, siendo el sustento o pan cotidiano fruto absoluto de la tierra.

El que vive en el campo todo puede proporcionarse como lo comprueba Robinson Crusoe en sus aventuras de la isla, en que pasó tantos años llegando con su habilidad a tener todo lo necesario y aun sobrado.

Quien siembra, recoge, y tocante a la minería, existen productos que con inteligencia explotados dan a sus propietarios capitales fabulosos.

El que posee una memoria feliz, un entendimiento despejado y amor a las letras, que se dedique a la ciencia que ilustra el mundo; pero el que no tenga disposición a los estudios, procure aprender lo que se refiera a mineralogía o agricultura, dedicándose luego al campo y encontrará tal vez mayor provecho. El que manda debe saber más, que el que obedece; por esto para dirigir los trabajos se necesita estudio.

La práctica hace asegurarse de lo que conviene a cada terreno, pero el que comienza por saber conocer las arenas del lugar la profundidad y método de plantar la semilla estudia la irrigación y hace trabajar con inteligencia, la material tarea le es ya como instrumento entre sus manos que dirige hacia donde le conviene.

Todos los estudios, todos los conocimientos intelectuales ayudan grandemente en los trabajos materiales: vemos a muchos agricultores recoger poco de sus siembras y echar la culpa a la suerte: no hay suerte que valga, pues el terreno mal preparado, el insecto que invade y que no se sabe como combatir y en fin el descuido, no puede dar sino un fruto viciado, pues hasta las plantas necesitan educación, esmero, vigilancia, para no crecer en su estado salvaje: por eso los gobiernos procuran instrucción agrícola.

La enseñanza del maestro no es solamente el tomar la lección aprendida en los libros; la Naturaleza nos brinda más lecciones y estudios, que todos los libros juntos, por eso en los colegios en que se atiende al verdadero adelanto, se organizan lecciones positivas sobre objetos, se lleva a los niños al campo y uniendo al ejercicio corporal, se hacen observaciones científicas, se da una verdadera lección analizando piedras, árboles, ríos, en fin se estudia en el libro abierto de la naturaleza.

Es tan grandioso el estudio de todo lo que nos rodea, que verdaderamente sólo puede fastidiarse y quitarse la vida, quien nunca piensa en los tesoros que tenemos a nuestro alcance, si queremos a nuestro alcance, si queremos dedicar nuestra vida al estudio de ella. La vida del hombre es material si él quiere , si sólo piensa en pasiones, amoríos y materialidades, que por más profundas que parezcan tienen un limite, un fin mas o menos tardío; lo que jamás se acaba es lo inmaterial, la naturaleza vive cada día, cada día más brillante; el hombre mueve y deja todo lo que le rodea tan nuevecito que el que nace lo encuentra verde lozano, tierno: generaciones se suceden y todo y para todos existe lo bello, lo fresco, lo agradable, porque la naturaleza es infinita. El estudio de la naturaleza no puede fastidiar, pues día a día se descubren nuevas materias que llenan libros en anotaciones y deducciones, etc. El que ama la naturaleza como que siente su corazón, refrescarse con el rocío que fortalece las plantas; ama las flores, las frutas, las aguas, los animales y siente caridad aun para los insectos. Si entramos en el terreno de la caridad, jamás el hombre caritativo puede fastidiarse y quitarse la vida estudiando todo el amor y caridad que la naturaleza nos enseña.

En cualquier ocupación podemos profitar de la naturaleza si la amamos; los ricos contribuyendo con su dinero para plantar árboles, sanear o encursar los ríos y proporcionar agua suficiente a las poblaciones, comprar fincas y gozar de sus productos, los pobres trabajando ellos mismos la tierra, los doctores estudiando las hierbas y demás que son la verdadera sustancia medicinal; los literatos escribiendo y dándonos a conocerla científicamente y las señoras adornándose con las flores y comparando su fragancia, con la fragancia de la virtud, que es el más precioso ornamento de nuestras casas y la joya de más precio que toda mujer debe poseer.

Capítulo 15 La embriaguez

Existe, desgraciadamente, la creencia de que es lujo en los banquetes embriagarse con champagne: el que invita a beber a la gente de alta sociedad, siempre busca el recuerdo de los césares y Borgias, de la historia Romana y el recuerdo de esas orgías, como que le permite el hacer de su casa, un nuevo templo de Baco.

Los mismos paganos al simbolizar a sus dioses, colocaron a Baco entre la fuerza del mal o vicio y si a todos dieran el nombre de dioses la palabra dios, la tomaban como sinónimo de creador, dando a los buenos el atributo de crear el bien, la hermosura, la belleza, etc., y a los malos dioses creadores de fuerza bruta o vicio, como beber, matar, etc., pero aunque a todos llamaron dioses, sin embargo separadamente los colocaron en sus reinados, unos en el parnaso o cielo y otros en el infierno o reinado de Plutón. De manera que el tomar a Baco por dios, es buscar el vicio y convertir su casa en infierno.

Es estado del briago (o bolo), es tan repugnante que el que se embriaga con champagne se iguala por completo al que apenas alcanza para una infeliz botella de aguardiente, principia todo el que se embriaga por la locuacidad, sus actos van perdiendo el decoro siente excitación lubricidad y termina por idiotez.

Algunos comparan al briago con el bruto, pero el animal irracional si al cumplir las insinuaciones de su naturaleza bruta da asco, al menos ese bestial momento no se lo ocasionó por instigación a sus instintos materiales, sino que sólo ejecuta por su naturaleza bruta: pero el hombre racional, que por su inteligencia comprende ¿por qué dejarse llevar al repugnante estado que produce el efecto el exceso de licor? ¿por qué sabiendo, consentirse el mas allá de la depravación e inmundicia?

Si los Borgias al embriagar a sus convidados banquetes tenían por fin el matar, haciéndose pasar por espléndidos: los que se gozan en hacer beber a los de cargos importantes, a los hombres serios, para hacerles perder la conciencia de sus actos y darles el timbre de ligereza y desprestigio, son también criminales; tal vez llevan fines ocultos.

El padre de familia que llega a su casa embrutecido por el licor, no puede dar sino compasión en sus buenos hijos, quienes recordando el precepto del decálogo repiten "Honrarás a tus padres" pero no pueden sentir estimación, no pueden contener un dolor al ver que el ejemplo que reciben les induce al vicio ¿qué moral puede inculcar quien carece por completo de ella? Es todavía más repugnante el ver a su madre borracha ¡puf! Una señora ofendiendo todo pudor, toda vergüenza, desconocer por completo el santo oficio de la maternidad! Almas sucias que dan fruto humano por el cumplimiento material de naturaleza, pero que son el ludibrio de la sociedad, la perdición del hombre! Almas incomprensibles que diciendo amar a sus frutos humanos, les inducen con su ejemplo a la oscuridad de la conciencia haciéndoles amar el dinero, como único bien y único medio de adquirir goces, aparentes.

Es verdaderamente espeluznante el ver infelices niños beber, aun en la misma copa en que la madre apura su desvergüenza: existen mujeres para quienes el licor hace olvidar y dicen a sus hijos, hazte hombre ¡bebe! Tal parece que a las autoridades incumbe el corregir tan grave desgracia; pero si en efecto las autoridades recogen briagos por las calles y los castigan con multas y cárceles ¿podrán corregir el interior de las casas? ¿No es más lógico, más productivo y eficaz ejemplo de sensatez, conteniéndose todos, principalmente los señores ilustrados para no dar el material consentimiento siendo ellos también briagos?

Tras las ventanas de palacios o residencias señoriles, la gente del pueblo asistió a las orgías en recuerdo de césares y Borgias, vio a los grandes señores reducidos a la impudicia; los criados siguiendo el ejemplo tomaron primero los resto de licores finos y luego a la par de los señores brindaron por la alegría de la borrachera. Los pobres por lo tanto tomaron más aguardiente para olvidar que ellos no tienen dinero para licores finos y que trabajando todo el día apenas tienen para aguardiente!

¿De qué sirve encarcelar, hablar y predicar si la moral falta y el ejemplo habla más alto que nada?

Parece que las sociedades buscan remedios extras y como corrección al vicio de la embriaguez se han establecido sociedades llamadas de Temperancia; estas quieren forzosamente prohibir todo licor, pero como todo lo prohibido resulta más apetitoso y la humanidad desciende de un Adán y una Eva pecadores, claro es que la medida es aun ridícula puesto que no es el vino el perjudicial, sin el exceso: Noé el primer briago, al saber que su hijo Canaán se había atrevido a faltarle, no maldijo a la uva que siendo un fruto importantísimo debía ser cultivado, sino que quiso castigar la maldad de su hijo. Luego, no es el licor lo que se debe abolir, sino con el ejemplo, con la moral procurar dominar el exceso.

El licor, tomado convenientemente, decentemente, es como la medicina que cura en pequeña dosis, y mata si el paciente en vez de tomar la cucharada indicada se aplica el frasco entero.

Existiendo cuantos licores finos, agradables y posibles a nuestro alcance, es solamente el sentimiento moral, la dignidad, la inteligencia, quienes pueden contenernos; al pueblo se educa con ejemplo. La moral es la valla o liga voluntaria que nos contiene ante la consumación de hechos vergonzosos.

Jamás puede ser útil a su familia, a su patria ni considerarse hombre digno, quien desde niño embota su inteligencia con licores, y sus facultades genitales con liviandades.

Capítulo 16 Avaricia

La avaricia es el sentimiento que hace al hombre más desgraciado, porque lo empequeñece y lo mortifica. El avaro no tiene patria, ni familia; en todos ve, si son de obligación material para él, enemigos que le desperdician su caudal.

El avaro solo está de buen humor cuando algún infeliz cae en sus garras y le entrega el 200 por 100 de lo que es de utilidad, convenida antes en algún negocio y que por desgracia resulta para el contrario de grave perjuicio: para dar algo, un avaro tiene que ser a un gran rédito, pero se asegura con cuanto puede y en caso de desgracia, en vez de caridad dice aflijidísimo el contentarse, no con lo estipulado sino con lo que valga 10 veces más; pero que acepta de aparente mal humor gozándose en sus adentros de poder y estar seguro de estar cogiendo el triple.

La Patria puede verse en conflictos préstamos obligatorios etc.; para el avaro imposible abrir su tesoro, a él le cuesta la vida y está muy lejos de contribuir, pues las vicisitudes de la patria le son ajenas y aun deben responder otros, él no.

Su familia está sujeta a privaciones porque cualquier gasto le parece exagerado y busca suplirlo del modo más económico, el vestido no debe denotar riqueza porque le perjudicaría, la casa apenas decente ni es que no la necesita para almacenar mercancías que todas por más viejas que sean, son comerciables. Su vida le parece solamente asegurada cuando tiene el placer de tocar, palpar, contar y recontar su dinero y para dormir necesita antes estar seguro de que su capital está seguro. En estas condiciones le sorprende la muerte y viéndose muy enfermo todavía duda el hacer testamento porque si llega a salvarse, ya se sabe lo que posee, ya se le conoce el capital y teme que por saberse lo que posee y guarda, le vengan disgustos, pedidos, exigencias y obligaciones para con sus hijos y esposa.

En su mente lucha el deber de dejar a cada hijo una parte como herencia y no quiere separar el capital y si todo entero podría dejárselo a la esposa, ésta rica, puede luego hacer hijos indebidos, volverse a casar etc. En fin, que muere con el triste dejar su tesoro, porque la muerte no le permite llevárselo.

La familia del avaro, solamente después de la muerte de él, sabe lo que tiene y puede gozar, si es que al ver tanto dinero no se precipita a gastar y cómo resarcir tantas privaciones. El capital del avaro por lo general dura poco, parece que pesa un castigo sobre quien lo juntó tan miserablemente, o sea, porque los lujos acostumbrados a la miseria al encontrarse ricos de repente, lo creen inagotable. La vida, la muerte y aun la sepultura del avaro son tristes porque de todo, no se desprende un bien, una satisfacción. Sin embargo de que se repiten tantos casos de avaricia castigada, el que desgraciadamente tiene ese vicio, siempre busca contrariar las reflexiones, con casos de prodigalidad mal entendida.

Capítulo 17 Caridad de sentimientos, altruismo.

La caridad llamada verdaderamente madre de las virtudes, porque reúne el amor, la compasión y la nobleza, es la base de la verdadera moral: de ella depende la justicia la templanza y casi todos los actos buenos, tienen por lo general algo de caridad.

Demos el caso de que se presenten a un juez, dos reos acusados del mismo crimen, uno muy rico y el otro muy pobre. El rico acostumbrado a la sociedad y teniendo suficiente para pagar, aprovecha de su posición para buscarse testigos y aun pruebas de que es inocente; el pobre por el contrario, no bastándose para el sentimiento material de su familia, al verse encarcelar pide el juez por todos los medios posibles que quiera hacerle justicia, porque es inocente y al no poder trabajar su familia perecerá de miseria.

¿Qué induce al juez a investigar lo cierto? ¿Por qué indaga aun sobre pruebas, testigos y demás? La caridad madre, la caridad justa le dice que debe investigar, que si el rico es el verdadero culpable, el pobre sufrirá injustamente y la familia pobre se verá sin trabajo, sin pan, porque el pobre en general se le tiene por criminal, no pudiendo el sentimiento de criminalidad en esa familia acercar a ella, personas que la compadezcan debidamente y la ayuden: por otro lado si el rico es inocente, ¡cómo hacerlo perder su reputación, cómo dejarlo bajo el peso de una acusación que lo separa de la sociedad, bajo el peso de la indignación que deplora el que un miembro de ella resulte ser un criminal!

Caridad, madre de la prudencia, le impone al juez no fallar, sino cuando la seguridad de su fallo sea legal, sea justo, sea verdadero; por eso indaga, por eso admite defensores y retarda hasta que la luz penetre y se haga justicia verdadera: entonces es que cumple la misión verdadera de la ley y que la caridad madre de todas las virtudes lo ha hecho justa, prudente y recto en el deber.

El sentimiento del altruismo es una virtud que propasa las reglas ordinarias de la justicia, templanza y caridad, porque llega a sacrificarse en bien de otros por un gusto exagerado. Voy a poner el caso de un joven de familia rica que trabajaba en una casa de comercio. El padre de este joven rico y cariñoso consintió en poner de dependiente a su hijo por gusto y afición del muchacho al comercio: sucedió un día, que al inspeccionar la caja, el pobre viejo cajero encontró que faltaba una cantidad, sabido este por el dueño, debía ser despedido el viejo cajero que para siempre perdía su reputación y su pan. Cuantas averiguaciones se hicieron fueron inútiles. El muchacho rico dependiente suplicaba al dueño, le rogaba tener compasión del anciano cajero pero nada consiguió; entonces se presentó con resolución al dueño y le dijo - yo soy el culpable-. Con esto, el pobre viejo pudo seguir en su oficio y el joven se comprometió a pagar lo robado, con súplicas de no delatarlo a su señor papá; pero nunca falta un chismoso y el padre a los pocos días supo la falta del hijo y retirándolo del establecimiento lo castigó severamente echándolo de su misma casa. Como la vergüenza de un robo es tremenda para quien tiene dignidad, el pobre muchacho luchó entre el disgusto de su padre rico y la pena de retractarse de lo que su corazón noble le había hecho ejecutar, pero resolvió dejar a Dios la luz. El viejo cajero más cuidadoso preparó sin decir nada a nadie un resorte avisador en la caja.

El verdadero culpable no sólo no se arrepentía, sino que en su interior llamaba imbécil al buen muchacho rico que sufría por él: pero como el dinero robado tuvo fin, se propuso entre risas interiores y astucias más refinadas robar otra vez pensando ¿vamos a ver quién salva otra vez al viejo cajero! En un momento, para él propicio, se fue a la caja, abrió y al llevarse el dinero a la bolsa sintió su manga atorada, pero violentamente quiso retirarla y el resorte avisó al viejo cajero y al dueño del establecimiento de lo que sucedía y fue cogido en el acto: quiso negar, pero no pudo pues todos ya sospechaban que el joven rico no pudiese ser el autor del primer robo y humillándolo se lo hicieron confesar.

Llorando de gusto y gratitud el pobre viejo cajero corrió a casa del padre del muchacho y todos lo buscan, lo festejan con admiración y quieren llevarlo en triunfo al establecimiento, pero éste con sorpresa de todos les dice "pongo una condición" y pone por condición el perdón del verdadero ladrón. Tanta nobleza conmueve al fin el mísero corazón del culpable y ofrece, cumple la enmienda. He allí lo que es el altruismo; encontrándose pocos que en efecto puedan sufrir y llegar a la abnegación por otros, cuando se sabe que no siempre la luz ilumina las acciones ocultas. La caridad en un grado superlativo es algo de locura. Bueno en creer en un Dios justo y misericordioso, pero no todos deben exponer el honor, puesto que lo que no mancha, tizna y difícilmente se blanquea la reputación. Si la caridad es aconsejable a todos, pero cosas como el que he contado no a todos les es posible.

En la vida muchísimos casos se ven premiados pues las acciones buenas, aun aquí tienen recompensa, pero es tentar a Dios, exponernos a lo sobrenatural puesto que por eso la fe nos enseña que no solo en la vida existe el premio y castigo, y muchas veces precisa esperar en la eternidad y nos es dulce creer en la eternidad, porque de solo un Dios podemos esperar lo verdaderamente justo.

Una de las acciones en efecto recomendables, es no vengarnos de nuestros ofensores y dejar a Dios el castigo: parece imposible creerlo pero precisa fijarse en lo cierto que es, que Dios castiga sin palo ni piedra. El sentimiento altruista no espera recompensa, la caridad ejecuta sin necesidad de ruegos, seamos caritativos y dejemos a Dios el premio, ese es más fácil sentimiento ya que somos humanos.

Capítulo 18 Sufrimiento

Rara persona no conoce lo que es el sufrimiento, a cada cual toca sufrir algo en la posición en que nace y más todavía si quiere elevarse.

Es el sufrimiento de la humana naturaleza, pero existen seres a quienes viéndoseles sufrir puede llegarles la caridad de la palabra, el remedio oportuno y las lágrimas que aunque sean de dolor, sin embargo son consuelos grandísimos para que el corazón no reviente en su estrechez.

La desgracia que se ve a la simple vista como lo es la del ciego, cojo, jorobado, mudo, indudablemente hasta nos sentimos engrandecer al compararnos al infeliz que necesita lazarillo para caminar, o muletas para caminar o se le ve cargar un bulto deforme en las espaldas, etc., pero existen sufrimientos que por profundos e internos nos hacen la vida, muerta, viéndonos precisados a ocultarlos.

El padre que adora a su hijo, que vive en su vida, que en él tiene cifrados sus anhelos, sus aspiraciones, que trabaja y vela por él, buscando el mejor modo de educarlo. Y el hijo sabiendo ésto, comprendiendo ese amor tan desinteresado, pero llega al caso de que comete falta grave, y lo primero que piensa es, en ocultársela a su padre: sabe que su padre indudablemente lo castigará porque el amor que le tiene no lo hace ciego y aunque al castigar al hijo él se sienta mal; pero en su deber, cumple dolientemente: por eso el hijo huye al castigo y si algo descubre el padre inventa mentiras para evadir el castigo. Más tarde llegando a la juventud, libremente acepta compañías malas (sabe que a su papá domina con mentiras), se deja conducir a lugares en que la grandiosidad consiste en el champagne y obsequiar joyas y comete ¡barbaridades! El padre al saber la conducta del hijo y verse forzado a pagar cuentas enormes, lo reprende, lo castiga, le hace ver el mal camino en que está, y quiere y desea y se propone alejarlo del mal aun a costa de separarlo de su lado: el sufrimiento del padre es 10 veces más que el del hijo ¡mil veces preferible la ceguera a ver un hijo perderse, mil veces la muerte que ver a su hijo conducido a un patíbulo! Y llora y sufre y su sufrimiento tan profundo y por fuerza tan silencioso, ¿sabéis con qué es compensado? ¡horror! El hijo que se encuentra descubierto, que no puede enredar ni mentir porque las pruebas y todos son palpantes coge en revolver y……… ¡á la eternidad! ¡el colmo de la exageración juvenil, el fruto de la ligereza! Acaso un padre debe permitir el mal, la corrupción del hijo? ¡oh! hijos ingratos que seguís el ejemplo ridículo de la inmoralidad, que sumís en una vida de muerte a vuestros padres, ¿qué pensáis al ejecutar un acto tan vil? ¿puede ser un acto de valor el romper el alma de nuestros cariñosos padres, haciéndoles sufrir el único mal que no tiene remedio?

El sufrimiento interno no tiene comparación con el externo, cuántas veces es más feliz un pobre diablo jorobado, feo, pero que vive independiente, tranquilo, considerado y acariciado.

Existen sufrimientos que mientras más se goza aparentemente, más se ahondan. Por ejemplo, el gran conquistador del mundo, el que descubrió todo un mundo nuevo o sea, las Américas, el que hoy día tiene estatuas por todas partes del mundo, sufrió horriblemente en su interior mientras más gozó: ¿por qué? primeramente Cristóbal Colón pertenecía a una familia pobre, pero honrada y hubiera querido indudablemente dar a su familia, a sus padres, honor y gloria y sin embargo, de su vida privada no nos legó ni siquiera su verdadero nombre ¿por qué? las razones en ese tiempo muy pesantes y por eso, él sufrió tanto y murió olvidado después de legarnos todo un mundo: examinemos:

Primeramente en ese tiempo, el fanatismo religioso buscando un por qué para apoderarse de inmensas riquezas que pertenecían a la raza judía; bastaba que la Inquisición declarara judío a un personaje y todo le era confiscado: la Inquisición jamás fue prescrita ni enseñada por Jesucristo, sino por el contrario la religión del Cristo es todo amor y unión, todo perdón y misericordia: pero como la religiosidad, penetra, se infiltra en el corazón, buscaron la careta religiosa para dominar los ánimos y un rey y unos hombres perversos, dominaron todo el tiempo que pudieron, bajo reglas odiosas y degradantes. Aún en el siglo 20 con todas sus luces existen rezagos de fanatismo y todavía algunos tienen predisposición a la raza Judía, pudiendo tontamente repetir que Jesucristo maldijo a sus hermanos, a su propia madre, pues todos los que se llaman santos y que veneramos en los altares, fueron judíos: de manera que es un completo contra sentido el que Jesucristo siendo él mismo Judío y viviendo al mundo como redentor, enseñando la unión, el amor y el perdón, fuere a dejar como fruto del árbol de la cruz una maldición a aquellos que ejecutan lo que estaba predicho lo que él ya sabía según en el Huerto de Getsemaní exclamó ¡Padre! Pase de mi éste cáliz, mas no se haga mi voluntad! Pues, ni nos prescribe la fe, que se ejecutaba lo predicho ¿por qué atribuirle al que moría por amor al hombre, el que contradijese sus enseñanzas con todo acto de violencia o ira? La indignación no cabía contra los ejecutantes de una profecía que se cumplía, de una muerte cruel; digamos que se recrudecieron al ejecutarla, puesto que todo enemigo que encuentra resistencia digna, como que se ciega y busca matar, lo más doloroso que sea posible, busca domar a la víctima; por eso de la ejecución con brazo de hombre, se pasó al invento de máquinas etc.; pero acaso sería justicia que para castigar a un número de ejecutantes de una muerte predicha, esperada y con el fin casualmente de la redención del pecado y diciéndonos y repitiéndonos el que moría en cuanto hombre y no en cuanto Dios y atribuirle luego un acto indigno? Oh no, es tal mente contradictoria una enseñanza de otra, que solamente una desequilibrada fantasía, una prepotencia maligna ejercida como lo fue la Inquisición, pudieron unir el perdón tan diverso que la verdadera idea del sacrificio de la cruz nos lega en las palabras ¡Padre! ¡perdónalos, porque no saben lo que hacen! Si todos sabemos que el perdón es la más noble venganza, ¿cómo dudar que el que enseñó el amor noble, la caridad más desinteresada pudiere concebir un pensamiento siquiera de desbaratar, que trajese abajo todos los sacrificios, pudiese en fin dominar la materia al espíritu en una maldición a toda una raza? ¡oh no! todos somos hermanos, todos somos según la religión del Cristo, hijos de Dios y reunidos con esa sangre. La Inquisición pasó como para el aluvión, arrastrando todo; pero así como el agua siempre es buena aunque el exceso de ella cause perjuicios, en su corriente intrépida y arrastradera, así las creencias absurdas los errores pasarán y la religión verdadera, la religión del amor y caridad, buena y sabia, subsistirá hasta el fin de los siglos. No es este libro un tratado de Religión, pero la moral es la religiosidad en todas las religiones y al hablar de Cristóbal Colón a quien hoy disputan dos naciones y honor de la cuna de este grandioso y sufrido hombre, hago presente que la oscuridad religiosa que dominaba, que el fanatismo que pesaba en su tiempo le hizo ocultar su familia y su patria que era según todas la últimas descripciones y estudios y aun por un conocido tipo, Judío. Haga notar que todos llamamos patria, al lugar ese que nacimos y siendo hijos de españoles o franceses, etc., si nacemos en Guatemala somos guatemaltecos; pero la raza judía tan unida, tan potente, aunque de generación en generación se reproduzca en un país, aunque se ligue a la raza sajona, etc., etc., dicen ellos "somos judíos" porque en efecto, se consideran unidos, se quieren y ayudan sabiendo que la unión es la fuerza y saben su raza es de inteligentes, de hombres mundiales que nos dan el ejemplo de sufrimiento. Colón habiendo recibido honores y brillado un tiempo, sin embargo no nos legó su historia verdadera porque fue según se sabe, ofreciendo su saber y sus conocimientos, de nación en nación, de puerta en puerta. Como todo judío no odió el lugar de su nacimiento porque para el judío, su patria es el mundo, su Dios el trabajo y su gloria la civilización. El lugar en que nació Colón, discutido hasta hoy, sin embargo lo hizo sufrir a él, porque en ese tiempo dominó en todos, la superstición, el fanatismo de ese siglo.

Cuántos sufrimientos ocultos nos hacen la vida dura, por preocupación o por circunstancias: pero en general el que sufre exteriormente sufre menos que el que tiene que callar por necesidad de educación o por fuerza de circunstancias.

Capítulo 19 Preocupación

Así se llama al sentimiento que nos hace anticiparnos, prevenirnos antes de ejecutar algo: es eso que bulle en el pensamiento y que quisiera no sirviera de estorbo para un juicio y acierto de un tercero.

Al preocupado le pasa todo lo material como en sueños, está imbuido, está atontado, por lo que le come los sesos.

Cuando se consigue vencer una preocupación se siente como refrescar la cabeza. En general las preocupaciones son absurdas y precisa analizar y vencer tomando por regla la Moral.

La moral es la línea recta y directa que nos conduce a un fin cierto y duradero. La voluntad de seguir las reglas de la moral, son la única salvación del preocupado.

Por lo general las preocupaciones vienen debido a algo que queremos que no se sepa, por ejemplo: hay personas en el mundo que para poder brillar necesitan (según su preocupación) que no se sepa que su Madre, es una pobre mujer del pueblo, una india; no sienten valor de aguantar el que una persona de categoría igual a la que él ya ocupa, les dirija una mirada como de compasión o de burla: el deber de hijos les dice que sería muy justo, que si por sus méritos ya ocupan posición alta, deberían enaltecer a la que les dio el ser, etc., etc.; pero no, no pueden y les domina el ¿qué dirán? Si el amor de hijos es superior, que el de otros que aún niegan a sus madres (ese dulce nombre) exigiéndoles el callar, las recogen en su casa y le llaman nana, o sea, la que los cuidó de niños. No tienen el valor de elevar a su Madre; no, ellos son más y sería rebajarse, sería perder su prestigio, ¡qué horror!

Otros, que metidos entre amigos adinerados, viéndose ellos mal vestidos, aunque limpios, pero no soportan la preocupación de estar menos lujosos y forma su preocupación el vestido ajeno y se hacen envidiosos y se atormentan hasta poder, si es posible superar.

Otros, viendo gastar dinero, si ellos no pueden hacer lo mismo, abandonan sus estudios y se preocupan en buscarse dinero para ser ellos los pagadores y que no se les tache de pobres.

Otros les viene la preocupación por algún negocio, que dicen se les ha torcido y noche y día están pensando en lo que perderán, en lo que harán, pero ¿y la voluntad para remediar (si tiene remedio), o de sacar el mejor partido que se pueda, pensando que quien recibe un mal puede convertírsele en bien, si partiendo directamente de las reglas morales se acepta todo con resignación y calma?

¿Y qué diremos de los que preocupadamente ven todo negro y se les figura sólo remediable con la muerte?

¡Oh jóvenes, la muerte es lo que en efecto acaba todo, pero es también lo único que no tiene remedio! Voy a tratar en el siguiente capítulo del suicidio.

Capítulo 20 Suicidio

Todos tienen piedad del suicida; pero esa piedad aparente no quita a la familia de compromisos a las leyes de ejercer sus facultades; por lo general el que se encuentra enredado y no ve salida, piensa en el revolver. Después de la muerte del suicida vienen las averiguaciones, los cálculos, los díceres, etc.; pero por lo general resulta que si son compromisos de intereses se arreglan igual a lo que podría haberse hecho, sin necesidad de recurrir al extremo de darse la muerte; por esto existe el arreglo judicial en casos de pérdidas, quiebras, etc. Otros se suicidan por un amorío que se les figura insuperable (cuántos casos se han dado de poder, salvar al suicida. Se ha comprobado que siendo los amoríos ligerezas; después tranquilamente el que quería matarse se casa perfectamente con otra y mira con pena su anterior ligereza).

Como hay quien piense, que el suicida es un valiente, ese error es la causa de que el suicidio tenga imitadores. En verdad al tocarnos vivos, sanos y saber que por voluntad puede pasarse en 5 minutos a formar un nuevo cadáver, que corrupto sobrepasa a lo repugnante y necesario de apartar de la vista y el olfato; como que sentimos la repugnancia a vernos así y creemos valor el del suicida a quitarse él mismo la vida y reducirse por su voluntad a un estado tan miserable: pero si consideramos el por qué se mató, entonces vemos que fue un verdadero cobarde, lo que evita todo castigo material en la vida, lo que se supone, un fin a las penas! ¿por qué se mató? porque no tuvo valor de sufrir, porque con una corta pena se quiso evitar penas que él no aceptaría, no se sentía con valor a soportar, luego ¿es un valiente quien no soporta lo que él considera demasiado fuerte? No, no, es un cobarde, es un vil, es un ¡criminal! El hombre fuerte sufre, el estoico goza en el suplicio, el moral piensa en remedio en la enmienda, pero el cobarde ¡se mata!

Rara vez el dolor material hace cometer el suicidio: si falta un brazo tiene otro, si un pie ídem y si los dos y mutilado por completo puede salvarse, llama en su auxilio la resignación cristiana, la caridad.

El que se suicida no es creyente, pues desafía ese más allá, premio y castigo del bien y del mal. Si piensa que el ser humano termina, al terminar la materia corporal; ¿por qué sufre? ¿qué cosa le hace sufrir si no siente su alma? ¿quién le dio esa vida que él se quita? Si la vida le es propia, ¿por qué ni al más sabio le es dable reanimar un cadáver? ¿por qué, repito, teniendo sano el cuerpo no comprende que su enfermedad es del alma y que matando su cuerpo, su alma no morirá, como no puede morir el dolor que la martiriza? ¿siente dolor? Si ¿dónde? ¿qué cosa le hace sufrir? Es el espíritu ¿y el espíritu morirá, tiene la certeza de que morirá? no ¿y por qué sino puede matar su alma se precipita a matar su cuerpo? El que se mata, busca en ese acto la compasión, pero solo es digno de desprecio; si el suicida es un cobarde, un ser que no tiene valor a vivir una vida de dolor interior, a vivir muerto como viven los seres valientes que comprenden que la vida es según el alma y no según el cuerpo. Las horas de amargura en que la hiel rebosa, en que se ve negro, vacío, frío, en que pensamos en una eternidad dormida, hacen al valiente filósofo, y al cobarde ¡suicida!

Esta es la realidad.

Como la vida es para cada quien según y conforme puede pasarla; por qué no pensar en que cuando todo lo que creíamos agradable nos resulta adverso, ¿puede cambiarse por completo con el movimiento de nuestra propia voluntad?

El mundo es tan grande que con solo subir a la torre Eiffel y ver a los hombrecitos como hormigas, se puede filosofar en lo que el hombre por su voluntad puede hacer.

El que se ve descreditado, despreciado infeliz, ¿por qué no buscar en el trabajo, en la enmienda, el variar de suerte? El mundo es tan grande que se gana la vida material por donde se vaya, con sólo vencer los primeras dificultades con paciencia y acreditándose con trabajo y honradez. Al rico decepcionado ¿por qué no buscar en el bien, en la caridad, lo que perdió por ligereza y falta de moral?

El rico que se suicida es porque no busca el goce verdadero que produce el ocuparse de la caridad, de la educación de la niñez, de la práctica de inventos, arte o ciencia: buscando el placer material se recibe saciedad empalagosa, hastío, fastidio y decepción; pero el que goza intelectualmente vive, vive y la vida se le pasa volando, su tiempo es oro, su voluntad plata, sus ejemplos brillantes, su vida entera un tesoro, para su familia, la sociedad y la patria.

Recordemos que el fastidio y el criminalismo entraron al mundo, por la pereza. El que busca en el trabajo intelectual o material el empleo de su vida, no tiene tiempo de suicidarse, porque el suicidio viene de la falta de amor a lo bueno, a lo inmaterial; la vida del alma no puede matarse matando el cuerpo ¿a qué suicidarse?

Capítulo 21 Desgracia

Con este nombre se denomina todo lo que acontece, contrario a la voluntad, produciendo dolor, luto y tristeza, pero no son en efecto todas desgracias las que causan lágrimas, pues muchas veces sucede que lo que nos proporciona contrariedad y dolor es por algún resultado de imprevisión, de falta de atención a que las acciones no son del todo correctas.

Verdadera desgracia puede llamarse a la muerte de un padre, de una madre, lujos, familia y amigos queridos; también desgracia horrible el perder todo de la noche a la mañana por la quiebra de un Banco, en que confiados depositamos todo nuestro dinero, mucho más, si por la edad ya no posible pensar en trabajar nuevamente. En fin, desgracia el todo lo que siéndonos imposible el remedio nos sume en la miseria sin poder alzarnos nuevamente; pero hay unas ciertas llamadas desgracias que no lo son y por el contrario forman un bien para la familia, la sociedad y aún la patria. Demos el caso de un hombre casado, que viviendo libertinamente llega a comprender el daño general causa y se retire por completo, abandonando a las ligeras mujeres que mantenía; ¿podrá ser eso una desgracia porque ellas lloren y se lamenten de su infortunio? No, por el contrario, en un bien, es un acto digno de corregir los errores, es un ser que reflexionando y apartándose del vicio vuelve a la moral y es digno de ser congratulado. ¿acaso podrán llamarse desgraciadas a la abandonadas mujeres? Tampoco: vivir una vida inmoral, faltar a todas las leyes de Dios y del Estado, eso es más desgracia, que vivir sola y trabajar con honor.

La que por su voluntad vive mal y se encuentra abandonada ¿por qué no pensar que puede con su enmienda redimir el nombre de sus hijos? ¿por qué no someterse a sacrificios que la hicieren menos culpable ante la vista de sus hijos a quienes lega su mal ejemplo? sólo así, puede darse el caso de hacer nacer flores de espinas, solo así, hacer palpar el resultado del mal, y si la madre fue más victima que depravada, entonces los hijos pueden con su buena conducta hacer olvidar la pena de su pecado o de su infortunio, a la que les dio el ser. Hay otras desgracias que tampoco lo son; el ladrón que es cogido y castigado, se llama a sí mismo desgraciado: ¿la conciencia del mal puede acaso ser desgracia?

Todo acto malo al ejecutarse lleva en sí peligro y al contrario de ser desgracia debe llamarse fortuna el castigo justo y merecido; por eso únicamente es desgracia aquella que sin acarreárnosla nosotros mismos, nos viene y nos abate contra nuestra propia voluntad y culpa.

Capítulo 22 Resignación

Esta llega a formar virtud si por nuestra voluntad nos ponemos en manos de un Dios, si somos creyentes; o de algún superior que nos dirija actos propios y que formarían lo que se llama albedrío.

Llámese resignación la que se siente al vernos impotentes y tener que sufrir por fuerza algo, pero que no siéndonos grato y estando prontos a saltar y quitarnos en cualquier momento oportuno; sin embargo aguantamos sin chistar.

El condenado a muerte por lo general va resignado pero si llega el caso de un complot libertador, saltaría pronto, se escaparía a mas correr, aunque antes hubiere tenido su vida ya por terminada confesado y absuelto por el cura.

La vida es para el hombre que ve la muerte de cerca, lo más deseado!

Sin embargo la resignación existe al no violentarnos, al recibir castigos justos, por ejemplo, un ladrón cogido y encerrado con cadenas, comprende lo justo de castigo y piensa con resignación que tarde o temprano en eso acabaría; con sus pensamientos justos le viene la voluntad de sujetarse pacientemente a las cadenas y si se le hace trabajar no espera el látigo para cumplir, sino que resignado ejecuta cuanto se le imponga, y todo lo ve como sufrimiento expiatorio y sus pensamientos son de enmienda; aun le proponen la fuga los compañeros que en complot quieren evadirse, pensando que una vez escapados no tan fácil se dejarán atrapar: el resignado prefiere cumplir su condena y salir con libertad verdadera, sin temor a ser nuevamente encarcelado; la resignación lo sostiene la enmienda, lo retiene sufrido hasta concluir su condena.

Todos los males pueden tener remedio, si con resignación se sufren.

Aun en los casos de muerte, por más hondo que sea el pesar, solo la resignación sostiene ¿qué sería de la desgraciada familia que perdiendo a su madre, el padre por dolor se entregara a la muerte? ¿como quedarían los hijitos si ambos murieran dejándolos pobres y sin nadie que los viva? Se dan casos de que muriendo la madre, el padre se entregue al licor y se pierda para el trabajo y los pobrecitos hijos repartidos entonces, crecen apenas conociéndose de lejos y sufriendo no sólo el verse en el mundo solos, sino precipitándose en el mal, por falta de instrucción y cariño! Se dice que la caridad los recoge, que existen asilos de huérfanos; pero ¿puede amarse a un ser, por más bueno que sea lo mismo que a un hijo? no, no, la caridad puede hacernos recoger a un huérfano y tratarlo muy bien pero jamás el corazón nos grita, ¡es tu hijo! claro, si no lo es, y el niño también sabe que no siendo hijo todo lo que se haga con él es caridad y aun mostrándose cariñosísimo tiene que sufrir: por eso la resignación es un caso de muerte por más dolorosa que sea; pero debe imponérsela quien tiene obligaciones sagradas; si a todos nos es precisa, a los que tienen lujos, obligatoria.

La miseria no entra en el hogar del pobre que vive resignado; puede la enfermedad conducirle a sus puertas pero la resignación que fortalece el ánimo le sale al encuentro y la detiene en el umbral con el esfuerzo del trabajo honrado. Sin resignación se maldice, se blasfema se pega a los niñitos por el humor negro con que se ven sus pequeñas travesuras: pero muy diferente es la casa pobre en que la resignación del padre y de la madre educar a los hijitos con cariño. Un poquito de atole, unas tortillas bastan para calmar el hambre, porque el estómago se acostumbra a recibir proco alimento, pero todos trabajan en lo que pueden y juntos y contentos bendiciendo a Dios, son más dignos de recibir de repente en auxilio de la divina Providencia. Si para el pobre, la resignación es una virtud, ventaja para el rico es muchas veces necesarísima ¿cuántos ricos viéndose rodeados de todo lo que hace la vida cómoda, divertida, agradable y sin embargo, no pueden disfrutar de nada? ¿por qué? Son tantos los porqués, que cada uno según el grado de resignación con que se revisa, se considera más o menos infeliz. Unos la enfermedad del estómago les [impide] sentarse a su mesa y se les presenta el suplicio del Tántalo, todo hasta los labios pero no más y su estómago no puede aceptar nada.

Otros viéndose rodeados de carruajes, automóviles, etc., están paralizados y con temor ven el que alguien se les acerque y les cause dolor. ¿no es esto peor que la pobreza? ¿Quién puede contenerlos para tomar un revolver y despacharse a la eternidad? La resignación cristiana, si sola la resignación les da valor, les da esperanzas de mejoría y viven esperando, y como la esperanza solo termina con la vida del hombre, es la resignación quien los sostiene. Bendita virtud única compañera del infortunio.

Capítulo 23 De la hipocresía

La hipocresía es un defecto que con apariencias de virtud penetra en la sociedad y muchas veces produce lo que el veneno de la víbora; basta un piquete para matar, si no se pone remedio inmediato. El hipócrita, aparentando virtud, busca atraernos, encantarnos, pero en su corazón siente placer de engañarnos y conducirnos a algo que le gustaría hacernos sufrir. El hombre bueno por lo general no se preocupa del exterior de su persona, sus modales siendo adecuados a su educación y posición tienen por lo general aquella soltura que aunque algunas veces parece algo atrevida, pero que son resultado de la confianza que él mismo se tiene; mientras que el hipócrita no, pues siempre está atento a no dar un solo paso, un solo movimiento que pueda descubrir lo que en el fondo de su corazón oculta: muchas veces vemos en la iglesia, personas devotísimas; besan el suelo, se golpean el pecho y son los primeros en alargar la mano para la limosna ¿acaso la devoción necesita exteriorizarse? ¿son por ventura un ejemplo? desgraciadamente la careta religiosa es por lo común buscada para ofuscar? ¿quién puede figurarse que el que tan religiosamente, tan profundamente se golpea el pecho está preparándose a dar el peor de los robos, ¿cuál es, presentarse a quiebra en sus negocios sabiendo que se le ha depositado dinero en la confianza de su alta y renombrada religiosidad y conciencia? ¡vampiros de la religiosidad, que con sus exterioridades no hacen mas que perjudicar a la religión del Cristo que es de verdad y caridad!

El exterior compuesto que denota modestia, los discursos estudiados, las palabras dulces, esa cautela en toda la apariencia por lo general religiosa, por lo general dan resultado: pero desgraciadamente malo; porque el hipócrita estudia lo que atrae y se infiltra, se pega hasta conseguir su objeto. De la hipocresía vienen las traiciones, las calumnias y todo lo que necesita trabajarse, como dicen "bajo el agua". El que sabe engañar por lo general halaga, finge un gran cariño, una decidida amistad y reconocimiento por la más insignificante acción. Se interesa en conocer por completo lo más íntimo y da consejos, pero por lo general misteriosos.

Todos huimos de los malos, de los que son nuestros enemigos declarados, por eso el hipócrita busca la amistad, el traidor el favor y el calumniador la confianza.

No olvidemos aquel dicho de "Líbreme Dios de mis amigos, de mis enemigos me cuidaré yo" ¿acaso de veras no existe la amistad? Si, sí puede existir, pero hay que recordar a Diógenes que con una linterna buscó y buscó y encontró ¡un perro!

La amistad sí puede existir, pero no se necesita buscarla porque es como los tesoros, se encuentra. La amistad verdadera no se fija en apariencias, en posición y dinero, por el contrario un amigo puede llegar a valernos más que los de nuestra propia sangre: pero por eso es difícil. El verdadero amigo no busca halagar nuestras pasiones, no busca las vanidad de nuestros actos ni la apariencia del comportamiento, si puede hacernos bien, está pronto, pero si le pedimos un acto degradante, por el contrario de ayudarnos nos avisa el peligro: el hipócrita por el contrario nos empuja y se lava las manos, como Pilatos gozándose en vernos bajo él y si nos debe favores no decante su influencia, nos traiciona en la amistad y nos calumnia con tal de vernos si es posible siempre bajo su decantada protección. De todos los vicios el más perjudicial para la humanidad es la hipocresía, por lo mismo de presentarse a la sociedad y a la familia como los caballeros de industria es decir, con apariencias de fineza educación y protección: así como el caballero de industria busca las relaciones aristócratas, la opulencia, la vanagloria, etc. Así la hipocresía con la careta de religiosidad, de caridad, de grandiosidad del sentimiento se introduce halagando interesando, en fin dorando la píldora que nos prepara para sus fines rastreros envidiosos y viles.

Capítulo 24 Del orgullo y vanidad

El orgullo es la idea que formamos nosotros mismos de ser algo refulgente, algo notable, algo digno de que todos se quiten el sombrero antes nosotros.

Es la idea ventajosa prepotente del rico sobre el pobre, del alto sobre el bajo, del encumbrado sobre el que de nosotros depende.

Jamás el orgulloso piensa en que su posición es factible a su cambio, jamás piensa en que fue una suerte, una casualidad, un ardid tal vez, el elevarlo a la altura en que se ve; – le sucede lo que a los chiquitos cuando están en un balcón – "les da ganas de escupir sobre los que pasan".

El orgulloso siempre que puede escupe material, moralmente sobre los que desgraciadamente están bajo su dominio o le piden algún favor.

No hay cosa más grata para el orgulloso, que lo vean cuando está vestido de gala, cuando los caballos de su carruaje pisan fuerte y hacen ruido con sus cascabeles, o cuando su automóvil hecha humo vihuela, y él se coloca en medio como diciendo yo, yo, yo soy quien lo ocupa todo ¡ni quien me fume!

Por lo general quienes de la nada se elevan y llegan a la opulencia, la riqueza los ofusca y pretenden humillar a los que saben algo de su vida anterior.

El corazón del orgulloso esta sujeto a la dureza y a la insolencia, si hace una caridad, precisa que se sepa, si da un banquete que sea publicado y ensalzado por los periódicos, si en las listas de donativos aparece su nombre antes de dar la caridad, pregunta, indaga para no confundirse con los pobres, pues su caridad no es de corazón sino de prestigio, de vanagloria, de interés comercial.

El orgulloso no goza sino cuando alguien lo ve, cuando tiene quien lo adule, cuando está en sociedad y se dice su título.

Para el orgulloso, él merece todo, alcanzó su puesto por sus méritos, por sus dotes, por su talento. Nadie puede acercársele por un favor, pues está totalmente alto que su mirada, que su saludo son suficientes a honrar y no se les debe molestar con majaderías.

El orgulloso busca rodearse de aduladores, su vanidad se doblega ante quien le rinde homenaje, pero siempre que puede, da a comprender el favor que está dispensando al aceptar una compañía más bajita. A su mesa procura invitar a los más altos, los más bajitos son de confianza, pero no sus iguales y estos se quedan para no fastidiarse cuando no puede estar con los que llama sus compañeros o amigos.

¿De qué le viene tanta altura? Eso no tiene que decir a nadie ¡eso lo preguntan los envidiosos!

Todos los orgullosos son vacíos y una inteligencia de veras ilustrada jamás busca ostentación lujo y melindre

Los hombres de más talento, de más méritos, por lo general viven modestamente, por más ricos que sean. Aun los reyes educados. para mandar y enseñados desde pequeños a la distancia de la sociedad, les divierte, aman la vida incógnita que les permite conocer a sus leales, que les da momentos libres de ser hombres libres y no reyes. Precisa pensar que los bienes de fortuna, como lo dice su nombre vienen de fortuna, casualidad, suerte y por lo tanto está sujeta a padecer alternativas ¿qué mérito tiene el que hereda un millón de pesos? ¿hay algo para enorgullecernos si los tapices de nuestra casa son finos, si los caballos son grandes y gordos y si nuestro dinero nos permite ocupar un puesto en la sociedad? Claro que no, y el orgullo es como el humo que se condensa; con sólo sentir un revés de fortuna ya el orgulloso se prepara a recibir decepciones pues sabe que volverá a lo que fue antes; su globo al quemarse lo hace caer más infeliz que antes, porque al elevarse se hinchó de pasiones absurdas que aunque todas las pasiones son malas, pero el orgullo invade la cabeza, el corazón y siendo éstos la parte más interesante del cuerpo, el sufrimiento se hace denso, negro, intolerable al grado de atentar contra la vida; ¡por no encontrarse en el ridículo de los burlados! Pero no es en verdad lo que cae ridículo y muchos suben y bajan a media de la faz de la fortuna que les sopla: pero lo que si es ridículo es el orgullo de que se inflaron, de manera que aquellos méritos, aquel talento, aquellas dotes ¿acaso no es el mismo individuo? Oh necios, ¿por qué no pensar que el hombre modesto, el afable, el cortés, si pobre adquiere amigos, de rico puede con su generosidad y finura ganárselos mucho más para vivir tranquilo en cualquier eventualidad de la vida?

El hombre de verdadero mérito, pobre o rico, siempre considera que la ventaja que sobre los otros tiene es la de poderlos utilizar a todos, ayudándolos con talento y sin ofenderlos ni menospreciarlos. Los bienes de fortuna lo ponen en la posibilidad de hacer disfrutar a los que lo solicitan según y conforme, haciéndolos enderezar sus miras al bien y servicio de la patria El talento de la vida es más tesoro que el mismo oro, por eso vemos experimentar a los caídos diferentes sensaciones; a unos les causa vergüenza y si no se matan, se esconden a pasar el resto de su vida alejados de todos, otros caídos por el contrario ellos permanecen tranquilos y quienes lo sienten son los que saben que con su talento, con su hombría de bien, era una garantía para la patria.

El orgullo en la mujer es todavía más ridículo. Hay mujeres que no pueden verse sin brillantes, por ellos sacrifican a sus hijos, alimentándolos malamente por tener el lujo de comprarse joyas. (no quiero hablar de las que necesitan tapar con brillantes materiales su horrible conducta, estas desgraciadas no pueden brillar sino por su lujo ostentario) pero existen Señoras que el orgullo las domina, al grado de no ver más, que el vestido y las joyas, no hablar sino de modas, de valor material de las telas y suponerse más que otras, porque visten las últimos figurines y llevan las piedras de más valor en la ciudad.

La mujer criada por Dios para madre, ¿cómo es posible suponerla buena, tierna y cariñosa si sus hijitos sucios, rotos y mal alimentados, están encerrados en su casa confiados a una sirvienta pagada, mientras ella luce en teatros, bailes y diversiones? ¿y qué diremos si se aumenta, el que su esposo, modesto trabajador apenas alcanza para el material sustento?

Muchas veces el orgullo tonto de las joyas hace suponer injusticias; pero la justicia verdadera nos hace pensar que no existe collar de brillantes más hermoso para la mujer, pobre o rica, que una limpia casa, unos hijos sanos, educados e inteligentes, un amante esposo moral y una dignidad en el vestir, más con limpieza que con lujo. Esos son los brillantes legítimos, esos brillantes nos dan tarde o temprano el lustre o brillo en el corazón del esposo, de los hijos y de todos los que reconocen en la mujer el talento unido a la modestia.

Por lo general el orgullo va unido a la vanidad y como lo dice su nombre vano o vacío: por lo general el hombre que ejecuta algo de mérito, más se preocupa de su obra y continuamente piensa en mejorarla en adaptarla a esto o lo otro. El que vano y orgulloso, (sopla la flauta por casualidad, como el burro) de cualquier modo busca llamar la atención sobre su interesante trabajo; a todos habla, muestra, explica cómo por su talento natural sus dotes, su ingenio, le vino así fácilmente pero es solamente de él, de su exuberante fantasía, etc., etc. Le gusta que se le halague, que se le presente como a gran inventor o escritor en fin, lo que sea, pero que no pase desapercibido porque eso es falta de educación grandísima para quien con él trata por último ¿no habéis visto con que letras tan grandes pone su firma? ¡oh! La vanidad es ridícula y en el hombre serio intolerable; pero al vano, al orgulloso, al tonto no puede hacérsele la mínima observación porque se le ofende; si ocupa una posición alta ¡puf! ¡Eso es faltar no al señor tal, sino a la patria, a las leyes, a la sumisión que se le debe!

El orgullo y la vanidad por lo general buscan el manto de la dignidad para cobijarse; pero cuan distinta es una de las otras: por lo general los orgullosos y vanos o varios hacen bajezas que en el libro de Carreño y desde pequeñitos en la escuela se nos enseñan como indignas. Abrir las cartas que caen en sus manos bajo pretexto de revisión etc., ¿os asustáis? Pues eso para ellos ¡moda! Porque aun no creen faltar reteniendo el sueldo y si es posible aprovechándose de algo del que creen inferior! Voy a referir un caso muy verdadero. En un puerto de mar, desembarcaban unos grandes señores que eran esperados por mucha gente. Uno de estos pasajeros del mismo vapor, no pudiendo desembarcar, por motivos involuntarios, rogó al potente señor dar una carta al inspector del puerto; esperaba la respuesta pronta: ¿cuál no fue su sorpresa, al no recibir respuesta? (en el muelle estaba el inspector) pero la gran dignidad del personaje le hizo suponer que primero debía enterarse del escrito y esperó 3 días para tener la generosidad de servir a su amigo: el perjuicio fue tremendo para el que esperaba confiado y quiso saber la causa dirigiéndose, al gran amigo (con una carta pregunta, etc.) ¡jamás alturas más inalcanzables, más títulos ministeriales, más dignidad ofendida, todo salió a relucir pomposamente! había faltado al ocupar sus influencias! – pero su vanidad su orgullo no le decía el horrible e indigno proceder de ¡abrir la carta!

¡oh! cuán diferente es la dignidad de la astucia, vanidad y orgullo.

Capítulo 25 Ley moral

Las leyes que nos rigen son iguales para todos, pero es muy justo, muy de esperarse que el educado, el inteligente el caballero, las comprenda y practique más que el ignorante.

El ejemplo habla más alto que la palabra.

¿Qué puede esperarse del Juez que procura dar más peso al dinero, que a las leyes y códigos?

¿Qué del magistrado, que embriagado, llega a su curul entorpecido el entendimiento?

¿Qué del padre de familia que conduce al hijo a los lugares depravados?

La moral se enseña moralizando y el contagio se trasmite.

En la medicina se comprueba que los microbios tan pequeñitos, sin embargo son los que transmiten las enfermedades, las pestes. Así el que se siente solo ejecutando algún acto indecoroso, se avergüenza; pero si el contagio es general todos aun se vanaglorian de actos sucios; entonces la dignidad, la vergüenza y todos los sentimientos dignos son un juguete, porque la peste ha dominado y se necesita mucho trabajo para extirparla.

Sin antes de llegar al efecto de la pasión se meditara en las consecuencias, se hiciera paso a la conciencia, la mayoría de las desgracias se evitarían; pero el hombre por lo general se hace la ilusión de que para la mujer es solamente el pudor la vergüenza en relaciones amorosos y que el hombre nada pierde, mucho más si su dinero le es suficiente para todo.

Si al principio del mundo según la Biblia, el hombre tenía que crecer y multiplicase, por algo digno, fue que la religión y las leyes impusieron el matrimonio.

Basta con esto para comprender que la moral no es solo para la mujer y que el hombre al legar a sus desdichados hijos bastardos el ejemplo, si le son deudores de la vida según las leyes naturales pero existiendo el matrimonio y siendo ellos hijos del mal o falta de leyes cívicas y religiosas los hace ilegítimos o deshonrados ¿puede llamarse sensato el imponer a hijos el infortunio del ilegitimo origen?

El matrimonio es la unión de dos seres libres que al ligarse con santos fines, deben procurar formar el hogar limpio, recto, honorable en cualquiera posición social. En todos los países civilizados según el rango que ocupa la mujer se valoriza la civilización del hombre. Por eso la Turquía es hasta hoy, mirada como inferior aunque muchos de sus hombres sean valientes; pero existe el Harem y todavía avergüenza a la civilización el que seres racionales encerradas como bestias estén en el serrallo dedicadas al libertinaje y enseñadas tan solo a servir como objetos de lujo o lo que es peor, como muebles.

¿Puede el hombre amar a la que considera inferior, a la que se posee por vanagloria irracional? ¿puede la mujer amar al que le quita todo puesto útil en el mundo civilizado para convertirla en hembra o sustantivo productor de objetos? Pero y si el hijo de gata es gato porque el hijo de mujer objeto ha de ser más que ella?

El placer del hombre al presentar a sus mujeres malas, es como el del cazador al presentar las pieles de los leones y tigras que cazó, con la diferencia de que las fieras no las considera sus iguales ni le gustaría ser hijo de una loba o pantera, mientras la mujer es su madre.

Luego por algo se establecieron las leyes del matrimonio, por algo muy justo en la mujer principalmente el pudor es mérito esencialísimo y la que por ligereza o pasión falta a sus deberes tiene que sufrir tarde o temprano el castigo a su falta.

El verdadero amor es puro, el mismo hombre al sentir verdadero amor respeta y quiere para su legítima esposa una virgen casta, púdica modesta. El amor pasional necesita materialidad y degenera en impudicia, inmoralidad.

Es terrible el ejemplo que se lega a los hijos bastardos, esa herencia miserablemente impuesta por el factor de su existencia, por lo general la continúa, la expande. Quien se siente miserablemente venido al mundo ilegítimamente, y no puede reconvenir a los que si le dan alimento y vestido pero le quitaron la dicha de un apellido limpio de un origen recto y digno: por eso al comprender la vida al sentir las pasiones, se precipita en la inmoralidad, no importándole nada y diciendo "el hombre no pierde".

En la mujer quiere, por lo general, mitigarse la culpa haciéndola víctima y no rea: pero la que por amor verdadero sufre, debe saber que la pasión del amor es pasión y todas las pasiones tienen que ser de padecimientos, tormentos, penas, etc., pues pasión es el acto de padecer y por eso se llama a las penas de Jesucristo, la pasión. Jamás una mujer amante apasionada, permite que la esposa legítima sea humillada y mucho menos ante ella, que ilegítimamente, que inmoralmente se atreve a una vida contra Dios y las leyes. El hombre que se atreve a unir sus hijos legítimos a los bastardos haciendo palpante su ejemplo inmoral, no puede tener ni pizca de sentido moralizador. ¿por qué querer libros de moral cuando el ejemplo está palpante? ¿cómo pueden los gobiernos moralizar, si los padres de familia aun se vanaglorian de su inmoralización?

Muy cierto es que desde que el mundo es mundo existe el mal, pero en todos los tiempos lo bueno es bueno y lo malo es malo, y en todos los tiempos, en todas las historias se comprende la diferencia del vicio a la virtud y de la luz a la oscuridad.

La moral siendo lo que denota las buenas costumbres y las acciones humanas en orden a lo lícito o ilícito, no queramos minorar lo ilícito con el pensamiento prosaico, de que se suceden generaciones con sus vicios y crímenes. Puede el gobierno, puede la justicia encarcelar ladrones y asesinos, pero las costumbres libertinas se interiorizan en la sociedad con frac y corbata blanca y por eso el mundo sigue el curso que la hipocresía le permite.

Si la inmoralidad se perpetua es primeramente porque el pensamiento se pregunta a solas ¿quién soy, por qué vine al mundo? Y cada cual examina la conducta de sus padres puesto que a ellos debe lo que es y debe ser, si es de padres honrados, morales, dignos, siendo él un perverso, tiene que encontrarse indigno y mal hijo; pero si su ilegítimo origen le hace sentir el mal ejemplo, se contenta con decir ¡oh si! de tal palo tal astilla: difícilmente reflexiona en el cuarto precepto del decálogo "honra a tus padres".

La inmoralidad del padre por lo general quiere ocultarse bajo el peso de la material necesidad de dinero, y hay padres que enseñan a sus hijos que únicamente el dinero da todo; eso, el dinero es lo único buscable en el mundo y lo único que preocupa al inmoral padre; si la nobleza del alma, sin el pensamiento del goce, del espíritu, la vida del hombre se materializa a tal grado, que bien puede decirse que se irracionaliza ¿qué cosa repara el goce del hombre al de la bestia? ¿qué cosa y por qué el hombre es llamado racional y el otro irracional? pues si la razón raciona ¿cuál es el por qué, el hombre libertino no comprende el goce del espíritu? La inmoralidad o materialidad en que vive la degradación del vicio y más que nada la conciencia que le grita: he allí el fruto de tu libertinaje; pero eso busca ofuscarse en la enseñanza del material dinero y en la materialidad de lo que con el dinero puede comprarse.

Mucho más podría decirse sobre la moral, siendo la moral la luz sobre la sombra, o de la idea del mal que no estorba el bien en la tierra; pero que en las inteligencias o conciencias no puede confundirse por lo tanto quiero que con mis pobres pensamientos escritos en 25 capítulos yo sea superada en demostraciones más floridas y brillantes; pero al mismo tiempo atendida en mis insinuaciones de que la moral se enseña más con el ejemplo que con la palabra.

Capítulo 26 Segunda parte o sea Instrucción Cívica

La palabra civil dice o se refiere a todo lo que pertenece a la civilización; lo que es del Estado, gobierno, orden, justicia e interés de toda nación civilizada.

En cualquier ramo que analicemos al llegar a una ciudad inmediatamente se comprende la cultura de sus habitantes, por el aspecto de la ciudad: luz eléctrica, calles limpias adoquinadas, abundante agua, elegantes palacios, comercio, industria o fábricas, ferrocarriles, teatros, academias, milicia, en fin todo lo que denota comodidad, seguridad y aun lujo.

Cada ciudadano conforme al derecho civil está obligado a proporcionar o fomentar el engrandecimiento de la Patria y procurar la paz, que es la única que puede consolidar el crédito y permitir el ensanchamiento del comercio, artes, industrias y agricultura.

La instrucción cívica no está separada de la instrucción moral, antes por el contrario nos enseña la moralización en las ambiciones, el aprecio de las costumbres sanas en regla y orden de civilización.

Todos desean llegar a ocupar puestos altos, siendo de la humanidad pecadora e yo personal: la moral justa nos hace comprender que para servir a la patria, si todos tenemos voluntad más que ambición, todos los puestos son buenos. Teniendo ante la vista ejemplos de espíritus ambiciosos, que rodeándose de aparato grandioso a fuerza de intrigas y de amigos que esperan subir ellos con la oleada revolucionadora, sin embargo se ve el brillo de la gloria aparente y no la realidad de la verdad, que lega a la historia la censura de los hechos y la palpante realidad de las ambiciones ocultas bajo frases adornadas de patriotismo. Por eso el desenlace de las decantadas frases patrióticas, de los talentos imaginarios, no son sino perjudiciales o de detrimento material para la patria. Casi a todos ciega el brillo de la gloria sin ver que los altos puestos son cargos difíciles de conducir a buen fin; muchos se fían en el destino porque la adulación ciega verdaderamente y no comprenden que mientras de más alto se cae más, es el detrimento y vergüenza. La historia nos apunta tantos hechos de personas que creyeron encontrar honores y solo se precipitaron a su ruina y la de su patria!

Todos apetecen el brillo que ofusca y no ven tras la apariencia de gloria la realidad de la verdad, del tiempo que juzga los hechos sin parcialidad y si en cada gobierno existen partidarios, estos acaban con el más ligero descontento.

En el poder, los amigos imprudentes o temerarios que empeñados en amarnos, suelen ser los que más nos perjudican.

Así como cuando poco se posee hay que cuidar poco; el que acepta un puesto de mucha importancia tiene que vivir alerta a las responsabilidades , contratiempos y demás, tiene que trabajar por sí mismo y no confiar, porque una ligereza una indiscreción, aun viniendo de un subalterno, es a él a quien ponen en ridículo y lo precipitan a su ruina.

No debe darse a los amigos todos los cargos y privilegios, porque la justicia y el derecho serían de pasiones o partidos; precisa que una administración es limpia, recta, justa y sobretodo en el puesto público es de suma importancia el atender a todos, aun a los enemigos y no buscan el lucro, comodidad y el honor; porque los hechos de cada administración pasan a la historia y aunque escritos por partidarios, pero la conciencia pública los sanciona: por eso vemos que las estatuas erigidas durante la vida del prepotente son desbaratadas, lapidadas en cuanto muere. Sólo al pueblo, sólo la historia verdadera escrita después de la muerte del mandatario son los únicos que deben tributar el honor de levantar estatuas o llamar beneméritos a los que sean de veras dignos por sus trabajos y beneficios a la patria.

Siempre los puestos altos son envidiados y no saben los necios que al ser blanco de los tiros de todo un pueblo, no es oro todo lo que reluce, y que cuanto más omnipotentes aparecen los mandatarios, están mas sujetos o reducidos en sus goces, teniendo la molestia a todas horas y son en efecto los más ocupados servidores del público.

En el gobierno aspirar a mucho y no cumplir nada es lo general; pero un gobierno no es arte, para lo que se necesitan ideales sin limites para producir algo bueno; por lo contrario en el gobierno no precisa aspirar a mucho, sin perseguir con empeño un buen fin.

No sabrá aprovecharse de una victoria política quien no haya luchado y sufrido antes; el derrotado tiene la experiencia propia, el ilusionado tiene palabrería que se lo lleva el viento.

La dulzura jamás apacigua en política y es aun dañosa cuando es innecesaria. Ofrecer y no cumplir es la barreta con que los poderosos se derrumban sus tronos; si a nadie debe decirse un no, tampoco darle un sí falso, la política manda un término medio, una puerta abierta en que pueda en cualquier momento entrar quien solicita: el mañana nadie sabe y el trabajo en una administración no se presenta de lleno, sino conforme a las necesidades que se presentan unas veces por gusto y otras por disgusto.

¿Quién podía imaginarse conociendo a Crispi en Italia, que todo su gran prestigio terminaría por la guerra que sostuvo contra un lugar del África? ¿Quién al ver a Maximiliano de Habsburgo, alentado por su hermano José II de Austria y por mexicanos deseosos de títulos y honores llegar a México y ser recibido bajo palio y luego considerándose como invulnerable dar la ley del 3 de Octubre contra los mismos mexicanos y en ella firmar por decirlo así su sentencia de muerte? ¡oh, el poder ofusca, la adulación embriaga!

Capítulo 27 Sentimientos cívicos

Si los hombres públicos están cargados con el peso de las responsabilidades históricas y se sabe que ellos son el blanco de las miradas y el horizonte de los bienes patrios, es muy digno, es un deber el ayudar cada quien, en lo que su inteligencia le conceda.

El escribir libros, periódicos, música, juntar cuadros de arte, poesía y en todo, hacer amar las ciencias y adelantar las inteligencias; ese es civismo puesto que da honor a la patria.

No existe vida inútil, todos podemos hacer algo por la patria; el trabajador del campo o pobre jornalero con su material trabajo está ayudando la agricultura; otros se dedican a los miserables y sacando del fondo de la tierra o minas el oro, plata, carbón, gas, etc., están ayudando al nombre rico de la patria, otros marinos amagados de continuo por los peligros, sin embargo transportan de un lugar a otro de un país a otro los diversos objetos de canje o cambio que comercialmente se proporcionan los de los lugares contrarios en climas: sin la navegación no podríamos disfrutar de productos de Rusia, China, etc., y tampoco ellos de los nuestros.

El Autor del hombre, al hacerlo superior al irracional y darle el poder sobre todo lo creado, le dio la racionalidad o inteligencia para servirse de ello, sin necesidad de garras, colmillos, etc., que son defensa en los animales. Todavía más, pues le dio la voluntad y libre albedrío y por eso el hombre debe considerarse libre, es decir, ningún hombre pertenece a otro, pero todos juntos pertenecemos y somos útiles a la patria: cada cual tiene el derecho de vivir y siéndole indispensable el mantenimiento, trabajar para proporcionárselo: el hombre activo puede llegar a la riqueza en cualquier ramo de trabajo a que se dedique, y esa riqueza, ese producto acumulado con su inteligencia y trabajo le pertenecen sin que ningún osado flojo, miserable, tenga derecho a quitárselo; allí viene la madre patria con sus leyes a defenderle su libertad de posesión.

La instrucción cívica empieza desde el momento en que la mamá del niñito le dice "no toques lo que no es tuyo, no quiebres las ramas de los arboles", explicándole que todos tenemos derecho de vivir pero necesitamos adquirir con nuestro trabajo el dinero para nuestra manutención y comodidades de la vida. La buena Mamá enseña al niño que el gobierno sostiene el ornato y limpieza de los paseos y jardines, necesarios para el ornato y recreo de los habitantes, pero si todos podemos gozar de cuanto embellece las ciudades, todos tenemos la obligación de cuidarlo sin apropiarnos el más insignificante objeto; aún las flores que se creen de ningún precio, lo tienen en realidad ¿cómo quedaría en 5 minutos un jardín en que fuese permitido a cuantos se encuentren en él, arrancarse y llevarse cuanto encuentren? Muchas veces sucede que dejándose llevar de la coquetería, una señorita, elogia una hermosa rosa de un jardín público, delante de un caballero: ¿estará autorizado alguno de los dos a cortarla, para ser galante? No y mal haría si pensara el caballero en aprovecharse, diciendo o aludiendo al poco valor monetario que parecería no implicar acción de robo, pues es robo por más pequeño que sea el objeto, no estando de venta, no siendo objeto, sino de belleza para el jardín; la rosa está allí para ornato, para fragancia y es un acto indigno arrancarla y llevársela; es igualarse a la gente ignorante que carga con palos, el telégrafo, alambres y cuanto puede diciendo, "es del público y yo soy público" pero risible si a tiempo viene el jardinero o vigilante, la policía, etc. ¿por qué ocultar, lo que dicen tener derecho de coger?

El derecho, si es derecho no se oculta y toma la consecuencia de lo torcido o mal hecho. Alegar ignorancia es risible, alegar precio ínfimo peor todavía ¿por qué no se dirigió a un puesto de venta para obsequiar lo que tan ínfimo precio, no le infería el titulo de ladrón? El robo no denota calidad ni precio y vemos encarcelar a infelices hambrientos por un pan: ¿por qué el que se cree caballero no tiene a deshonor robar una flor?

Todos podemos gozar de lo que es bien público, todos podemos en una galería, museo, biblioteca, etc., aprovecharnos en lo que para ese efecto fue preparada y está sostenida por el gobierno, mas es de poquísima delicadeza, de ninguna educación cívica hacer perjuicios y comportarnos suciamente abusando del poder, estar a nuestra entera comodidad.

El recuerdo del bien a de grabarse en la conciencia pública, establece la igualdad que las más de las veces se niega en la vida del individuo.

Al recordar el bien o hecho heroico, al profitar del invento que nos proporciona comodidad, sustento o civilización, no preguntamos si fue chino o negro el inventor; para nosotros el bien es lo provechoso, y contemplando su estatua nos complace saber que fue un gran hombre y es cuando nuestra inteligencia nos persuade de que todas las razas y todas las naciones, crecen y se notabilizan por la inteligencia y cultura de sus habitantes.

Si todos los ciudadanos unidos se proponen adelantar a su patria dando su contingente material e intelectual, indudablemente las ciudades se embellecen, el comercio, agricultura, minería artes y ciencias adelantan. La unión es la fuerza y todos unidos trabajando tienen que dar resultados óptimos y es lo que se llama civismo.

Capítulo 28 Aspecto necesario, decente

Es un deber cívico y moral cuidar el aspecto decente en todos los establecimientos públicos no es en efecto lo que se llama ornato, es más esencial todavía pues entra en la limpieza y orden.

Al entrar a un instituto, a un colegio y ver los muebles llenos de nombres y aun de palabras vergonzosas, quita la voluntad a las personas pulcras, de hacer ingresar allí al hijo que se desea educar.

¿Faltando la decencia será posible la educación? Materialmente se siente repugnancia al considerar que los niños o todavía peor, los jóvenes que deberían comprender que cada cual se asimila a lo que le rodea, puedan educarse en un lugar sucio. En cualquier tratado de urbanidad y moral se ve la necesidad de la limpieza. Estando en un lugar más claro es que nos ensuciamos ya sea material o moralmente; si aun en las cárceles se debe atender a la limpieza por mandarlo la sanidad ¿cómo es posible que un lugar dedicado a la enseñanza pueda permanecer sucio? pero sucede que los alumnos sabiendo que los muebles pertenecen al gobierno, se figuran que destruirlos o emporcarlos da motivo a que sean remplazados por otros nuevos.

Todos los utensilios que la ilustración y la ciencia va necesitando para la enseñanza cada día más moderna, podrían irse adquiriendo y casualmente se hace esto difícil, porque siempre precia gastar en lo ya adquirido y deteriorado, por falta de raciocinio. Dan ganas de obsequiar, de ayudar y comprar utensilios a quienes los saben apreciar, de otro modo es como dar dulces a los animales, es decir, que al que no comprende el valor de lo que se le da ¿para qué dárselo? Siendo la patria nuestra madre, el gobierno está obligado a sostener institutos y escuelas, pero si los hijos no respetan la propiedad si no comprenden el bien que les reporta el comportamiento digno, en verdad sucede que ejecutado todo por mera obligación no da el resultado de lo que se hace por gusto, por entusiasmo y satisfacción.

Los padres de familia por más pobres que sean, sabiendo que el colegio del hijo, es limpio y que al presentarse su hijo sucio, desgreñado, con el pelo revuelto, las uñas negras, los pies descalzos, etc., sufriría vergüenza, se apresuraría a remediar tales desperfectos. La pobreza no es puerqueza el que anda sucio es por pereza.

Se dice que la limpieza del cuerpo denota la limpieza del alma y esto es porque quien tiene su reputación limpia, huye de mezclarse con gente depravada, como al que vestido de blanco desagrada que le dé la mano o se le acerque quien está cubierto de lodo.

Si al entrar a un establecimiento de educación encontramos limpieza y orden, con agrado pensamos que allí existe moral y civilización: pero por el contrario, repito, si todo está raspado, sucio, desordenado, apartamos aun la vista, con el pensamiento triste de qué podrá enseñarse algo de ciencia, pero en las costumbres se degradan quienes no conociendo la pulcritud encuentran bien y contentos en el desarreglo y la inmundicia.

Muchas veces se ha comprobado que el olor da a conocer a la persona y sus inclinaciones.

Aún entre familias ricas puede notarse a la que recibió educación pulcra y la que aparentemente está educada y tienen por principal ornamento lo que cuesta material plata. Existen palacios que por un costo, son indudablemente ricos, pero no hay cosa que pregone más la educación, que el encontramos en muebles finos manchas de grasa y animales. Si entre gente obrera que por fuerza dedica su vida a ganarse el sustento, sin embargo, es repugnante saber que tienen chinches y pulgas, ¿cómo podrá pasarse eso en familias acomodadas donde sobra dinero y podrían comprarse polvos que extirpan estos insectos, y criados que pueden ser pagados para la principal necesidad que es la limpieza?

Desde el colegio, la educación necesita ser estricta. No es el hijo que se necesita para la salud; la apariencia pronto o en cualquier momento puede descubrir la verdad; hay gentes que luciendo en sus salones grandes espejos, en el tercer cuarto o recámara duermen en colchones tirados por el suelo; se nutren con hierbas, pero se compran brillantes.

Dicen que el lujo es preciso para la sociedad: el más gran lujo es el poder llevar en la conciencia el cumplimiento del deber y en el cuerpo un vestido limpio, cada cual según su posición social, pero en que dominando el espíritu de la decencia, sea acorde a lo que interiormente cubre el cuerpo.

La limpieza en el vestir es más necesaria, que el lujo de cambiarse a mañana y tarde fluses claros con oscuros etc. Aun en el gran mundo el vestido limpio aunque pobre, es preferible al que teniendo infinidad de cortes, estilos, modas, etc., pero todo arreglado, sucio y dejado, va haciendo su poca limpieza. El respeto a lo ajeno, aun siendo de alquiler, denota la clase de familia y la educación. Cuando se ven casas de alquiler y se observa cómo los dejan algunas familias, se comprende el cómo vivirían.

Es de educación cívica no manchar las paredes de las calles, tener limpias las aceras, respetar las estatuas y momentos, jardines, plazas, bibliotecas, museos, iglesias, en fin las calles pertenecen al público, pero en la calle quien grita y alborota, merece el que se le lleve a donde pueda, por fuerza saber lo que es educación cívica.

Capítulo 29 Libertad

Existen en las enseñanzas Republicanas tres frases o más bien palabras que denotan mucho.

Libertad Igualdad Fraternidad

En la religión se definen con el nombre de filantropía, siendo la base de la democracia que es la apreciación justa de los derechos del hombre.
La libertad es lo más deseado para quien sintiéndose hombre no posterga a otro hombre. Cada cual es dueño de sí mismo y necesita ser dueño de su albedrío. No existe en el mando un pueblo que sea indiferente a la libertad. Los pobres esclavos preferían aun matar a sus hijos, que verlos vivir sufriendo la esclavitud.

La libertad es el derecho que cada individuo siente, de conservar lo que le pertenece. Los inventores, escritores, artistas, en fin todo aquello que es fruto ya de inteligencia, o bien, ya sea comprado con dinero propio: pero en que se considera completamente libre de venderse por voluntad propia. Aun en el trabajo material, cada individuo al comprometerse a recibir, ya sea por día o por mes un sueldo, es completamente libre al presentarse y contratarse.

La libertad por lo tanto es la voluntad libre en las acciones; pero como en el mundo la maldad y la hipocresía son dos elementos que manejados diestramente darían el resultado de una libertad aparente, los gobiernos estableciendo leyes amparan al débil contra el fuerte y protegen a todos los propietarios de los abusos de los más prepotentes, ya por ladronería o por hipocresía. Sin las leyes, sin documentos y comprobantes etc., la palabra, para los faltos de honor, sería y es un juguete. Cada quien en vez de trabajar buscaría coger, arrebatar lo que le gustare o conviniere y la libertad sería robo y libertinaje.

Las leyes han remediado en gran parte el poder disfrutar cada quien lo que le pertenece, considerándose libre por la seguridad de que el respeto es mutuo y que en caso de ser atacado injustamente puede con sus documentos firmados y legales libertarse de intrigas y procederes malos. Por lo tanto las leyes al reglamentar y hacer rigurosa cuenta de lo que forma el capital general haciendo a cada individuo pagar una pequeña cuota por el necesario y patriótico deber de forma la renta nacional, es interés general y contribuye a la verdadera libertad general, o sea de lo que llamamos la patria.

Una nación que puede bastarse a sí misma en todos los ramos de comercio, agricultura y seguridad militar y nacional se considera asegurada, o lo que es lo mismo libre y soberana. Precisa tener un ejército para defenderse de las agresiones del extranjero, pues en todos los tiempos las lidias por terreno, por enemistad o por prepotencia son las que cambian las fases del mapa mundial. Cada nación al llamarse libre y soberana defiende lo que le pertenece y por eso el servicio militar obligatorio en vez de ser contrario a la libertad como muchos creen, es la base de la libertad. Cuando se ama a la patria se ve la milicia con agrado, y aunque se sepa que la ley militar es rigurosa, pero se comprende fácilmente que al ejecutarse una acción de guerra, si la milicia no está disciplinada, si el soldado no sabe ejecutar con presteza y agilidad las órdenes, entonces la libertad de la patria está perdida. Hay deberes por los cuales el país goza de verdadera libertad, si el sentimiento digno de ciudadano honrado es quien impera en la ejecución; el derecho electoral, que es o debe ser sagrado: pero desgraciadamente este deber de elegir y de votar libremente está viciado a tal grado que se cometen abusos increíbles por corrupción o por intimidación. Ya no es el patriotismo quien inspira, sino el dinero o la voluntad superior quien manda.

El derecho de votar se dice libre pero al ejecutarse, déjase sentir una fuerza muy contraria a la libertad verdadera y de allí viene el descontento del pueblo que si en momentos de efervescencia alcohólica bruta y alborotada, por uno que se le dice, luego reflexiona que la libertad está sujeta al imperio de unos cuantos. De allí los levantamientos por revoluciones y las guerras intestinales que aquejan a los pueblos que sintiéndose potentes, sin embargo se sienten bajo un yugo que los deprime. Todo ataque, toda violación al derecho, toda infracción a la Constitución, tarde o temprano, da malos resultados. Las leyes de una nación son sagradas y no deben acomodarse elásticamente para unos individuos más que para otros, pues se ofende al derecho individual y es contrario a la verdadera libertad.

Capítulo 30 Igualdad

Todos somos iguales, en el sentido de que el ser humano compuesto de alma y cuerpo puede pensar y ejecutar actos deliberadamente: el cuerpo humano en todas las razas está dotado de iguales órganos y después de una catástrofe al recoger los cadáveres de las víctimas, apenas nos es dado reconocer por algunas prendas del vestir, el individuo perteneció a tal o cual clase social.

Lo que forma el orden social es solamente el lugar que a cada individuo corresponde ya por su nacimiento, dinero o ilustración.

En las naciones en que siendo el Gobierno monárquico, los títulos forman la superioridad, sucede que un tonto un prepotente idiota nacido de padres titulados, se crea por encima de personajes ilustres por inteligencia y saber que no pueden presentar pergaminos ostentatarios de la llamada sangre azul. Esto ha dado origen a las continuas revoluciones y evoluciones, presentando el gobierno republicano demócrata, como el único justo, para el ser humano, creando por completo igual en todas las razas. Lo único que verdaderamente forma la diferencia social es la ilustración. En efecto, aunque con el dinero pueda adquirirse cuanto de apariencias se necesite para brillar en el gran mundo; pero no se escapa al ridículo, quien rodeado de boato y comodidad es falto de lo que no se compra con dinero. El saber, el sentir y el ejecutar actos inteligentes, son y serían por siempre los que merezcan el aprecio mundial elevándose a todo y sobre todo. Tomemos por ejemplo al indio Juárez, mexicanito, nacido en la miseria ¿qué títulos, qué dinero le valís para llegar a ser el sostén el principal facto de toda una república independiente y soberana cual es México?

La verdadera elevación social se adquiere por ilustración y patriotismo.

Demos el caso de que el hijo de nuestra cocinera poseyendo una inteligencia despejada, una dedicación y afán, se recibiera de doctor y fuese de fama y verdadera gloria para la humanidad ¿seguiría siendo nuestro inferior? ¡oh no! solamente a las almas viles les es posible omitir un titulo ganado con estudio e inteligencia.

Es altamente contrario a la fina educación y aun a la moral que de eso resulta, el llamar con apodos y abusar de familiaridad con las personas, que porque se les conoció antes de ocupar un puesto elevado, nos son conocidas; cada quien crece según el grado que ocupa y aunque en el mundo las influencias, las ocasiones y casualidades son a veces las propicias, quedándose otras muchas virtudes más dignas de encumbramiento, pero precisa en último caso, respetar el puesto, si no puede respetarse al individuo.

La verdadera elevación social se demuestra con actos de decencia, ilustración y patriotismo: los títulos verdaderos son los obtenidos por inteligencia y por el valor militar; aun en los países monárquicos existen los títulos de doctor, abogado, ministro, cónsul, general, coronel, etc., todos y en todas partes del mundo son respetados y forman categoría social.

En el Imperio alemán un soldado raso Sueco en el año de 1864 pasó al ejercito alemán, y en el 1870 en la guerra entre Francia y Alemania llegó a ser mariscal de campo, jefe del ejército alemán y su nombre conocido no fue solamente Moltke, sino con sus correspondientes títulos, llegando a ser la admiración de reyes y grandes del mundo

Bismarck el llamado Canciller de Hierro, era de familia decente, pero ni rica, ni ostentosa, con su inteligencia y servicios a su patria, llegó a dominar al viejo Kaiser , o sea a Guillermo I, y recibió de él el título de Príncipe.

Por lo tanto el hijo de la mujer mas infeliz del pueblo, si tiene el don de la sabiduría, si se educa, ilustra y adquiere un título, merece respeto estimación y aunque pobre en dinero pertenece a la sociedad que es consiguiente al talento, honor y dignidad.

La ignorante soberbia es la que cree que la igualdad consiste en llamar a todas señores y señoras; la soberbia prepotente busca el alzar la voz, chocar, empujar y ocupar el supuesto lugar igual para todo lo que paga en los lugares públicos; si la paga es pequeña, como sucede en los carros urbanos, el ignorante soberbio hace su villanía con la palabra igualdad mal entendida, pensando que por haber pagado la miserable cuota, está en el derecho de sentarse antes que la verdadera señora; como por lo general llevan canastos, cestos, etc., procuran si es posible manchar, perjudicar, etc. La criada mientras más ignorante es, más alzada, y juzga que el sueldo convenido es lo que la hace inferior; por eso sin miramiento alguno a la moral y decencia, cuenta la pena que le es haber perdido el amante que la mantenía independiente, por el vestido se preocupa, el vestido la hace señora y para elevarse roba y procura agradar al hombre, sea quien fuese si con eso consigue poder tratar a todos de iguales.

Si la inmoralidad existe, es mas que todo, por la falta de dignidad y la palabra igualdad mal entendida.

Los hombres inmorales, si tienen dinero son los que más denigran la palabra igualdad, pensando que el dinero es lo que domina; sin vergüenza ninguna se entregan a toda calase de libertinaje, se proponen hacer mofa de todos los derechos, enfrentar y aun rebajar al verdadero señor y caballero complaciéndose en humillarlo si carece de material dinero, etc., etc.

La sociedad al dejarse llevar de apariencias se castiga muchísimas veces con los llamados caballeros de industria.

La igualdad debe existir en el juzgar con rectitud las acciones, sean de quien sean; si se trata ante la justicia de un rico, precisamente debe ser juzgado sin preocupación de su dinero puesto que tiene más medios de ejercer lo que se dice señoría y que ante su poderío es tan solo, de voluntad; el pobre por el contrario al llegar con su trabajo a remediar no sólo sus necesidades, sino alcanzar el sobrante de sus utilidades tiene la desventaja de que al perder su honor se le acaba todo.

Por eso la justicia y todos los que comprenden el verdadero sentido de la palabra igualdad, procuran la cultura, el adelanto y el engrandecimiento patrio, dando a cada quien según y conforme a su conducta cívica y moral y según el grado, titulo o empleo que desempeñan.

La ignorante soberbia es la que permite al criado, al cochero y al vendedor de materias primas o comestibles, alzar la voz y pregonan que se codean con los mas potentes y reír diciendo "todos somos iguales".

Si todos somos iguales en el cuerpo materialmente hablando, si todos estamos sujetos a las enfermedades y a la muerte, bien podríamos llamar a los animales nuestros iguales puesto que ellos están sujetos materialmente a los mismos funcionamientos orgánicos, a las enfermedades y a la muerte ¿en qué consiste pues, nuestra superioridad? Todos lo sabemos, en la razón en el pensamiento o raciosismo: luego entre los hombres la razón debe ser comprendida al buscar la superioridad social y esa superioridad debe ser no material, sino moral, siendo producto de la inteligencia ¿queréis ser superiores? Sedlo, ilustraos, ganando vuestro puesto social con títulos inteligentes, con cultura y adelanto, para vos y para la patria; esa es la verdadera igualdad.

El vestido que ante la ignorancia es lo principal, ante la gente civilizada, no forma categoría. El mundo es un teatro en que se cambia de trajes según y conforme el papel; pero en que el artista siempre queda después de la función lo mismo que antes; se necesita indudablemente, pero no da sino la apariencia y la apariencia no es la verdad: por eso mientras más señora es una mujer menos busca el brillo aparente y menos se preocupa de ser el figurín del día: por el contrario, quien ignorante piensa que el vestido es la igualdad social, con tal de poder aparentar, se entrega a toda suerte de bajezas por conseguir sedas y brillantes.

En cuanto el hombre, necesariamente debe ser limpio puesto que la limpieza es el principal ornato de su vestido; pero cuando la inteligencia domina vemos que señores muy respetables, como que se apega a sus prendas de vestir, mucho más si ya son de alguna edad, y puedo decir con verdad que jamás son los que llaman la atención. Se cuenta de un gran señor que ocupando el puesto de Ministro de Relaciones, por obligación vestía en los días de gala llevando por lo ordinario una misma levita larga, limpia, pero vieja como él: preguntado por sus amigos, por qué no cambiaba, respondió, "para los que me conocen, ya saben quien soy, para los que no me conocen no me importa que me vean con este traje, puesto que no me conocen".

Verdaderamente al recorrer las historias de los mas grandes inventores, artistas, hombres políticos, etc., vemos que la nobleza está en el alma, en la virtud, Con recordar la vida del gran Franklin que de pobre joven obrero llegó con su modestia y talento a ser íntimo amigo de Washington, de Voltaire y de otros grandes y mundiales, todos llenos de méritos, vemos demostrado con sobrada razón que sólo la inteligencia eleva, pues de los ricos en diversos si su nombre llega a nosotros por sus opíparos festines como los Borgias, pero en vez de ennoblecer su nombre siendo aun por nacimiento nobles, los miramos con horror porque con sus crímenes se rebajaron moralmente.

La igualdad por lo tanto no significa sociabilidad y cada quien puede elevare según se lo permitan sus facultades mentales, por eso vemos a personas pobres llegar a puestos mundiales y ser el orgullo de los salones de los ricos, que teniendo lujos, nacidos en medio de todo lo confortable y disponible para su educación, sin embargo sólo ambos juegos, las carreras de caballos, los clubs y todo aquello que sirve de recreo y que sí es necesario para descanso de las ocupaciones mentales y materiales tomando como único trabajo en la vida hace a los hombres vagos, superficiales y aun groseros: dime con quien andas... y con qué clase de ilustración cuentan los que sólo piensan en caballos etc., etc. El pugilato, los juegos atléticos etc., existieron y fueron muy concurridos, en el Coliseo de Roma ¿qué notabilidad mundial, qué nombre nos legaron los ejecutantes?

La igualdad como dice el diccionario es la conformidad de una cosa con otra en naturaleza, calidad y cantidad. La conformidad o correspondencia que resulta de muchas partes que componen un todo.

De modo que, igualémonos a lo que nos corresponda para que aunque en diferentes partes, formemos el todo que produce la fuerza, que unida hace a la patria invencible, próspera y feliz.

Capítulo 31 Fraternidad

La fraternidad como dice su nombre viene de la unión o hermandad; de allí viene el tratamiento que se da a las comunidades eclesiásticas de frates o fratres o frailes. También por eso se llama fratricida al que mata a su hermano; en una nación al buscar la unión como base de la fuerza se considera la palabra Fraternidad como el amor patrio que nos liga.

En efecto, el amor patrio es un sentimiento tan natural que aunque viviendo en la patria parece no sentirse, al desear objetos extranjeros y ver todo lo que otros países, con tan buenos ojos; pero ¿quién no se siente humillado al recibir una ofensa, un dicho denigrante o ver a un connacional en un ridículo ante otros extranjeros?

El amor patrio se siente más cuando estamos lejos de la patria y hay desterrados políticos que mueren de nostalgia; por eso al ver un connacional en una situación aflictiva en país extranjero, se despiertan en el alma sentimientos fraternales queriendo ayudarlo en lo posible, socorrerlo y en fin como que se ve algo de la patria al quitarse al agruparse para celebrar un día gloriosos bajo nuestra bandera.

En el sentimiento fraternal tan necesario, que existiendo tanta maldad en el mundo, aun para el criminal es más amargo ser elegido para matar a su Presidente. El anarquismo dominante en todo el mundo cuenta innumerables adictos que bajo una falsa idea están dispuestos a quitar del mundo de los vivos a cuantos se alzan dominantes como ellos dicen; y no respetan nacionalidad ni méritos, aunque les sea palpante la necesidad de que cada nación tenga una cabeza que rija; pero gustándoles la vida revolucionaria que permite el robo, el abuso, la violación, etc., están ligados con juramentos al grado de obedecer a quien manda matar y sortean quien debe asestar la puñalada. Casi han muerto reyes, presidentes, hombres ilustres, en fin para ellos la fraternidad no debe existir.

En Los Miserables de Víctor Hugo, vemos que "las revoluciones limpian la humanidad". Este dicho de escritor tan ilustre es tomado en falso sentido, puesto que se refiere a que muchas veces es preciso un cambio radical como lo fue el de la Francia y lo será todavía para otras naciones que del poder imperial se vuelven repúblicas, pero muy diferente es eso a la revolución de ideas inmorales del fuerte sobre el débil, el hermano contra hermano y del analfabeta que se revela a las leyes establecidas, buscando el mejoramiento personal y creyéndose suficiente por medio del derramamiento de sangre, para alcanzar la que quiere sin trabajar: por eso el revolucionario mata, quema, desbarata y no le importa si el país se atrasa, si el comercio se paraliza, si la agricultura se acaba.

Las palabras libertad igualdad y fraternidad en vez de ser el talismán protector, son torpemente interpretadas y son libres para coger lo ajeno, iguales para gozar de todo lo que ellos juzgan propio y hermanos para ligarse en la infancia, atacando a la ley y a todo respeto social.

¿Quién duda siquiera que en las revoluciones los hombres malos aprovechan para sacar partido de todo, con abuso y perjuicio del prójimo?

Si desde la juventud se enseñaran las virtudes que en sí encierran las tres palabras igualdad, libertad, fraternidad, si la soberbia ignorante no se envalentonara quitando lo que no entiende, podrían las Repúblicas llamarse humanitarias y grandiosas, porque en efecto, en el sentido verdadero de la democracia el hombre es hombre; no necesita linaje, no necesita dinero, no necesita apariencia, sino verdad; por eso aunque suban al poder seres ambiguos que en la confusión, incertidumbre o duda llegan a propalar una candidatura y lucir cuando deberían oscurecerse, puesto que no son suficientes al peso y responsabilidades, etc., etc., pero por lo general, la idea republicana es la del mérito, del talento y del bienestar verdadero del hombre, por lo que vale por lo que es, y por lo que de bien engrandecimiento y gloria aporta a la patria.

Capítulo 32 Predominio

Generalmente en la sociedad las personas que tienen dotes oratorias, pretenden obtener la razón en las discusiones o polémicas. La fuerza de la palabra es una ventaja grandísima indudablemente, al grado que existen abogados que conmoviendo al público obtienen efectos maravillosos, como lo es, el poder libertar a un criminal reconocido y aun confeso. También la posición social domina en muchos casos, y la justicia como que se debilita y aun se hace justicia; en estos casos solo la paciencia y la tenacidad pueden devolver la rectitud perdida, como en casos que pondré de ejemplo: ¿quién no sabe que Galileo fue puesto en el tormento de la Inquisición por asegurar que la Tierra giraba alrededor del Sol? Hoy todos comprendemos el sacrificio que se impuso al retractarse de lo que era para él fruto de sus convicciones científicas, estudios y desvelos: sin embargo, la prepotencia de unos necios Inquisidores lo maltrataron y hubiera muerto si no les da gusto e retractarse; bastante comprendió que su sacrificio hubiera sido inútil puesto que no dejándole comprobar sus teorías, todo hubiera concluido con su muerte; por eso cedió, y hoy día su gloria científica recompensa su sacrificio.

En el razonamiento acalorados por lo general, la indignación entorpece el habla de quien siente la razón y las más de las veces triunfa el que no pierde la tranquilidad, por eso la prudencia aconseja transferir el asunto.

En los altercados ligeros y sin provecho humanitario ni científico, los resultados por lo general son contraproducentes para ambos, mucho más si se trata de un tercero. Por regla general deben evitarse los pleitos, aun a costa de pequeños sacrificios; la razón y la justicia no se imponen con palabras y quien se ve ofendido, si es por un igual, debe acortar cediendo según el grado de su educación y categoría; si es un inferior, un criado o cochero, carretero, si no logra con palabras cortas pero injuriosas, hacerse respetar, no por eso debe apelar al revolver, palo, etc., mucho menos medir sus fuerzas exponiéndose a ser befado: aun en los tiempos en que con ligereza la espada era manejada, pero el caballero no se igualaba al criado ni se media, jamás con un inferior; cuando repita, la ofensa es fuerte y no se domina con palabras cortas, pero no injuriosas para eso sirven las autoridades y la policía.

La gente del pueblo al pelearse por las calles no hace sino dar una diversión gratuita a los que escuchan y en los Estados Unidos, los americanos en vez de separarlos, cazan apuestas como si se tratara de gallos. En efecto el hombre racional arregla sus dificultades con palabras y no con las manos y pies como animales, que no conociendo leyes ni razones se embisten y atacan con las garras, etc., etc., que son armas de defensa: por eso, al encontrarse un señor o señora en el duro trance de ser injuriada por una persona ordinaria acostumbrada a la bajeza y ensoberbecida por la palabra igualdad mal entendida, debe hablarle no con cariño, porque esto alienta su soberbia o ignorancia; (como a cada rato se ve principalmente en Guatemala en donde (palabras tachadas) (el servicio está tan alzado, que la criada, la mujer del pueblo se llama señora y a la señora verdadera le dicen la patrona) pero con palabras persuasivas y dignas; es preciso corregir y si no da resultado acudir a la policía.

Forma una nota pésima en la cultura de los habitantes de un país civilizado el permitir a la gente baja, burlarse de un extranjero que por necesidad pregunta la dirección de una calle o algo que le es de necesidad; la gente sin educación tiene por complacencia burlarse de lo que no entiende. Todo extranjero es nuestro huésped y la hospitalidad es un sentimiento caballeresco y digo de todo país civilizado: aunque existan extranjeros que con aire erguido y altanera frase califican todo de pequeño, atrasado y detestable, demostrémosle con nuestra cortesía que se necesita inteligencia como la de Humboldt para encontrar aun en las montañas, hierbas provechosas. Humboldt al llegar a México en esos tiempos, no encontró el grado de civilización actual, pero como inteligente y sabio buscó sacar fruto provechosísimo de su viaje; vivió contento y dejó un recuerdo imperecedero de su nombre. Hoy día su busto adorna no sólo la ciudad de México, sino la historia.

De la preponderancia o predominio, el de la ignorancia es el más terrible pues el ilustrado, el inteligente, oye razones y evita humillaciones, el ignorante quiere dominar por el mismo que no sabe raciocinar.

El caso siguiente comprobará lo que es la preponderancia ignorante.

Una señora forastera, esposa de un diplomático, al entrar al carro urbano casi por completo lleno, fue atendida voluntariamente por un hombre del pueblo, cediéndole el lugar para sentarse; una mujer de chal medio mulata quiso ser ella la que ocupara el puesto; viendo que la Señora estaba ya sentada, se desbarató en improperios diciéndole cuanto le fue posible; la Señora mortificada le respondió ¿a mí se dirige, quién es usted? la retahíla de palabrotas hubiera bastado para creerla loca; pero al ver la Señora que en el carrito las gentes del pueblo hubieran gozado al presenciar un pleito, y faltaba la policía, cedió el lugar y tocando el timbre, paró y descendió del carro. En vez de mortificarse la del chal, tranquilamente exclamó: - ¡vaya! ¿qué se creen las de sombrero que vienen a molestarnos? - Y tranquilamente se sentó muy satisfecha en su hazaña.

Así por lo general todo ignorante busca ofender, busca causar alboroto para llamar la atención y si encuentra urbanidad y cortesía la toma por miedo y se envalentona y engríe de su hazaña.

Cada cual deja su estela, según lo que es; los poderosos dejan recuerdos monumentales de sus visitas, los industriales fábricas, etc., los diplomáticos recuerdos, los educados amistades loables y los necios, como las zorras, su peste.

Capítulo 33 Desprecio censurable

Existe en la sociedad un desprecio poco patriótico y es, el considerar con lástima e inferior al soldado. Si antiguamente las carreras militar y eclesiásticas, eran las dos únicas nobles, hoy parece que ninguna de las dos conviene. Si tocante a la eclesiástica es cuestión de creencias solamente, pero en cuanto a la militar es completamente antipatriótico el desprecio, el miedo que da ingresar a las filas del ejército.

Se habla, se pondera la disciplina militar como demasiado rigurosa, y para una familia decente es como una desgracia que el hijo tenga deseos de ingresar a la milicia.

En la gente pobre, el soldado reducido a una alimentación en casa, la paga mísera y las penalidades son para llorar, cuando el hijo es conducido forzosamente por la ronda: el cuartel militar es temido, el soldado despreciado ¿de qué elementos podrá por lo tanto disponerse para la defensa y honor de la patria?

La escuela militar sostenida por el gobierno es mirada sin entusiasmo, porque las madres de los niños, desde pequeñitos alientan en sus hijos la idea de llegar un día a ser abogados, doctores, ministros, etc., pero cuidado con hablar de militares, eso no y aun si los niños después de asistir a una parada militar o viendo pasar la tropa uniformada buscan un palo y lo torcían a manera de fusil, o ponen las manitas a manera de cornetas, entonces las madres les compran juguetes que les llamen la atención, caballitos, automóviles, pelotas; pero nada de guerra, nada de milicia y si son mas grandecitos, los ponen en colegio mixto para evitar que piensen en otra cosa, que en llegar a ser padres de familia.

¿Entonces cuál es el sentimiento patriótico de nuestros tiempos?

Si ya no existen las madres espartanas para decir al hijo al entregarle el escudo: "vuelve con él o sobre él", si ya la madre tiembla en vez de decir "no me admira el valor de mi hijo" ¡era mi hijo! ¡Oh si! la vida militar es grandiosa y llena de pericias delicadas; pero ¿qué mayor honor que morir no en una cama y de enfermedad cualquiera, sino atravesado el pecho en honor de la Patria?

La muerte es segurísima para todo el que nace ¿por qué cobardemente temer la muerte en el campo del honor nacional?

¿y se quiere sin embargo comparar nuestro ejército con los de más fama mundial? ¿y cómo, si todos huyen, si todos desprecian al soldado sabiendo que al primer movimiento revolucionario torpes y maltrechos partirán para ser las primeras filas sacrificadas al enemigo?

Tiempo es ya que el sentimiento digno patriota nos haga ver y apreciar a los que velan por nuestra seguridad nacional. Es un sentimiento indigno menospreciar la milicia y quitar a los hijos inteligentes el sentimiento del deber patrio, de dar servicio militar y en la escuela militar los grados adquiridos son valiosos, puesto que hay que aprender las necesarias obligaciones estratégicas, posiciones ventajosas, manera o modo de abrir caminos, hacer puentes, saltar barrancos, dar órdenes, en fin sin la disciplina o arte de la guerra, no puede haber ejército vencedor. Para mandar se necesita saber mandar, por eso vemos empeñada la reputación del general que ordena un movimiento de muerte para los suyos o que un engaño una indiscreción o una perfidia lo enloquece al grado de matarse por no tener el deshonor de una derrota.

Sin embargo muchas veces los vencidos son más héroes que los vencedores, como en la historia del paso de las Termópilas, leemos en la historia Griega; al acto heroico de Leónidas, llamado con justicia: el valiente. Y como en la Batalla de Chalchuapa, el general Rufino Barrios y sobre el cadáver de este otros valientes prefirieron la muerte ¿quién no sabe que las tropas sin jefe ni orden, huyen dando la espalda al enemigo? Y eso no es por ser cobardes no, sino porque comprenden que sin unión, sin mando, sin orden, nada se puede.

El que manda una batalla tiene empeñada su reputación en vida, por eso en México últimamente el pundonoroso general Salas creyéndolo todo perdido, por una orden suya que resultó de muerte para su tropa, se enloqueció y tomando su revolver se quitó la vida.

El general Justo Rufino Barrios viendo en la Batalla de Chalchuapa que el batallón Jalapa perdía terreno, tomando ardoroso una bandera él mismo se lanza arengándolos y poniéndose en las primeras filas; no retrocede aun sintiéndose blanco de las balas y prefiere morir: desgraciadamente con su muerte las tropas quieren huir, pero llega el valiente José María Reyna Barrios y ordena que sea muerto quien dé la espalda al enemigo y la retirada es digna, pues traen ellos mismos los cadáveres de sus héroes para darles sepultura y honores.

¡Oh sí! El fin de la vida es la muerte y la muerte no respeta a nadie ni sabemos cómo ni cuándo ni dónde ni porqué, indudablemente al ir al campo de batalla sabemos que podemos morir y si por una parte es valor pero la muerte esperada y con honor es 10 veces preferible a la muerte que a cada hora puede venirnos sin mérito alguno, ¿a qué temer? ¿por que menospreciar la vida militar cobardemente?

Ya no existen madres espartanas, pero todavía el siglo 20 con todas sus luces no soluciona el arreglo de las controversias internacionales y cada nación pone sobre las armas más hombre y más y más las guerras se suceden; pero un día deseado llegará en que se medite, en que se piense el horror de los combates y se busque un remedio más humano lo que causan las querellas solucionadas con las armas y cómo podía la civilización remediar todo con más humanidad y menos sangre.

Capítulo 34 Lo que causan las guerras

Desde que el mundo es mundo, las guerras en vez de arreglar los asuntos, no causan sino luto y exterminio: los vencidos jamás podrán amar a los vencedores ¿qué importa que esta o la otra nación aumente su territorio? Fijémonos en Alsacia y Lorena cambiando y cambiando, qué han ganado? ¿hoy día en los Balcanes, qué de civilización se demuestra con tanta guerra, tanta desolación y tanta sangre vertida? ¿el derecho del prepotente o sea del fuerte sobre el débil es escaso humano? El pez grande se traga al chico, muy cierto pero son animales irracionales, ¿al hombre para qué sirve la razón? ¡Peor que todo contemplar con preponderancia el combate, dejándolos acabarse mutuamente y cuando todos cansados, arruinados, no pueden más, llamar filantropía el intermediar para remediar no el mal, sino el reparto del botín, que como despojo insignificante ocasionalmente precisa coger! ¿y esto es humano, y esto es justicia? ¡horror!

Después de las guerras sigue a la nación vencida el pago de indemnización: ¡todavía una humillación más a los vencidos!

Por eso los hombres pensadores, los verdaderos filántropos de la humanidad quisieran llevar a cabo la idea magnánima de arreglar las cuestiones internacionales con debates o tribunales imparciales completamente, sostenidos igualmente por todas las naciones y radicadas en una ciudad como es hoy La Haya, donde se reúne la

Corte de arbitraje. Ya existe pero no se sujetan todos por falta de ideas morales, porque no se piensa en las existencias perdidas, en las lágrimas, sufrimientos, peste, etc., que ocasionan las guerras.

Si después de la guerra sigue la indemnización material de dinero ¿por qué no sujetarse a dinero para arreglos y demás sin hacer correr tanta sangre quitando de la vida del campo a tantos buenos hombres patriotas, los primeros en morir sin dejar siquiera un nombre glorioso.

En el campo de batalla
No a todos héroes llamamos
Pues los más, yendo a la guerra
Aun sus nombres ignoramos
Que, como débiles hojas
Por el viento arrebatados
De sus débiles congojas
No nos dejan ni recuerdos
Ni glorias, de sus pasados!

¡Triste realidad la de los vencidos. Triste y lamentable luz del siglo 20, que mientras más inventos grandiosos nos presenta, inventa también más y más, la manera más eficaz y más violenta de matar al género humano!

Los hombres ilustres, los de alma superior, sin negar a su madre patria el amor tan natural que se siente por el lugar en que por primera vez se ve la luz del día, en que se entra al mundo de los vivos, en fin en que se nace y aun en que se vive y se han ganado honores, medallas, etc., sin embargo viajan y se naturalizan buscando el sentimiento unificador.

Si antiguamente la unión mundial era imposible porque con las penalidades de los viajes casi nadie se arriesgaba a viajar; hoy que los ferrocarriles, navegación, etc., lo aproximan todo, ricos y pobres viajan constantemente, llegando familias enteras a ser de abuelos ingleses, padres mexicanos e hijos americanos, ya del norte o sur, etc.

La unión mundial es un hecho puesto que las razas sajona, latina, india y aun china y japonesa por todo el mundo están esparcidas y ligadas. No hay inconveniente alguno para matrimonios de gentes nacidas de polo a polo, y los hijos siguiendo la nacionalidad del padre hasta la mayor edad, después son libres de optar por seguir la nacionalidad del lugar en que nacen.

Luego, los inventos de la electricidad, cables, aparatos trasmisibles de la voz, etc., etc., todo nos une, todo nos enlaza y nos hace ser en verdad humanos: sólo la inmoralidad, la maldad hace sentir las diferencias supuestas de grandes de territorio: pero aquel que viaja, aquel que inteligente busca en el mundo lo que cada país produce según su suelo y para qué sirve y puede utilizarse, comprende que no hay nada malo, nada despreciable y uniendo con el comercio o cambio los efectos; todos los seres mortales podemos vivir felices y unidos comercialmente y aun verdaderamente en lo material, unidos con las enseñanzas de la moral y la verdad de las palabras del Cristo "todos somos hermanos".

La voluntad de someternos a un tribunal pacificador arreglando razonadamente las polémicas, las diferencias o enemistades, es lo que falta para la pacificación del mundo. Una vez que ya se trata de idioma universal justo es esperar en los venideros siglos, que se consiga también unificar las voluntades y pacificar el mundo. Por hoy casi no existe persona medianamente instruida que no hable dos idiomas, y los que viajan comprenden que en todo el mundo existe el bien, el mal, lo bueno y lo bonito, lo grande, lo recto y lo feo y torcido; junto al gran palacio, la buhardilla, etc., etc. El rico necesita del pobre, porque sin los brazos del jornalero, los campos sin cultivar no producirían, también, sin el dinero del rico no existirían haciendas, fábricas, etc., y todo se reduciría al estado primitivo del mundo. Por lo tanto, la vida del rico es tan necesaria como la del pobre, por eso todos juntos debemos buscar en la pacificación universal, el remedio de todos universal, el remedio de todos los males que arrebatan a las naciones su brazos trabajadores para armarlos y estar listos al combate.

Todos los países civilizados creen insuficiente su marina de guerra y su milicia y preparan más y mas día a día ¿por qué? Claro se ve la competencia ha dominado y nadie quiere ser menos. Pero si todos consideraran inútiles las precauciones y preparativos de guerra por convenir a las alianzas, la paz buscada, el servicio militar sería de honor y no de necesidad.

La unidad mundial en el sentido de apreciarnos y considerarnos mutuamente, no es nada difícil puesto que día a día las naciones civilizadas se ven llenas de forasteros que se ligan y forman familias, como antes dije en que aun cada hijo es nacido en diferente ciudad como lo son por lo general los hijos de los diplomáticos, cónsules y de muchísima gente que viaja por gusto; además los emigrantes forman considerable población flotante, que nos demuestran lo que puede el cariño al lugar en que se nace y la necesidad del espancionamiento mundial, siendo buena, cualquier parte de la tierra en que el hombre con su trabajo honrado alcance el mantenimiento suficiente a su familia y la decantada felicidad que sólo parece adquirida cuando se posee lo cómodo y lo suficiente.

La nación llamada hoy día, la prepotente por su fuerza de unión, o sea los Estados Unidos de América del Norte, ¿por qué ha llegado a ser lo que es? Su nombre lo dice, por la unión, porque sólo la unión es lo que da grandiosidad. Los Estados Unidos se formaron de gentes de todas las naciones del mundo que naturalizados se encontraron de hecho como nacidos en esa tierra. En efecto, allí no se distingue el nacionalizado del nacido allí, basta que sea por la ley americano, para que tenga derecho a todos los puestos, a todas las prerrogativas y a todo cuanto de factible según los reglamentos y leyes, puede y debe ser, un ciudadano.

Aun la raza negra en los Estados Unidos, vive feliz. El americano tiene carácter para aceptar en su territorio a esa infeliz raza, que desde que nace trae en su color costumbres ordinarias, la repugnancia. Pero sin embargo, de sujetarlos a reglar lugares determinados, los hace felices enseñándoles la diferencia social que es la verdadera base de la libertad bien entendida. Jesucristo mismo en el mundo dijo "al César lo que es del César y a Dios lo que es de Dios" lo cual quiere decir en sentido moral que teniendo todos una alma llamada a comprender, raciocinar, estamos obligados a dar a cada quien sus derechos, ocupando cada quien la posición que le es propia en el mundo, respetando para ser respetado. Si el negro se hubiera alzado como el piel roja, Lincoln no les hubiera dado la libertad. Así también puede hacerse la unión mundial, respetando para ser respetado y encaminando la justicia, no a inspeccionar quién es la nación y con qué milicia cuenta para imponerse; sino, presentar, el hecho u ofensa discutiéndose y ajustarse al hecho por el hecho y no por quien lo infiere y puede sostener; y la justicia imparcial juzgar y decretar la indemnización sin necesidad de muertes.

Las guerras, repito, no atraen sino desgracia, lutos, sangre, exterminio y pérdida de brazos trabajadores, pestes, calamidades y cuanto de malo existe y lo peor de lo peor, que encadenándose o ligándose insensiblemente una a otra o por motivos las más veces fútiles, no acaban; existiendo sin duda alguna los resentimientos internos, los rencores y los odios como su único fruto.

Capítulo 35 Amor Patrio

El amor patrio no es solamente el que se demuestra con actos guerreros, con igual intensidad pueden sentirlo los artistas, escritores, músicos etc., y las madres espartanas al enviar a sus hijos, enseñándoles a morir antes que desertar de las filas del ejército ¿qué cosa demuestra sin el último grado de patriotismo; puesto que los hijos son el corazón mismo de las madres? Y sin embargo, la madre que bendice al hijo y lo acaricia para darle valor de ir al combate, quiere decir que ella siente que ella está pronta a morir también.

El valor que se sobrepone a la naturaleza es más profundo, más grandioso.

El amor patrio se demuestra aun en actos que de pequeños e insignificantes pueden asumir proporciones colosales. Voy a contar un hecho que parece pequeño y sin embargo está lleno de orgullo patrio.

Dos muchachitos trabajaban en una fábrica perteneciente a un extranjero. El dueño tenía gusto de humillarlos llamándoles indios, ladrones, etc.

Viniendo a vender a la fábrica otro indio de su mismo pueblo, el dueño lo engañó y le robó varios objetos. Los muchachitos no sólo vieron los objetos robados, sino que oyeron las burlas del extranjero llamando a todos los indios: tontos, animales, ladrones etc. Los muchachos dieron parte al connacional y acto continuo el robado se presentó a las autoridades, acto continuo el dueño quiso comprar a los muchachitos inditos; pero, las más grandes ofertas no le valieron respondiéndole los muchachitos, "Señor, en su tierra de usted los señores compran a sus acusadores, pero aquí nosotros inditos no nos vendemos, porque así los extranjeros sepan que a los inditos no les paga su trabajo, pero no se les llama ladrones ni se les insulta en su misma patria". Así estos dos infelices, en apariencia, demostraron al extranjero la ofensa injusta que no se paga ni con los más ricos presentes.

El valor es incomercial, la naturaleza puede adornarnos de las más envidiables apariencias; pero en actos y no en palabras se demuestra el valor. He aquí otro caso.

Dos soldados en acción el uno junto al otro; se burlaba del compañero el que con toda facilidad tiraba y estaba firme; mientras que el compañero a cada tiro, los nervios se le saltaban y con trabajo podía tenerse en pie; por ésto el que lo veía tan de cerca le llamaba cobarde, cobarde, y con lástima o burla reía. Pero en un momento dado los dos fueron cogidos casi, por las espaldas; al mismo tiempo el abanderado moría atravesado por una bala y la bandera en manos enemigas hubiera sido el triunfo, el valiente y decidido burlón, no tuvo más pensamiento que escapar su vida y el tembloroso llamado, el cobarde, botándose sobre el cadáver del abanderado, arrolló como pudo la bandera y procuró hacerse pasar por muerto cubriendo con su cuerpo la bandera; al listo y ligero no se le vio más en el campamento ni siquiera su cadáver hizo ver que murió allí; al tembloroso se le vio levantarse y con toda precaución conducir la bandera llorada y buscada creyéndola en poder del enemigo.

¡Oh! ni se comprende que la salud es un don preciosísima, pero el valor hace actos inesperados aun de quienes se les considera débiles y cobardes. La salud es una riqueza que todos apetecemos, pero no está a nuestra disposición, por no quien dominando y enfermedad nerviosa se sobrepone en los momentos necesarios, es mil veces más valiente que el que todo lo tiene y combate con un enemigo y no con dos como el que combatiéndose a sí mismo tiene el mismo tiempo que combatir con otro. El valor, es sentimiento del alma, la investidura del cuerpo demuestra muchas veces la brillante apariencia, pero no siempre la realidad.

Muchas veces los vencidos son más valientes que los vencedores. Recordemos al Rey indio Cuauhtémoc, que en el tormento de quemarles los pies a él y al Rey Tepaneca Tetlepanquetzal, no se preocupaba sino de que su compañero no declarara por la fuerza del martirio y viéndolo casi desfallecer lo confortó con estas palabras "¿acaso yo estoy en un baño de rosas? ¡Los Españoles pudieron matarlo pero no vencerlo!

¡Oh! El amor patrio se demuestra en todo y cada quien siente daño, siente el corazón herido cuando alguien se atreve a criticar y herir algo patrio: sucede como con los hijos: el padre y la madre en sus correcciones y

castigos, a los hijos les llaman torpes, malcriados y les pegan con dureza: pero si algún extraño se atreviera a tocar el hijo de nuestro corazón y llamarle malcriado, etc., la indignación se hace profunda, no podemos sentir jamás cariño a quien maltrata un hijo nuestro ¿es verdad?

Cada quien conoce los defectos de su país y desea remediarlos, pero al extranjero que nos denigra, que quiere como aplastarnos con su grandeza, en verdad, de verdad sólo podemos desearle buen viaje pronto y que jamás regrese.

Capítulo 36 Miedo, temor

Es el miedo o temor de algo desconocido o la perturbación del ánimo originada del peligro o riesgos de algo que se recela.

El recelo de lo que pueda sucedernos, mucho más si la acción es algo no muy correcto, es un necesario puesto que es sensatez pensar en los resultados de cualquier acción por más que al ejecutarla sea beneficio del prójimo.

Para el malvado el miedo al castigo lo detiene en algo, aunque hay quienes ya no sienten la conciencia por la falta de moral y si la sienten no la quieren sentir y se ríen si les es posible burlar la policía etc. etc.

El miedo ridículo es el que muchas personas sienten al figurarse venir un alma del otro mundo. Este miedo ridículo fue alimentado por el fanatismo religioso que queriendo dominar en el cuerpo, buscó, algo que al alma llegara impresionando la fantasía.

Los cuentos de apariciones misteriosas, de cuerpos fuera de su sepultura, de almas que piden favores, etc., etc., hasta hoy impresionan, mucho más a la gente ignorante. La religión del Cristo si algo tiene de misterio como es el de la Eucaristía, Trinidad y Encarnación no tiene en esos misterios nada ni de horripilante ni de ridículo y si en la religión católica se habla de un cielo y un infierno, como lugares de un premio y castigo, no hay quien inteligente no comprenda que diablo, lucifer o demonio es el nombre que se le quiere dar a la potencia del mal: así desde chiquitos os dicen que a la derecha está nuestro ángel custodio y a la izquierda el diablo. Esta enseñanza como materializada del bien y del mal sin necesidad de nombres supuestos la siente el ser humano en cualquier religión puesto que aun los salvajes tenían sus premios y castigos, o sea la idea de un mas allá justo, para valorizar las acciones ocultas y las pasiones combatidas o refrenadas por la conciencia.

No se trata de religión en este libro y no me pongo a filosofar teología, pero la instrucción cívica o civil que está unida enteramente a la moral nos enseña que la conciencia regulariza las acciones del hombre. Si la vida humana concluyera con la putrefacción de todo nuestro ser, si el cuerpo sólo fuera materia y nuestras acciones no fueran dictadas por el alma, muy justo sería creer que suficientísimo sería guardar las apariencias, puesto que el cuerpo padece después de la muerte; lo que necesita moralizarse es el alma, puesto que el alma convienen y son dedicados el premio y el castigo. Esta enseñanza religiosa es a mi modo de ver la base de todo, porque ¿a qué enseñar moral, a qué llamar conciencia, si al morir acaba todo? Si la vida humana es solamente del cuerpo ¿para qué imponer castigos a crímenes ocultos? La vida aparenta sin desacato alguno o sea sin escándalo sería suficiente ¿entonces por qué enseñar el discernimiento la voluntad y todo lo noble que es atributo del alma? La palabra Dios considerada como se debe, es lo que nos demuestra algo superior, algo que no vemos pero sí sentimos, es como el goce y el dolor que nos invaden, que nos llenan sin poderlos mostrar ni tocar, pero que se hacen sentir muy fuertes muy profundos. Por eso en cualquier religión existe un nombre santo que denota superioridad y algo temible que denota lo contrario y todo es misterioso, es interno, es insustancial porque pertenece al espíritu al alma y por eso decimos que el alma viene de Dios y a Dios debería regresar saliendo del cuerpo, pero esa otra fuerza de atracción llamada diablo o espíritu del mal la perturba y quiere atraérsela. He aquí todo o que científicamente podemos discutir y pensar; pero la prepotencia religiosa queriendo dominar la ignorancia, reforzó sus teorías con ejemplos supuestos y estos ejemplos tomados materialmente ocasionaron lo que forma el miedo tonto, el miedo ridículo. En efecto vemos a personas serias y aun dignas tener miedo de entrar a un cuarto oscuro, temblar a un ruido cercano y no poder estar a solas cerca de un muerto ¿por qué? ellas mismas no lo saben, pero tiemblan.

El pánico no puede confundirse con ese miedo ridículo, pánico sienten todos y es un sentimiento de conservación natural que produce el recibir un efecto inesperado, como es el terremoto, el incendio o el naufragio; pero el pánico es más dominable que el miedo, el sentimiento natural de una catástrofe es racional puesto que se sabe que es la vida la que puede perderse, más, el miedo a las apariciones y a los muertos es tan ridículo que sólo denota ignorancia.

El hombre sensato debe ser precavido ante lo desconocido y por ejemplo no penetrar sin una luz en un subterráneo, puesto que la luz le permitirá ver si el suelo es parejo y si no está envenenado el oxigeno por gases, etc. Por consiguiente no hay que confundir el miedo que es acción o sentimiento cobarde, con la precaución que es de todo individuo sensato. Se dice por maldad al que no se arroja a un peligro, que tiene miedo; pero por lo general quien estimula con esas palabras es porque quiere la perdición o el daño. La prudencia debe guiarnos para escuchar sin irritarnos palabras azuzadoras.

Capítulo 37 Vacuna

Entre las leyes sanitarias que los gobiernos facilitan al público, está la vacuna. Todavía no se ha podido dominar la prevención que esta medida sanitaria ofrece.

ANEXO IV

Selección de Poemas del poemario de Carmela Duarte García

Lo que causan las guerras

En el campo de batalla
No á todos héroes llamamos
Pues los más, yendo á la guerra
Aun sus nombres ignoramos
Que, como débiles hojas
Por el viento arrebatados
De sus débiles congojas
No nos dejan ni recuerdos
Ni glorias, de sus pasados!

Mis recuerdos

Recuerdo que una vez , cuando era niña,
muy enojada, me dijo mi mamá
"si no quieres mi hijita, que te riña
no escribas versos, porque eso nada da"
Pero mamita, respondí llorando
es, que me gusta mi mente expansionar
y con mi lápiz continúe trazando
esto que en mi alma no sé como explicar

Mamá me repitió sus deducciones
de que la vida es muy dura para quien
no aprovechando en los otros las lecciones
tan solo atiende lo que juzga en bien

Que son locos los poetas y que lloran
con versos y mentiras no sentidas
que no son realidad, lo que atesoran
ni ardientes ni sinceras sus lágrimas vertidas

Que la rima, el soneto y la epopeya
son palabras no mas allí sonantes
y se divierten en cantar a aquella
que les causa más efectos discordantes

Que llaman blando a todo lo que es duro
azul a lo que forma el firmamento
y embellecen y cantan al apuro
de faltantes el mísero sustento

Que los poetas son almas errabundas
que se inflan de placer y de alabanza
pero que después sus vidas vagabundas
su estómago padecer de esperanzas

Que son lindas las frases adornadas
con flores de ilusión y de alegría
más que por estos tiempos ya las Hadas
no proporcionan el pan de cada día

Y que es difícil y casi ineludible
el que versos escritos por mujer
no obligan de la crítica impasible
algo que demerita su legítimo valer

Y que una esposa, poetisa no alimenta
con versos y con rimas a su hijos
que la madre precia que ya siente
no ilusión sino bienes mas fijos

Por eso al escribir y recordarme
los muy sabios consejos de mamá
yo quisiera tan solo limitarme
a la verdad que de ello se expondrá

Mas recordando de Jesús el bueno
que "no sólo de pan se nutre el hombre"
¿cómo no confesar que harta me llevo
sin preocuparme para nada un nombre

No quiero que me llamen la poetisa
ni espero ser juzgada de inmortal
la pompa de este mundo martiriza
y yo la heredo toda muy ...
no quiero competencia ni ...
No quiero ver mi nombre ennoblecido
ni honores, ni riquezas, mi placer
es que me juzguen por lo que yo he sido
esposa y madre amante, feliz de mi deber

Y lo aseguro, lo siento, me recrea
la pintura, la música y poesía
pasándome la vida sin que crea
perder mi tiempo, llenando ambrosía
viviendo así la vida mía

Las joyas, los vestidos si me adornan
no los miro como objetos necesarios
me gustan más los libros que reforman
leyendo con placer todos los diarios

Si en el verter me gusta la elegancia
prefiero para mi la sencilleza
aunque las modas me vengan de la Francia
adoro sobre todo la limpieza
El llamar la atención ¡qué tontería!
es para aquellas que quieren ser de veras
último figurín, plato del día
y denotan sus ánimas ligeras

Buscar en nuestra casa, en nuestro hogar
dulzuras de esa dicha apetecida
que forme de los hijos el lugar
de vida y de ventura no fingida

Esa es la verdadera dicha, yo lo juro
Y en mis versos, si busco la verdad
Obedeciendo a mi mamita, de seguro
Tenderán para juzgarme ¡caridad!

BERLÍN 1900

Ayer y hoy

¡Ah! Qué dulces ilusiones
de la vida en primavera

se ven todas las acciones
de rosa y oro, doquiera
Las aguas, los horizontes
las brisas, los cefirillos
las praderas y los montes
las flores y pajarillos

Todas nos brindan contento
todos, nos hablan de honor
todos aún el fresco viento
juguetean con amor

Los amigos, los hermanos
aún la gente callejera
parece que siendo hermanos
nos brindan vida ligera

Todo respira contento
todo gozo y alegría
y ni siquiera un momento
desperdiciamos del día

En estudios afanosos
vuela la vida temprana
y nos vemos muy dichosos
al despertar de mañana

¿quién podrá pronosticarnos
dolores y sufrimientos
quién se atreverá a iniciarnos

en la vida de tormentos?
¡Oh! Qué dulces ilusiones
que larga dicha de amor
qué fervientes oraciones
qué luces y qué calor!

Entramos en esta vida
creyéndola toda rosa
do el amor el alma anida,
¡no deseamos otra cosa!

Ya la primavera acaba
y siguen verano otoño;
el volcán confiera lava
troncha la flor y el retoño

Y la vida antes dichosa
comienza a verse de lejos
¿quién ató a la mariposa
en sus múltiples reflejos?

¡quién las alas le cortó
al contento pajarito?
¡quién a la flor marchitó
desgajando el arbolito?

Lo que fue felicidad
ya de lejos lo miramos
ilusiones de bondad
y todo lo que gozamos

Vemos fundirse en el caos
del desengaño total
tal parece que "marchaos"
nos dice una voz fatal!

Si no miramos con ira
la vida y su cruel destino,
meditamos la mentira
que enlutó nuestro camino

El invierno con su hielo
que contentos puede darnos?
nuestras miradas al cielo
nos hacen reconcentrarnos

Y preguntamos ansiosos
¿qué fue del ayer al hoy?
los años, serán odiosos
¿dónde estoy a dónde voy?

MÉXICO MARZO 9, DE 1914 - HOTEL DEL JARDÍN

Grito de indignación
Mexicanos Mexicanos
llegó la hora de luchar
unidos todos hermanos
al intruso exterminar

En humillante actitud
los gringos quisieran vernos
y faltos de pulcritud
es su esperanza vencernos

Han faltado ya al deber
de leyes y de hidalguía
y se nos quieren meter
sin vergüenza y felonía

Con engaños y falsías
en Veracruz desembarcaron
con ponzoñosa actitud
ya nuestras playas hollaron

Para el gringo todo crece
en alas de su ambición
y en todo lo que apetece
no hay leyes ni condición

Mucha sangre ya ha costado
y quieren que llegue el día
que en desunión agotado
nos trague su felonía

¡Mexicanos el valor
nos dará la omnipotencia
de nuestro hogar el calor
salvaremos con conciencia!

¡Mexicanos Mexicanos
llegó la hora del deber
unidos todos, hermanos
a la Patria a defender!

21 DE ABRIL DE 1914

Al Director (no la mandé) enviándole la composición anterior

Le envío un pensamiento
del alma mía
si no es verso, es momento
de real poesía

Escribo por pasión
lo que yo siento
brotan del corazón
ciento por ciento
más, no estudié poesía
ni mérito les doy
frases del alma mía
escribo como soy

Siento que soy patriota
y hoy a la vez luz del día
sólo aquel que es idiota
no ve la villanía
de los que con orgullo
con pretensión
cual las de "Perogrullo"

nos dan lección
queriéndonos niñitos
arrepentidos
creyéndonos chiquitos
muertos o heridos
de nuestras bronceas faces
no hay que burlarse
de ser ciertas sus frases
deben largarse
que del alma el color
no puede verse
ni del hombre el honor
debe perderse
son nuestros enemigos
sin duda alguna
hipócritas activos
una por una
nuestras cartas rodean
con precaución
sus estrellas ondean
con precaución
y las leyes de honor
para siempre mancharon
y sin ningún pudor
nuestro suelo ya hollaron

¿Qué es el valor?
Incandescente llama
oculta que ilumina

que absorbe e inflama
sintiendo que camina,
violencia en la pasión
ardor del alma
sangre del corazón
pérdida de la calma,
Indómito lanzamiento
que nos impulsa
ardor del pensamiento
alarma convulsa
que nos hace hacedero
los más bendito
que nos lleva al fondero
de lo infinito!

El valor en la guerra
se hace indecible
el pulso que no hierra
es invencible
palpitación interna
absorbe el ser
idea de que venza
es su querer
qué es el valor
íntima convincencia
de nuestro honor!

El hombre que idolatra
a su noble y preciosa
querida patria

siente de su alma ansiosa
indignación fatal
al verla amenazada de ingrato mal,
y en tremenda congoja
la faz erguida
hace que pronto coja
arma homicida
y que solo desee
al combate asistir
se enardece si cree
que va a morir
nada le importa
su vida entera
en su espada que corta
y que es certera
pone ya no sentidos
su alma su honor
todos allí reunidos
¡eso es valor!

México idolatrado
no morirás
tus fronteras airado
defenderás
que tus hijos ardientes
y cariñosos
sabrán morir valientes
pundonorosos!

El momento de lucha aún no ha llegado
si de tu gente, mucha
te ha traicionado,
es que solo ha vivido
en luchas de pasión
sin haber permitido
sondear su corazón,
más, al ver en su suelo
gente extranjera
su triste desconsuelo
trocará en fiera
y resulto, orgulloso,
morir preferirá
y a su patria que ansioso
honor redimirá
que el mexicano es fiero
de su hidalguía
sin honor ni dinero
¿para qué viviría?

Hotel Lara México Junio 10, de 1914

Ardor de patriotismo
Unión e independencia
grito de libertad
no duerma la conciencia
vele la dignidad

Quedarse sin abrigo
sin patria, sin hogar
en fuerza del amigo
que se quiere hospedar?
¿quedar cual prisionero
quien libro se veía?
¡sentir el odio fiero
de infame tiranía?

A la faz del egoísmo
que en luchas nos repara
gozan del espejismo
de esta situación rara
El sol de independencia
pronto a eclipsarse está
¡mexicanos prudencia!
¿qué fin nos tocará?

Justos y pecadores
Una historia verdadera
voy a referirles ahora
en recuerdo del que llora
y voluntad postrimera

Yo no quiero suprimir
esa gran melancolía
toda llena de hidalguía
de aquel que supo morir

Ni siquiera mas decir
que la verdad puro, clara
si mi historia es algo rara
así la debo recibir

Son las 9 de la noche
y el cielo todo sereno
abierto su lindo broche
de diamantes está lleno

Con su fulgor apacible
la luna está tan preciosa
que mirándola amorosa
el alma se hace sensible

Un airecillo ligero
refresca esas quietas horas
en que las auras y floras
duermen suelo placentero

Un viejecito sentado
en las bancas de la plaza
con su bastón traza, traza
líneas de uno a otro lado

¿En qué piensa qué le pasa
que sus lágrimas chorrean,
si no quiere que le vean
por qué no se va a su casa?

Si violentamente seca
las lágrimas escapadas
¡sus manos estás crispadas!
¿con qué pensamiento peca?

¿Qué le sucede, qué tiene
que inconscientemente tiembla
y su bastón pulla o siembra
descuidando si alguien viene?

Tan descuidado en exceso
nada llama su atención
y un joven, por tentación
se le acerca de ex profeso

Y queriendo hacer alarde
de traviesa compasión
le dice: usted dña Simplón
no que ya la hora es tarde?

Alza los ojos el viejo
y reconoce aterrado
a aquel que lo ha despojado
diciendo: "orden del consejo"

Todo cuanto en tantos años
con trabajo y honradez
obtuvo, ya en la vejez
Dios, se lo quitan por daños

¿de que sirven esos planes
le dice con amargura
pueden gozar en la hechura
vanagloria de esos manes?

¡ah Dn Julián, es Ud!
dice el joven con espanto
ha envejecido usted tanto
que un imposible se ve!

Apenas hace unos meses
era usted un hombre guapo
y hoy, un ridículo trapo
con sus palabras tan soeces

Y así diciendo: empeñó
con destreza su junquillo
pegándole al viejecillo
¡porque, el reproche le hirió!

Yo quise prestarle ayuda
dice: mirando a la gente
que viejo más insolente
a su clamor madre acuda!

Diciendo esto se alejó
dejando a la gente ajena
de esa indiferencia llena
que al pobre viejo mató

En crueles horas sufriendo
sus miradas repartía
más, todo aquel que le veía
decía: por algo esta padeciendo!

Llegó por fin a pasar
un discreto caballero
copa alta, en el sombrero
y más alto en el pensar

Reconocerle y hablarle
fue un minuto nada más
¡qué desgracia! Es esta faz
y en este estado encontrarle

¿don Julián, que ha sucedió
y porqué le encuentro así?
¡ha desdichado de mi
que le veo así perdido!

Hable por Dios y me cuente
qué ha podido motivar
a que pudiera llegar
siendo usted hombre decente!

Entonces pausadamente
y con entereza y calma
abrió aquel viejo su alma
tan amante y tan valiente

Dijo: sin impacientarse
sin iras y sin furor
es esto, todo, un error
fácil de poder pensarse

Mi vida siempre afanosa
cumpliendo con mi deber
no ha sabido nunca hacer
política provechosa

Cuando los Yanquis llegaron
ocupando Vera-Cruz
fue para mi una gran cruz
que a mis hijos obligaron

A la Patria hay que salvar
repetían induciendo
a todo aquel que sintiendo
vergüenza, dejaba su bienestar

Y la gente que engrosó
las filas de independencia
tenía fija en la conciencia
que la Patria se ofendió!

¡dar mis hijos a la guerra
tan tiernos y tan patriotas
dejaron en mi alma rotas
herida, que nada cierra!

¡jamás las volveré a ver
que se hicieron de mis hijos?
¡si en ellos mis ojos fijos
en su muerte debo creer?!

Porque a la patria serví
por largos años diciendo
en mi puesto iré muriendo
pues de mi puesto viví

Ha cambiado ya el gobierno
y a ese otro dio a sus hijos
los empleos no son fijos
váyase usted al infierno

A mi lugar otro viene
me dicen sin compasión
son bienes de la nación
entregue usted cuanto tiene

¿Dejé de ser mexicano
pregunto con ansiedad
no habrá para mi piedad
no soy mexicano, hermano?

Casa, familia, dinero
y todo cuanto poseía
incluso la vida mía
esperen que ya me muero

¡Dejadme señor morir
en las bancas de la plaza
para el honrado, no hay casa
dejadme Señor morir!

Esta verdad tan amarga
le estamos muchos palpando
todos, los mas esperando
la amargura nos embarga

Bendito aquel que de veras
nos traiga paz y consuelo
se lo pido al Dios del cielo
con todititas mis veras

De virtud es la templanza
la que fomenta el contento
y que le sirva mi cuento
para algo, Señor Carranza

Roma Octubre 4, De 1914.

Actualidad

Oh cuántas veces Dios mío
no quisiera ni pensar
viendo y sintiendo maldades
sin poderlas remediar

Tan raro encontrar verdad
tan imposible el cariño
más valiera no pasar,
de nuestra vida de niño!

De pequeños, todo creemos
y no nos importa nada
estudiamos o juguemos
eso, según nos da gana

Pero siempre apetecemos
llegar a la edad madura
sin saber la realidad
que nos espera tan dura

El mundo en su vanidad
no recompensa al austero
por el contrario ni quiere
llevar un rumbo certero

El hombre bueno, que sufra
y si es pobre, joven que llore
la maldad, no se descubra
aunque la justicia implore

Si es descreído, reprobado
si cobarde que lo empujen
si político ¡cuidado!
y si hablador, que lo ayuden

Y vemos globos subir
inflados de gasolina
apestosa a no dudarlo
mas, todo el mundo se inclina

Reverencias por delante
cuchicheas por detrás
uno al otro se pregunta
¿por qué rumbo correrás?

Todos hombres de provecho
de valor y de energía
¡según el globo que sube
así es el plato del día!

Unos a otros se suceden
en los más altos destinos
y a todos unos por otros
se les protesta de finos!

A la patria proteger
y la guerra exterminar
y todos nos preguntamos
¿en qué iremos a parar?

Si los gringos entorpecen
y los rebeldes nos matan
y el dinero va faltando
y las manos se nos atan

Hay que hacer resolución
dejando el egoísmo a un lado
¡hermanos la realidad
no hay que esperar en el hado!

Unión, pues la fuerza unida
hará la paz, no el destino
diferentes opiniones
entorpecen el camino

Aniquilada la patria
trabajo nos costaría
volver todo a su lugar
y, no es trabajo de un día

En momentos de aflicción
de combate y de porfía
trabajemos por igual
¡eso es, mostrar hidalguía!

¡Uniendo la voluntad
el valor y la entereza
salvaremos la Nación
a todos nos interesa!

Esperanza
¿qué es la esperanza
que con muda confianza
en nuestra alma abrigamos
y que todos amamos?

Esperamos al nacer
y crecemos esperando
esperamos estudiando
lo que quisiéramos ser

En la fe de la esperanza
abarcamos lo que alcanza
el poder de lo deseado
esperamos nos sea dado
lo que forma nuestro ideal
es el tiempo sin igual
es pensamiento concreto
que forma nuestro secreto
y que nuestra vida anima;
la esperanza nos reanima
pues, lo que el alma desea
pensándolo le recrea;
así la vida, esperando
el tiempo se va pasando
queriendo con ansiedad
llegar a la realidad

Abrigamos una idea
séase de lo que sea
pero, de que llegará
ese instante ya será
el esperar esperando
a nuestra esperanza dando
la poética realidad
convertirse en la realidad

Es la esperanza una flor
que tiene vida y color
y eterniza nuestra vida,
en ella muestra alma anida
al pensar en el mañana
es, la rama que temprana
da flor en el pensamiento
es perfume y es aliento
es vida y resignación
arraiga en el corazón
y nos sirve de consuelo
porque bajada del cielo
para el rico ó para el pobre
hacen que siempre les sobre
proyectos de realidad
para la felicidad

¿Quién hay con sinceridad
que no viva algo desando?

La madre al nacer el niño
lo ve crecer con cariño
esperando con bondad
que llegue luego a la edad
de gozar bienes, fortuna
sin contrariedad alguna.
El joven en ansiedad
espera en la sociedad
llegar a gozar honores
y el amor de los amores

La niña de débil ser
por ser nacida mujer
espera gozar dichos
ser amante y digna esposa

El huérfano desgraciado
espera siempre del hado
consuelo de su orfandad,
y es una necesidad
para el enfermo, el alivio
espera el viejo, aire tibio
y fuerzas en su vejez
y para aquel que cerrado
con cadenas ve el pasado
en lontananza perdido
espera que en el olvido
tenga su vida un momento
de escapar ese tormento
hasta el último respiro
la esperanza es el suspiro
que al nacer el hombre adquiere
la esperanza nunca muere
qué esperanzas y …
las queremos realidad

Septiembre 4, de 1914

Al día

MÉXICO OCTUBRE 10, DE 1914.

Vamos a tomar la espada
y cumplir con el deber
que en lucha desenfrenada
hay que morir o vencer

Ya no se quieren civiles
dominar el militarismo
para los hombres viriles
ir a la guerra, es civismo

Para los hombres ardientes
Que les gusta la pelea
Armados hasta los dientes
Este ambiente les recrea

El siglo XX nos trajo
guerra, que hoy es mundial
¿es perder todo trabajo
e imposible ser neutral?

Tiempos de revolución
se dice: sin menoscabo
de buena reputación
y se aplaude ¡bravo, bravo!

Y cada cual quiere ser
el héroe de nuestros días

y cada quien puede hacer
con alarde, fechorías

En un deber imitar
de Aníbal o Napoleón
los hechos y así llegar
a dar brillo a la Nación

Mas esos héroes grandiosos
pelearon por invasión
mientras nosotros, quejosos
¡arruinamos la Nación!

¿Qué deseamos derramando
la sangre de los hermanos?
¿qué alcanzaremos matando
tanto seres mexicanos?

Año por año, luchando
año por año perdiendo
todos todos, esperando
todos todos feneciendo

¿Es posible que la luz
nomás haga ver la herencia
de que guerra es la cruz
en qué perdemos potencia?

Sin hacer de nadie mengua
yo quisiera preguntar

¿si es una espada la lengua
no es posible de ella usar?

Y con razones hablando
y sintiéndonos neutrales
todo puede irse arreglando
si todos somos iguales

¡que pare todo a la historia
ya queremos nueva faz
en eso está la victoria
todos deseamos, la paz!

ROMA

Sufrimiento
Yo más quisiera callar
porque, si cuento mis penas
mi corazón cabe apenas
yo lo siento reventar!

No quisiera ni pensar
ni protestar de mi mal
mas no hay caso al mío igual
mi corazón ya fenece
y le ruego a Dios que cese
en estrellarse mi estrella
¡fue mi vida antes tan bella
y hoy es tan negra mi suerte!

No puedo, ya me rebasa
del alma la desventura
no puede humana criatura
callar siempre lo que siente

En la pobre humanidad
el maternal corazón
es pequeño en proporción
de lo que en el cuerpo ocupa
y las penas y pesares
y las desdichas y dolos
llorándolos siempre solos
hacen más hondos los males

Mis labios solo movidos
por mi gran nerviosidad
quisieran en ansiedad
ser por otros comprendidos

Cuanta hiel ya me he tragado
cuanto dolor me he absorbido
si no he perdido el sentido
es por lo mucho que lloro

Las lágrimas son un don
que nos dio naturaleza
y nos quitan la dureza
de la desesperación
saliendo del corazón
dan ensanche o lenitivo

y por ellas no he perdido
el uso de la razón

Cuántas veces recortada
pensando y no durmiendo
está mi espíritu viendo
¡cuál es mi vida agotada!

La mísera compasión
o el desprecio del egoísta
eso la pena conquista
pero no su corazón

Escucharán con bondad
dígase lo que se quiera
más ni un momento siquiera
les importa la verdad
¡Calle corazón cobarde!
¿quieres encontrar consuelo?
vuelve tus ojos al cielo
sin hacer de nada alarde
allí, hay un Dios que mira
y con justicia inaudita
hará mi pena bendita
si no lo riegas con ira

Él castiga al malhechor
él sin un palo ni piedra
se enreda como la hiedra
para llegar a captor

y castiga, no lo dudes
puede algún día llegar
en que tu vida será
rebasar de gratitudes

Yo, no quiero la venganza
no la quiero ni deseo
pues mi sufrir a otro veo
con mi pena me alcanza

A Dios solamente pido
que no me tenga en olvido
y me conceda ser fuerte
al estrellarse mi estrella
fue mi vida antes tan bella
y hoy es tan negra mi suerte

Mexico Octubre 26 de 1914

(al calce de la página)
Esa es la voz del consuelo
esa es la fe y la esperanza
mas, ya mi vida no alcanza
me siento, rodar al pueblo.

Desde mi balcón Avenida Chapultepec no. 69
Donde vas airecillo que ligero
rozas mi frente

besas mi faz
te miro tan alegre y placentera
pasar ligero
¿a dónde vas?

Me dan envidia tus variaciones
me dan encantos tu suavidad
y pienso luego con alborozo
¿serás dichoso
a dónde vas?
Tu que me envías
fresco agradable
y que deseable
revoloteas la inmensidad
cuando te enojas y te enfureces
cuando te tocas en tempestad

¿dime qué sientes
que todo arrojas
¿por qué te enojas?
¿a dónde vas?
Tu también tienes
tus malos ratos
tu también sufres
tu también lloras
¿no me respondes
a dónde vas?

Tu graciosa mi golondrina
tan fatigada

tan ocupada
tu mi dichosa linda vecina
por qué te alejas
¿a dónde vas?

En mi ventana tu nido hiciste
y convertiste
mi habitación
con tus hijitos con tu familia
en tu mansión
Y me abandonas
cuando te mimo
y no te importa
si triste gimo
¿a dónde vas?
Todo el que vive
pasa volando
hay que ir pensando
el más allá

Mexico Junio 13, de 1915

Todo lo que vive debe morir
porque afligirnos
si todo sigue
con mi sentir
golondrina mensajera
dime ¿para qué te vas?
es tu vida aventurera

¿dónde tu nido pondrás?
Te tuve de compañera
y tu nido, me encantaba
yo te cuidé por doquiera
cuando el gato de miraba

Y así te vas y me dejas
no te importan tus hijitos
no oyes siquiera mis quejas
y no te importan mi gritos
Encantadora y traviesa
fuiste de mi casa el hada
de mi adoración ...
¿eso, no te importa nada?

Tu protectora yo he sido
y así me dejas llorando
por qué abandonas tu nido
alguien ya, te esta esperando?
Tan feliz y tan mimada
bates los aires con brío
y no te detiene nada
empezando a sentir frío?

Así las almas amantes
del placer y la alegría
tienen que ser inconstantes
cambiando de noche y día
Sienten el frio que lucha

más que el cuerpo el corazón
y para ellas todo vuela
en alas de su ambición

MÉXICO DICIEMBRE 8 DE 1915

A mi hijito Albertito

Llorar más si ya no puedo
si el llanto es un lenitivo
y lo que yo, he perdido

Pide justicia, hasta el cielo!
llorar, cuando el llanto pueda
devolverme mi tesoro
¡hijo adorado! No lloro

El corazón me revienta
¿habrá madre no se sienta
si al hijo de sus entrañas
matan por manos extrañas

En plena flor de su edad
sin conocer la maldad
siendo todo amor, belleza
encanto, ilusión grandeza

Compañerismo, valor
si era una fragante flor
un perfume, una alegría
su boca siempre reía

Su mirada, la franqueza
su corazón, la lealtad
sus acciones la bondad
yo, no se contar como él
con entusiasmo y llaneza
dando a todo tal belleza

Tal encanto y alegría
que todo cuanto quería
le salía de tal suerte
que no nublaba su frente

Ni el peligro ni el dolor
todo era, ilusión, amor
y verlo hoy, inerte muerte
¡oh Dios! Del sueño despierto
¡ya, palpar la realidad!

Qué fiereza, qué maldad
¡hijito! ¿ya te mataron?
¡piedras! Dadme la dureza
que resista tal pesar
siento mi humana cabeza
que se quiere reventar

Mi corazón aterrido
al ver a Betito muerto
se levanta embravecido
preguntando a Dios ¿qué es esto?
Ímpetus tengo de leona
y destrozar el culpable

si Dios me manda "perdona"
la justicia sea implacable

Que a la víbora o vileza
es necesario aplastar
porque si alza la cabeza
vuelvo de nuevo a matar

Si vivo muriendo estoy
y muriendo viviría
ya no se si no lo que soy
pensando, de noche y de día

Anhelo

Nunca he pensado
que mi débil lira
arrancara un aplauso
al universo
nunca, esperado
que mis pensamientos
fueran sublimes
escribiendo en verso

Pero me arrastra
hacia la poesía
un instinto, un amor
casi salvaje
pues al leer versos
que no sienten nada

y llamarlos poesía?!
¡siento coraje!

Yo gozo al encontrarme
una poesía
que mana sangre
de la herida abierta

¡gozo! Al beber el cáliz
de ambrosía
de su sublime amor
que a nuestro ser, despierta!

Si hablas de flores
el sentir aromas
si de perfumes
la exquisita esencia
si de ilusiones
las de colores
si de dolor
palpara la herida abierta

Me gusta reír
con el contento de otros
sentir su sensación
su pensamiento
dejándome llevar
a nuevos mundos
para ver si otros sientes
cual yo siento!

Llorar o reír
de sensación entera
al contado de seres amorosos
que me llevaran
en su pensamiento
a ese cielo o infierno misteriosos
y quien vera tal vez un compasible
tierra descomunal alma copiosa
que en su poesía arrastrará mi alma
al eterno al supremo deleitoso

Mexico Enero de 1918

Amargura
¿para que es la vida
para qué el amor?
si al alma transida
¡no mata el dolor!

Si mientras más dura
es la sensación
siendo la amargura
hiel del corazón

Si la horrible pena
impide al llorar
y el alma así lleva
no puede estallar

Y sin resignarnos
ni encontrar consuelo
queriendo matarnos
se resiste al duelo
¿por qué resistirnos
por qué aun alentamos?
¿para qué vivimos
y para que amamos?

Dios me dio felicidad
Y un malvado me la quita
al arrebatarme a mi hijo
con mano aleve o maldita
mis lágrimas anegando
a mi pobre corazón
la vida me están minando
sin consuelo a mi aflicción

¿quién pudiera no pensar?
¿cómo olvidar mis querellas?
si es más fácil endulzar
al sol, luna y las estrellas!

Sin título

Por qué estoy triste
apacigüen mi corazón
pero …
porque no se pensar
ni amar ni orar

y solo siento hiel
y no puedo llorar

Mi espíritu deseando
mi corazón amago
mi ser a mi ilusión
mi pensamiento todo
decaído y sin vivir
se encuentra a un lado
y despacio la vida
porque me encuentro helado

Yo no quiero sentir
la muerte ha sido
el acabar de mi bien amado
y no quiero sentirme
sola en el mundo
no encuentro goces
sin mi bien amado

Esposo idolatrado
no te olvido
¿cómo olvidarte
a ti que siempre
has sido
todo mi bien
mi dicha!
Olvidarte a ti
Que eres mi bien amado!

Duerme y espera
que pronto iré
a tu lado
si tu sueño es etéreo
eterno es todo
mi cariño santo

Al señor Lic. Sáez por su hijito

Niño lindo que te fuiste
dejándome sin consuelo
no miras que estoy triste
desde que te fuiste al cielo

No supiste de esta vida
vivas que de juego y flores
no supiste por tu vida
por no conocer amores

Y el amor de padres es
el amor de los amores
y todo acaba después
pero nunca sus dolores

Tu hijito feliz estás
y tu madre esta llorando
del cielo no ...
aunque ella te esté esperando

Goza que allí en el cielo
y pidiéndole a mi Dios

A María inmaculada

Muy niña mi madre
me ensenó a rezar
a ponerte flores
adornar tu altar

Luego, yo solita
puse mi altarcito
coloqué tu imagen
sobre un mantelito

Te bordé con flores
un palio precioso
y puse en tus brazos
tu niño dichoso

Todas las mañanas
una lamparita
te encendí piadosa
viéndole bonita

Mi cariño santo
siempre en ti encontró
algo, que de nuevo
mi vida alegró

Antes de acostarme
te dirigí un rezo
de dulces palabras
y mi ardiente beso

Luego, cuando en Roma
me encontré solita
tú, me acompañaste
cual mi mamacita

En todas mis penas
siempre a ti acudí
y nunca en apuro
ni dolor, me vi

Eres de las madres
la más protectora
tu ves, desde el cielo
a la que te implora

Mi madre en la tierra
me dijo al partir
ve, no temas nada
yo sé, tu sentir

Si el arte te lleva
y yo, te bendigo
la Virgen te quiere
y estará contigo

Contenta y dichosa
mi vida pasé
aprendido el arte
cuando regresé

Mi buena mamita
pronta preguntó
¿te faltó mi ayuda
algo te faltó?

No, mi buena madre
yo le respondí,
la Virgen bendita
siempre en mi sentí

Con su santa ayuda
y su protección
que tú me enseñaste
hablé en mi oración

Entonces la calma
en las ocasiones
sentí que tenía
para mis acciones

Cuando luego esposa
y madre, ya fui
a todos mis hijos
la lección ya di

Siempre muy constante
y muy ardorosa

confiar nuestra cuitas
a la Poderosa

A la Madre Virgen
de suma bondad
teniendo nuestra alma
a su voluntad
Siendo pecadores
y libres de acción
estamos sujetos
a la tentación

Más, con paso firme
y potente brío
salvemos los riesgos
del libre albedrío

Siempre en la conciencia
y en el corazón
dar oídos atentos
a la religión

Religión llamamos
a los sentimientos
prácticas virtudes
y aprovechamientos

Algo siempre dicta
¡detente, hasta allí!
detente no pares
no digas que sí

Si logras vencerte
verás con placer
tus horas felices
conciencia y deber

Un ruego a María
que es inmaculada
y es, de sus virtudes
su virtud amada

Infunde en nuestra alma
resistencia y brío
rompiendo los lazos
de cualquier desvío

Recordarle pronto
y con mucha fe
y no hay ocasiones
que fruto no dé

Eso es muy deseable
para todo humano
si acude a María
lo consigue ufano.
Y salvo y contento
la virtud seguir
triunfante y tranquila
la vida vivir!

Berlin 8 de Agosto de 1919

A mi Rosita

Tu eres mi venus
mi hijita Rosa
fresca, fragante
pura y hermosa
tus ojos tienen
tal atractivo
que al que tu amaras
harías cautivo
más yo no quiero
que te enamores
verte prefiero
botón de flores
y si tu amaras
sería un martirio
verte de rosa
trocarte en lirio
conozco tu alma
tu gentileza
y con tu calma
y tu nobleza
no medirías
si te conviene
nunca dirías
defecto tiene,
sino preocuparte
que por inquina
junto a la rosa
se encuentra espina
Mas las espinas
que la defienden

saben ser finas
porque comprenden que en su pereza
la hermosa rosa
de su belleza
no haré gran cosa
y por doquiera
lazos le tienden
porque es hermosa

JULIO 21 DE 1924

Realidad

Yo nunca anduve cual lindo pajarito
volando con placer de rama en rama
mis alas, mis colores, mi piquito
jamás sintiéronse heridos por la grama

No canté libre ni busqué dichoso
un nido entre las ramas del follaje
ni sentí de ese amor que veleidoso
troca la realidad de nuestras almas en coraje

Una jaula contuvo mis cantares
una gran preocupación mis simpatías
una potente educación, mis lares
mi esposo colmome de alegrías

Adorando el azul del firmamento
y sintiendo de las brisas el rocío

¡soy feliz! y no creo, ni un momento
haber perdido un instante, mi albedrío.

Amo las huras y beso las corrientes
me empapo de ilusión y fantasía
sueños de realidad, imágenes durmientes
me vienen a la mente, noche y día.

Me gusta contemplar el infinito
y estudiar el color del vasto monte
también estudio en el mínimo mosquito
o en el grande animal rinoceronte

Las hormigas me enseñan diligentes
su perfecto trabajo a continuar
reunidas corren y les son urgentes
las horas de trabajo y bienestar

Las avecillas tan hábiles cantoras
me hacen sentir por ellas gran afecto
Sin pensar me pasan tantas horas
encontrándolo todo tan perfecto!

Mirando a mi alrededor
me siento tan encantada,
que bendiciendo al Creador
se me figura ser hada;
entonces mi lápiz traza
un dibujo, una poesía,
¡el corazón se me abraza

me inunda la fantasía!
no soy yo, alguien en mi
impulsa mi pensamiento
siempre siempre, que escribí
alguien dicho lo que siento,
y encuentro tal atracción
tal misterio, tal delirio
que abriendo mi corazón
confieso sentir, martirio!

El mundo tan poco aprecia
a la mujer ilustrada
que todo lo que aprendí
no me ha servido de nada.

La poseía o la pintura
siendo dotes o pasión
es tan solo de figura
no les toca el corazón

Si el poeta pobreza indica
y se le ve tan en bajo
en la mujer significa,
llevar su cabeza al tajo

¿es cierto? Pues lo confieso
yo no quisiera sentir
por eso, solo por eso
me contengo en escribir!
Roma

Ahora se que ....
estoy vieja y muy ....
ya no sirvo para nada,
si los fastidio, perdón

ANEXO V

Inventario de la obra pictórica de Carmela Duarte García

1. *Ejercicio cruz-octágonos,* 1890. Lápiz sobre papel, 24.3 x 30.5 cm. Colección particular, Carmela López Zuckermann.

2. *Ejercicio de diagonales "Y",* 1890. Tinta sobre papel, 15 x 22cm. Colección particular, Martha Yolanda López Zuckermann.

3. *Entablerado,* 1890. Lápiz sobre papel, 28 X21 cm. Colección privada Carmela López Zuckermann.

4. *Laberintos,* 1890. Tinta sobre papel. Colección Carmela López Zuckermann

5. *Ejercicio de cruces,* 1891. Tinta sobre papel, 22 x 26.5 cm. Colección Carmen Zuckermann Quintero

6. *Academia masculina,* 1891. Lápiz sobre papel, 51 x 34 cm. Colección Carmen Zuckermann Quintero

7. *Academia femenina,* 1891. Lápiz sobre papel, 51 x 34 cm. Colección Carmen Zuckermann Quintero

8. *Academia busto de niño,* 1891. Lápiz sobre papel, 21 x 24 cm. Colección Cristina Osorio Zuckermann

9. *Angelillo,* copia del yeso, 1891. Lápiz y gis sobre papel, 56.5 x 32 cm. Colección Jaime Elizondo Zuckermann

10. *Retrato de Isabel la Católica,* 1891. Lápiz sobre papel, 37.5 x 26 cm. Colección Estela Duarte

11. *Autorretrato,* 1892. Óleo sobre tela, 52 x 34 cm. Colección Carmen Zuckermann Quintero

12. *Aldeano Napolitano,* 1892. Óleo sobre tela, 58 x 45 cm. Colección Alma Zuckermann Quintero

13. *Chorus,* 1892. Óleo sobre tela, 41 x 54 cm. Colección Carmen Zuckermann Quintero

14. *Joven mirando hacia arriba,* 1893. Lápiz sobre papel, 19 x 15 cm. Colección Graciela Zuckermann Quintero

15. *Niña con flores,* 1893. Lápiz sobre papel, 20 x 12 cm. Colección Graciela Zuckermann Quintero

16. *Virgen contemplando al niño,* (Copia del original de Carlo Dolci)1893. Óleo sobre tela, 95 x 75 cm. Instituto Nacional de Bellas Artes

17. *Salve Regina,* 1893. Óleo sobre tela, 41 x 54 cm. Colección Graciela Zuckermann Quintero

18. *Salve Regina,* 1893. Lápiz sobre papel, 12.4 x 21 cm. Colección Carmen Zuckermann Quintero

19. *Amiga italiana,*1893. Óleo sobre tela, 40 x 26 cm. Colección Graciela Zuckermann Quintero

20. *Academia de mano,* 1894. Lápiz sobre papel, 35 x 25 cm. Colección Carmen Zuckermann Quintero

21. *San Daniel,* 1894. 54 x 33 cm. Colección Graciela Zuckermann Quintero

22. *Academia de pie,* 1894. Lápiz sobre papel, 40 x 42 cm. Colección Rosa Adela López Zuckermann

23. *Santa Cecilia de Donatello,* 1894. Lápiz sobre papel, 55 x 37 cm. Colección Rosa Adela López Zuckermann

24. *Joven Italiana,* 1894, Óleo sobre tela, 44 x 32 cm. Colección Carmen Zuckermann Quintero

25. *Don Anselmo Duarte,* 1894. Óleo sobre tela. 226 x 128 cm. Colección Eduardo Tapia Zuckermann

26. *Viejo con barba,* s/f. Óleo sobre tela, 46.2 x 36.2 cm. Colección Susana Barbará Morfín de Zapata

27. *Viejito con calva,* 1897. Óleo sobre tela, 46 x 38 cm. Colección Alma Zuckermann Quintero

28. *Anselmo Duarte,* s/f. Óleo sobre tela. 42 x 23 cm. Colección Graciela Zuckermann Quintero

29. *La Reina,* s/f. Óleo sobre tela, 42 x 32 cm. Colección Rocío Osorio Zuckermann de Crespo

30. *Retrato de Porfirio Díaz,* 1898. Óleo sobre tela, 65 x 55 cm. Colección Rosa Adela López Zuckermann

31. *Carmen Romero Rubio,* s/f. Óleo sobre tela, 65 x 55 cm. Colección Rosa Adela López Zuckermann

32. *Joven Conrado Zuckermann Duarte,* ca.1930. Óleo sobre tela, 122 x 91 cm. Palacio de la Escuela de Medicina

33. *Niña Graciela Zuckermann,* 1939. Óleo sobre tela, 120 x 70 cm. Colección Graciela Zuckermann Quintero

34. *Autorretrato,* s/f. Óleo sobre tela, 49 x 38 cm. Colección Rosa Adela López Zuckermann

35. *Cardenal caminando,* s/f. Óleo sobre tela, 46.5 x 23 cm. Colección Jaime Elizondo Zuckermann

36. *Amapola blanca,* s/f. Lápiz de color sobre papel, 20 x 12.6 cm. Colección Carmela López Zuckermann

37. *Estudio de Mariposa,* s/f. Lápices de colores sobre papel, 12 x 16 cm. Colección Alma Zuckermann Quintero

38. *Pompones y aretillo rojo,* s/f. Acuarela sobre papel, 14.2 x 10.7cm. Colección Carmela López Zuckermann

39. *Quetzal,* s/f. Acuarela sobre papel, 23.2 x 12.3 cm. Colección Carmela López Zuckermann

40. *Violetitas,* s/f. Acuarela sobre papel, 17.6 x 12.2 cm. Colección Carmela López Zuckermann

41. *Clavel rojo,* s/f. Acuarela y lápiz sobre papel, 17.7 x 12.2 cm. Colección Carmela López Zuckermann

42. *Campanillas,* s/f. Pastel sobre papel, 21x 13 cm. Colección Martha Yolanda López Zuckermann

43. *Lilas y floripondio,* s/f. Pastel sobre papel, 21 x 13 cm. Colección Martha Yolanda López Zuckermann

44. *Frutero con uvas, duraznos y ciruelas,* s/f. Óleo sobre tela, 41 x 38 cm. Colección Cristina Osorio Zuckermann

45. *Paños,* s/f. Óleo sobre tela. Galerías Grimaldi

46. *Joven con sombrero,* s/f. Óleo sobre tela. Colección Juan Osorio Zuckermann

Siglas y referencias

AGN ....Archivo General de la Nación, México, D.F.

AGESRE...............Archivo Genaro Estrada, Secretaría de Relaciones Exteriores, México

AGEY ....Archivo General del Estado de Yucatán

AHAY...................Archivo Histórico del Arzobispado de Yucatán

AHMSDM...........Archivo Histórico Militar de la Secretaría de la Defensa Nacional

BFXCUIA............Biblioteca Francisco Xavier Clavigero de la Universidad Iberoamericana

BY.........................Biblioteca Yucatanense

ACEVES LOZANO, Jorge E.

Historia oral e historia historias de vida : teoría, métodos y técnicas : una bibliografía comentada, México, CIESAS, 1991

ALBORCH, Carmen

Malas: rivalidad y complicidad entre mujeres, México, Águilar.

ARANA LÓPEZ, Gladys N.

La vivienda de la burguesía en Mérida al cambio de siglo (1886-1916): La vida cotidiana en el ámbito privado, Tesis para obtener el grado de doctorado en arquitectura, Morelia, Universidad Michoacana de San Nicolás de Hidalgo, 2011.

ARNAUD, Nicole

“Contradicciones del Derecho” en George DUBY y Michelle PERROT. *Historia de las Mujeres,* Tomo 4, México, Taurus, 2005.

AURELIANO, Ramón

El inicio de una vocación Médica, Revista BiCentenario, El ayer y hoy de México, número 24, 2014.

BÁEZ MACÍAS, Eduardo

Historia de la Escuela Nacional de las Bellas Artes (Antigua Academia de San Carlos) 1781-1910, México, UNAM, 2009.

BALLART, Josep

El patrimonio histórico y arqueológico: valor y uso, Barcelona, Ariel, 2002.

BALMORI, Diana, Stuart F. VOSS, Miles WORTMAN

Las alianzas de familias y la formación del país en América Latina, México, Fondo de Cultura Económica, 1984.

BARCELÓ QUINTAL, Raquel Ofelia

La oligarquía henequenera, un estudio de caso: La familia Escalante, Tesis para optar por el título de licenciado en Antropología Social, Mérida, Universidad Autónoma de Yucatán, 1982.

Cultura y vida cotidiana de las familias prominentes porfirianas de la ciudad de México y Yucatán, México, Colegio de México, 1999.

"Estilo de vida de la élite henequenera en Mérida, 1876-1910" en Sergio QUEZADA, Jorge CASTILLO e Inés ORTIZ. *Historia General de Yucatán: Yucatán en el México porfiriano 1876-1915,* Tomo 4, Mérida, Universidad Autónoma de Yucatán 2014.

BARTRA, Agustí
¿Para qué sirve la poesía?, México, Siglo XXI, 1999.

BAZANT, Mílada
Biografía: métodos, metodologías y enfoques, México, El Colegio Mexiquense, 2013.

BORGES, José Iván
"Las mujeres intelectuales en la sociedad yucateca del siglo XIX: el caso de la maestra Josefa Florentina Carrillo y Ancona", en Georgina ROSADO ROSODO, et al, *Las hijas de Eva: las semillas de una revolución,* Mérida: Universidad Autónoma de Yucatán, 2016.

BRADU, Fabienne
Damas de corazón, México, Fondo de Cultura Económica, 1994.

CÁMARA GUTIÉRREZ, Guadalupe del Carmen
Destilación y comercio de aguardiante en Yucatán, 1821-1870, Mérida, Universidad Autónoma de Yucatán, 1995.

CAMARGO SOSA, José F.
Crescencio Carrillo y Ancona, el Obispo patriota, Mérida, Ed. Área Maya, 2006.

CAMINERO, Juventino

Poesía española siglo XX, capítulos esenciales. Kassel, edition Reichenberger, 1998.

CAMPOS GARCÍA, Melchor

La Siempreviva, Mérida, Instituto para la equidad de género en Yucatán, Instituto de Cultura de Yucatán, 2010.

CARLOTA de Bélgica.

Viaje a Yucatán, México, CONACULTA, 2011.

CASARES G. CANTÓN, Raúl E.

Yucatán en el tiempo, Mérida, Cares, 2004.

CASAS GARCÍA, Luis Miguel

Educación Moral y Cívica en la escuela: base para la formación de ciudadanos, Madrid, Premios Joaquín Sama,1996.

CASTILLO ARGAÑARÁS, Luis F.

La Corte Permanente de Arbitraje de la Haya, la solución de controversias espaciales y su impacto en la sociedad internacional, Argentina, Universidad de Argentina de la Empresa, Revista Mural Internacional, Año IV, No. 1, Junio 2013.

CASTILLO, Pío del

Principios de urbanidad para el uso de la juventud, Mérida, 1865.

CEBALLOS SANDOVAL, Roxana Guadalupe

La representación de la mujer en la novelística de Delio Moreno

Cantón (1896-1905). Mérida, Universidad Autónoma de Yucatán. 2007.

CHASSEN-LÓPEZ, Francie
"Mitos, mentiras y estereotipos: el reto de la biografía feminista", en Mílada BAZANT, *Biografía: métodos, metodologías y enfoques,* México, El Colegio Mexiquense, 2013.

CHÁVEZ JIMÉNEZ, Dania
Viajeros del siglo XIX: el linaje mexicano y las 11 mil leguas de Francisco Bulnes por el Hemisferio Norte, México, ITAM, Estudios 108, vol. XII, 2014.

CLINE, Howard F.
"El episodio azucarero 1825-1850" en Revista de Análisis Socioeconómico Regional, No. 5.

COLLADO HERRERA, Ma. del Carmen
"El espejo de la élite social (1920-1940)" en GONZALBO AIZPURU, Pilar, *Historia de la vida cotidiana en México. Tomo V siglo XX, Campo y Ciudad,* México, Fondo de Cultura Económica, 2006.

CUMBERLAND, Charles, C.
La Revolución mexicana, los años constitucionalistas, México, Fondo de Cultura Económica, 1983.

DE LUIS, Leopoldo
Poesía religiosa, antología, Madrid, Alfaguara, 1969.

DONJUAN ESPINOZA, Esperanza

La correspondencia privada de los Elías González: una guía para desentramar una red familiar notable en Sonora, Ponencia presentada en "VI Coloquio de Estudios Históricos de Región y Frontera: El orden social y político en los territorios de frontera hispanoamericanos, siglos XVI-XX", Colegio de Sonora, 2015.

DOSSE, Fraçoise

El arte de la biografía, México, Universidad Iberoamericana, 2011.

DUMONT, Don E.

La cruz y el machete, la sublevación de campesinos en Yucatán, México, UNAM, 2005.

ELIOT, T.S.

Sobre poesía y poetas, trad. Marcelo Cohen, Barcelona, Icaria, 1992.

EROSA BARBACHANO, Arturo

Vida y obra de Ignacio Vado, Mérida, Universidad Autónoma de Yucatán, 1995.

FERRÚS ANTÓN, Beatriz

Mujer y literatura de viajes en el siglo XIX: entre España y las Américas, Valencia, Universidad de Valencia, 2011.

FREIXA, Mireia

París, la capital del arte moderno, http://www.artehistoria.com/v2/contextos/8235.htm, consultado el 24 de octubre de 2015.

GALINDO Y VILLA, Jesús

Recuerdos de ultramar: apuntes de viaje, México, Oficina Tip. de la Secretaría de Fomento, 1894. Colección digital de la Universidad Autónoma de Nuevo León.

GARCIADIEGO, Javier, Sandra KUNTZ FICKER

"La Revolución mexicana", en VELAZQUEZ GARCÍA, Erick, VV.AA., *Nueva historia general de México,* México, Colegio de México, 2014.

GOMBRICH, Ernst H.

La Historia del Arte, New York, Phaidon, 2008.

GÓMEZ, Eduardo,

Ensayos de crítica interpretativa: T. Mann, M. Proust, F. Kafka, J.W. Goethe, y ensayo sobre la función social de la poesía, Bogotá, Universidad de los Andes, 2006.

GUARDIA, Sara Beatriz

Literatura y escritura femenina en América Latina, Perú, Universidad de San Martín de Porres. 2010.

GUERRERO LARA, María de los Dolores

El "deber ser" femenino: la imagen de la mujer yucateca en el discurso social del siglo XIX, Mérida, Universidad Autónoma de Yucatán, 1997.

HELLER, Nancy

Women Artist, New York, Cross River Press, 1987.

HIGONNET, Ann

"Las mujeres y las imágenes. Apariencia, tiempo libre y subsistencia" en George DUBY y Michelle PERROT. *Historia de las Mujeres.* Tomo 4. México: Taurus. 2005.

INFANTE VARGAS, Lucrecia

"Del "diario" personal al Diario de México. Escritura femenina y medios impresos durante la primera mitad del siglo XIX en México", en Sara Beatriz GUARDIA, *La escritura de la historia de las mujeres en América Latina: el retorno de las diosas,* Perú, CEMHAL, 2005.

IRIGOYEN ROSADO, Renán

La Mérida que vivió don Eligio Ancona. Mérida, Universidad Autónoma de Yucatán, 1976.

KICZA, John E.

"Familias empresarias y su entorno, 1750-1850" en GONZALBO AIZPURU, *Historia de la vida cotidiana en México Tomo IV Bienes y vivencias el siglo XIX,* México, Fondo de Cultura Económica, 2011.

KOLONITZ, Paula

Un viaje a México en 1864, México, Fondo de Cultura Económica, 1984.

LEIRANA ALCOCER, Silvia Cristina

"En torno a la escritora Brenda Alcocer" en Celia ROSADO y Oscar ORTEGA, *Mujeres en Yucatán, Mujeres de Yucatán,* Mérida: IEGY, 2012.

LONDOÑO VEGA, Patricia

Cartillas y manuales de urbanidad y del buen tono: Catecismos cívicos y prácticos para un amable vivir, en Revista Credencial Historia, núm. 85. 1997.

LÓPEZ RAMÍREZ, Claudia Adriana

"Lo femenino en Julia, la novela corta de Rita Cetina Gutiérrez" en Georgina ROSADO, Celia ROSADO, Alicia CANTO *Las hijas de Eva: las semillas de una revolución,* Mérida, Universidad Autónoma de Yucatán, 2016.

LUCENA GIRALDO, Manuel

Diez estudios de literatura de Viajes, Madrid, Consejo Superior de Investigación Científica, Instituto de la Lengua Española, 2006.

MARRUFO NOH, Silvia Mercedes

La Hacienda productora de caña de Azúcar en Yucatán, 1821-1860, Tesis profesional para obtener del grado de Licenciado en Ciencias Antropológicas en la especialidad de Historia, Mérida, Universidad Autónoma de Yucatán, 1989.

MATÍAS LÓPEZ, Carmen María

¿Puede hablarse realmente de la escritura femenina? Revista de estudios literarios, No. 42, Madrid, Universidad Complutense, 2009.

MILOSLAVICH TÚPAC, Diana

"Voces femeninas, discurso femenino o nuevas alternativas en la literatura de mujeres", en Sara Beatriz GUARDIA, *La escritura de la historia de las mujeres en América Latina: el retorno de las diosas,* Perú, CEMHAL, 2005.

MIRANDA OJEDA, Pedro

Los manuales de buenas costumbres. Los principios de la urbanidad en la ciudad de Mérida durante el siglo XIX, Tak wá, Núms. 11-12, 2007

Una aproximación a la élite y a las fiestas de familia en la ciudad de Mérida, segunda mitad del siglo XIX. Signos Históricos núm. 18, julio-diciembre, UAM-Iztapalapa. 2007.

MORALES MORENO, Luis Gerardo

Orígenes de la museología mexicana: fuentes para el estudio histórico del Museo nacional, 1780-1940, México, Universidad Iberoamericana, Depto. Historia, 1994.

MUÑOZ VEGA, Alicia

El Instituto Literario de Niñas, una alternativa de enseñanza superior para mujeres (1894-1906), Revista de la Universidad Autónoma de Yucatán, Núm. 230, Tercer trimestre, 2004.

PAVÍA, Lázaro

Tratado elemental de moral, 6ª edición, Mérida, 1875.

PENICHE PONCE, Carlos (Coord.)

Teatro Peón Contreras: biografía de un monumento, Mérida, Libro de Piedra, 2008.

PERROT, Michelle

"Salir", en Georges DUBY y Michelle PERROT. *Historia de las Mujeres,* Tomo IV, México, Taurus, 2005.

RAMOS ESCANDÓN, Carmen

"Señoritas porfirianas: Mujer e Ideología en el México progresista, 1880-1910", en, Carmen RAMOS ESCANDÓN (coord.) *Presencia y transparencia: la mujer en la historia de México,* México, Colegio de México, 2006.

REJÓN PATRÓN, Lourdes

Hacienda Tabi: un capítulo en la historia de Yucatán, Cuadernos de cultura yucateca No. 3, Mérida, Cultur, 1993.

RÍOS MENESES, Beatriz

Breve historia de los orígenes de los museos de los estados de Yucatán y Campeche, Mérida, Editorial Universidad de Yucatán, 1977, en sobretiro de La Revista de la Universidad de Yucatán, Núm. 113 (septiembre-octubre 1977).

RODRÍGUEZ SABIDO, Luis Arturo

Semblanza histórica de Peto, Mérida, s/n, 1997.

ROMERO TOBAR, Leonardo y Patricia ALMARCEGUI ELDUAYEN

Los libros de viaje: realidad vivida y género literario, Toledo, Universidad Internacional de Andalucía, 2005.

RUBIO PÉREZ, Isabel

Mujeres que rompieron el estereotipo: las pintoras, Murcia, Secretaria Sectorial de la Mujer y la Juventud, 2001.

RUZ , Mario Humberto

Crescencio Carrillo y Ancona, correspondencia. Toma I: Libro copiador de cartas 1889-1895, Mérida, Universidad Nacional Autónoma de México, 2012.

SABIDO MÉNDEZ, Arcadio
Los hombres de poder: Monopolios, oligarquía y riqueza en Yucatán: 1880-1890, Mérida, Universidad Autónoma de Yucatán, 1995.

SALAZAR, Delia
Xenofobia y xenofilia en la historia de México siglos XIX y XX, México, DGE Ediciones, 2006.

SÁNCHEZ LARA, Elina Guadalupe
La imagen de la mujer de la élite yucateca durante la segunda mitad del siglo XIX (1850-1910), Mérida, Universidad Autónoma de Yucatán, 2007.

SAZATORINIL RUIZ, Luis, Frédéric JIMENO
El arte español entre Roma y París (siglos XVIII y XIX): Intercambios artísticos y circulación de modelos, Madrid, Casa de Velázquez, 2014.

SELVA SENOR, María
El Azar y la necesidad: élite y elecciones matrimoniales en Buenos Aires 1776-1820. Las familias Azcuénaga y Andonaegui. Revista Andes Nº 16. Universidad Nacional de Salta. Salta, Argentina. 2005.

SILVESTRI, Silvia
"Cesare Mariani" en *Dizionario Biográfico degli Italiani* - Volumen 70 (2007).

SMITH, Stan

Anatomía, perspectiva y composición para el artista, Madrid, Hermann Blume, 1985.

STAFF, Mariblanca

Mujeres que dejaron huella, 2005.

SUÁREZ MOLINA, Víctor M.

La Evolución Económica de Yucatán: A través del Siglo XIX, Tomo I, México, Universidad de Yucatán, 1977.

TELLO SOLÍS, Eduardo

Ignacio Magaloni Ibarra: historia, biografía, crítica literaria, Mérida, Universidad Autónoma de Yucatán, 1999.

Juan Gamboa Guzmán: a un siglo de distancia, Mérida, Universidad Autónoma de Yucatán, 2002.

TENORIO TRILLO, Mauricio

Artilugio de la nación moderna: México en las exposiciones universales, 1880-1930, México, Fondo de Cultura Económica, 1998.

TOMASSI LÓPEZ, Leopoldo

La ciudad de ayer, de hoy y de mañana, México, Cultura T.G., 1951.

TORRES LOPEZ, Matilde

La mujer en la docencia y la práctica artística en Andalucía durante el siglo XIX, Málaga, Universidad de Málaga, 2007.

URQUIZO, Francisco L.

Origen del Ejército Constitucionalista, México, INEHRM, 2013.

URZAIZ, Eduardo

"Historia del dibujo, la pintura y la escultura", en *Enciclopedia Yucatanense,* t. IV, Mérida, Editorial Oficial del Estado de Yucatán, 1977.

VADO, Ignacio

Higiene y Salud razonadas, Mérida,1850.

VALDÉS ACOSTA, José María

A través de las centurias: historia genealógica de las familias yucatecas, Mérida, Talleres Pluma y Lápiz, 1979.

VALERO PIE, Aurelia

José Gaos en México: una biografía intelectural 1938-1969, México, El Colegio de México, 2015.

VAUGHAN, Mary K.

"Women, Class and Education in Mexico" en *Women in Latin America,* publicación especial de Latin American Perspectives, Riverside, Calif. 1979.

"La labor creativa en la construcción biográfica: el equilibrio entre el sujeto y su contexto histórico" en Mílada BAZANT, *Biografía: métodos, metodologías y enfoques,* México, El Colegio Mexiquense, 2013.

VILLANUEVA, Tino

Tres poetas de posguerra: Celaya, González y Caballero Bonaldi, Londres, Tramesis Books Limited, 1988.

VIZCAYA CANALES, Isidro
Historia Mundial Contemporánea, México, Secretaría de Educación Pública, 1983.

XIRAU, Ramón,
Entre la poesía y el conocimiento, antología de ensayos críticos sobre poetas y poesía iberoamericanos, México, Fondo de Culura Económica, 2001.

ZOLA, Emile,
Yo acuso: la verdad en marcha, Barcelona, Tusquets, 1998.

ZÁRATE TOSCANO, Verónica
"El amor a la patria en la ciudad de México decimonónica (1825-1850)" en GONZALBO AIZPURU, Pilar (coord.) *Amor e historia: La expresión de los afectos en el mundo de ayer.* México, Colegio de México, 2013.

ZEA, Leopoldo
El positivismo en México, nacimiento, apogeo y decadencia, México, Fondo de Cultura Económica, 2005.

Documentación personal inédita

Duarte García, Carmela

Diario de Viaje, Archivo particular de la familia Zuckermann, 1890.

Cartas particulares, Archivo particular de la familia Zuckermann, varias fechas.

Poemario, Recopilación de poemas, Archivo particular de la familia Zuckermann, s/f.

Tratado de Moral, Archivo particular de la familia Zuckermann, 1913.

Hemerografía

Eco del Comercio, 1895 – 1898.

La Revista de Mérida, 1879 - 1898.

The Mexican Herald, 1898. – Hemeroteca Nacional Digital de México

Diario de Yucatán, 1962.

Revista BiCentenario, 2014.

Páginas web consultadas

Confederación Internacional de la Sociedad de San Vicente de Paùl, http://es.ssvpglobal.org/200-anos-de-historia/Desde-sus-origenes-hasta-hoy, consultado, marzo 2015.

Francesco Moschini, Accademia Nazionale di San Luca, http://www.accademiasanluca.eu/it consultada 4 de noviembre de 2013.

Gallerie Nazionali di Arte Antica di Roma Galleria Corsini, http://galleriacorsini.beniculturali.it, consultada el 25 de abril de 2016.

Enciclopedia británica, http://global.britannica.com/biography/Silvio-Pellico, consultada 29 de octubre de 2015.

Enciclopedia jurídica, http://www.enciclopedia-juridica.biz14.com/d/diputación-provincial/diputación-provincial.htm, consultada el 4 de junio de 2016.

FREIXA, Mireia, Arte e Historia, http://www.artehistoria.com/v2/contextos/8235.htm, consultada 23 de noviembre de 2015.

VILLALPANDO CÉSAR, José Manuel, *La justicia militar en México,* Revista de Administración Pública, http://www.juridicas.unam.mx/publica/librev/rev/rap/cont/95/pr/pr4.pdf , consultada el 4 de junio de 2016.

A la luz: Carmela Duarte García (1866-1940), artista yucateca de Luz María Vázquez Díaz se imprimió en los talleres de Solar Servicios Editoriales, S. A. de C. V., Calle 2, núm. 21, San Pedro de los Pinos, C. P. 03800, Ciudad de México.

Made in United States
North Haven, CT
10 November 2026

22084242R00169